Aspects sémiotiques, linguistiques et socioculturels de la réception de la culture russe par les Français et les Espagnols

Elena Sandakova

Aspects sémiotiques, linguistiques et socioculturels de la réception de la culture russe par les Français et les Espagnols

Bibliografische Information der Deutschen Nationalbibliothek
Die Deutsche Nationalbibliothek verzeichnet diese Publikation
in der Deutschen Nationalbibliografie ; detaillierte bibliografische
Daten sind im Internet über http://dnb.d-nb.de abrufbar.

Gedruckt auf alterungsbeständigem, säurefreiem Papier.
Druck und Bindung : CPI books GmbH, Leck

ISBN 978-3-631-75747-5 (Print)
E-ISBN 978-3-631-77889-0 (E-PDF)
E-ISBN 978-3-631-77890-6 (EPUB)
E-ISBN 978-3-631-77891-3 (MOBI)
DOI 10.3726/b15116

© Peter Lang GmbH
Internationaler Verlag der Wissenschaften
Berlin 2019
Alle Rechte vorbehalten.

Peter Lang – Berlin · Bern · Bruxelles · New York ·
Oxford · Warszawa · Wien

Das Werk einschließlich aller seiner Teile ist urheberrechtlich
geschützt. Jede Verwertung außerhalb der engen Grenzen des
Urheberrechtsgesetzes ist ohne Zustimmung des Verlages
unzulässig und strafbar. Das gilt insbesondere für
Vervielfältigungen, Übersetzungen, Mikroverfilmungen und die
Einspeicherung und Verarbeitung in elektronischen Systemen.

Diese Publikation wurde begutachtet.

www.peterlang.com

À ma famille ;
à mes amis russes en Russie ;
à mes amis russes, espagnols et français en Espagne et en France.

Remerciements

Dans la publication de ce livre j'ai bénéficié du soutien autant personnel que professionnel de nombreuses gens. De la sorte, je voudrais remercier tous ceux qui m'ont aidée à atteindre ce niveau académique, et de façon très particulière les personnes suivantes :

LA DIRECTRICE DE MA THÈSE DE DOCTORAT, LE MAÎTRE DE CONFÉRENCES DE FRANÇAIS de l'Université d'Alicante, Espagne (Universidad de Alicante), *Marina ARAGÓN COBO, avec ma meilleure reconnaissance, pour ses conseils immédiats et précieux, pour son orientation méthodologique et enseignement efficace. Avec ma considération la plus profonde, respect et admiration.*

LE MAÎTRE DE CONFÉRENCES DE FRANÇAIS de l'Université d'Alicante, Espagne (Universidad de Alicante), *Montserrat PLANELLES IVÁÑEZ, pour ses commentaires inestimables, ses suggestions et son assistance désintéressée dans le progrès de ce livre.*

LA PROFESSEURE ET LA COORDINATRICE DE LA SECTION DE PHILOLOGIE SLAVE, de l'Université d'Alicante, Espagne (Universidad de Alicante), *Natalia TIMOSHENKO KUZNETSOVA, pour son attention, son apport personnel, ses conseils indicatifs et le fait de partager la même expérience culturelle que moi.*

TOUS MES PROFESSEURS DES MATIÈRES DANS LE CADRE DE LA MAÎTRISE, de l'Université Pédagogique Nationale d'Omsk, Russie, ainsi que MES PROFESSEURS DU PROGRAMME DE DOCTORAT, de l'Université d'Alicante, Espagne (Universidad de Alicante), *des années 2006–2008, pour les connaissances partagées, qui, je reconnais vivement, m'ont permis de développer mes potentialités et d'aboutir au projet.*

Enfin, mes remerciements personnels vont à mon mari, à ma famille et à ma belle-famille pour leur aide, leur compréhension et leur patience.

* * * * *

SOMMAIRE

Liste des remarques utilisées dans le livre 17

AVANT-PROPOS 19

PREMIÈRE PARTIE : CADRE THÉORIQUE 21

CHAPITRE 1 LES MÊMES ET LES AUTRES : ASPECTS
            ANTHROPOLINGUISTIQUES 23
   1.1.   Des préalables sociolinguistiques 23
   1.2.   La langue face à la nation 24
   1.3.   Les grilles conceptuelles d'Edward Hall 29
   Récapitulons 31

CHAPITRE 2 LA PLACE DU CULTUREL DANS LA
            COMPÉTENCE DE COMMUNICATION 33
   2.1.   Préliminaires 33
   2.2.   En suivant l'évolution de la notion « compétence » 33
   2.3.   Les représentations culturelles partagées 42
   2.4.   Le poids culturel du lexique 45
        2.4.1.   Le rapport langue / culture 45
        2.4.2.   Robert Galisson : la culture dans la langue 46
              2.4.2.1.   Mots à Charge Culturelle Partagée 50
              2.4.2.2.   Mots-valises 53
              2.4.2.3.   Mots occultants 54
              2.4.2.4.   Noms de marques 54
              2.4.2.5.   Palimpsestes verbo-culturels 55
              2.4.2.6.   Opérations comportementales verbales 57
   Récapitulons 58

CHAPITRE 3 LE POIDS DES STÉRÉOTYPES DANS L'INTERACTION PLURICULTURELLE ... 59

3.1. La nature des stéréotypes ... 59
3.2. Stéréotype *vs.* préjugé ... 65
3.3. Les causes de la formation des stéréotypes ... 67
3.4. Les fonctions des stéréotypes ... 69
3.5. La classification des stéréotypes ... 70
Récapitulons ... 74

CHAPITRE 4 LE TOURNANT VISUEL ... 77

4.1. Préliminaires ... 77
4.2. La triade de Charles Peirce ... 77
4.3. Le signe linguistique de Ferdinand de Saussure ... 80
4.4. Roland Barthes et la sémiologie de la signification ... 81
4.5. Georges Mounin et la sémiologie de la communication ... 83
4.6. Umberto Eco et la sémiotique de l'architecture ... 84
4.7. Christian Metz et la sémiotique du cinéma ... 87
4.8. La sémiotique de la photographie ... 88
    4.8.1. La photographie amateur ... 89
    4.8.2. Le *selfie* ... 91
    4.8.3. La photo touristique ... 92
Récapitulons ... 94

CHAPITRE 5 LA SÉMIOTIQUE NON VERBALE ... 95

5.1. Préliminaires ... 95
5.2. La kinésique : Ray Birdwhistell ... 96
5.3. La classification sémiotique des gestes ... 97

5.4.	Les valeurs fonctionnelles des gestes	100
5.5.	L'universalité des gestes	101
5.6.	La politesse non verbale	102
Récapitulons		105

SECONDE PARTIE : CADRE PRATIQUE 107

CHAPITRE 6 L'USAGE DE L'OUTILLAGE MENTAL DANS LA CULTURE RUSSE 109

6.1.	Préliminaires			109
6.2.	Particularités chronémiques			109
	6.2.1.	Échanges votifs « bon + notion de temps »		110
	6.2.2.	Formules d'adieux		113
6.3.	Particularités proxémiques			114
6.4.	Continuum lexical russe			118
	6.4.1.	Les empreintes du facteur géographique		118
	6.4.2.	Les empreintes du facteur climatique		122
		6.4.2.1.	Généralités	122
		6.4.2.2.	Grille sémique des dénominations de vêtements de dessus d'hiver	124
		6.4.2.3.	Grille sémique des dénominations de couvre-chefs d'hiver	129
		6.4.2.4.	Grille sémique des dénominations de chaussures d'hiver	132
	6.4.3.	Les empreintes du facteur culturel		137
Récapitulons				140

CHAPITRE 7 LES ÉCARTS CULTURELS 141

7.1.	Les révélateurs de la culture russe pour le public étranger		141
	7.1.1.	Lexique à charge culturelle partagée russe	141

	7.1.1.1.	Mots à une CCP d'une langue pour des équivalents différents nécessitant un éclaircissement dans les autres langues 143
	7.1.1.2.	Cas d'emprunts 149
	7.1.1.3.	Mots à CCP sans équivalent dans la langue-culture d'accueil 150
	7.1.1.4.	Mots à CCP étrangers sans équivalent dans la langue-culture d'origine 151
7.1.2.	Mots-valises russes 152	
	7.1.2.1.	Apocope + aphérèse 152
	7.1.2.2.	Apocope simple 153
	7.1.2.3.	Apocope + apocope 153
	7.1.2.4.	Aphérèse simple 154
7.1.3.	Mots occultants russes 155	
7.1.4.	Noms de marques russes 155	
	7.1.4.1.	Noms d'appellation sous forme de produits (objets militaires) à CCP commune 156
	7.1.4.2.	Noms d'appellation sous forme de produits (automobiles) à CCP propre 156
	7.1.4.3.	Noms d'appellation sous forme de produits (souvenirs symboliques) à CCP commune 157
	7.1.4.4.	Noms d'appellation sous forme de produits (alimentation) à CCP commune 158
	7.1.4.5.	Noms d'appellation commerciale sous forme de services (magasins) à CCP propre 159
	7.1.4.6.	Noms d'appellation à signifié et à CCP propres à une langue-culture d'accueil 160
7.1.5.	Palimpsestes verbo-culturels russes 162	
	7.1.5.1.	Délexicalisation sans déstructuration syntaxique 162
	7.1.5.2.	Délexicalisation avec filiation phonique 164
7.1.6.	Opérations comportementales et verbales 165	
	7.1.6.1.	Opérations verbales au poids culturel propre 166
	7.1.6.2.	Opérations comportementales 169

Récapitulons 171

CHAPITRE 8 LE COMPORTEMENT COMMUNICATIF DES PORTEURS DE LA CULTURE RUSSE 173

- 8.1. Préliminaires 173
- 8.2. Le concept « fête » 173
  - 8.2.1. L'aspect quantitatif de la notion « fête » 175
  - 8.2.2. Fêtes aux dates et aux signifiés communs 178
  - 8.2.3. Fêtes aux signifiés communs, mais aux dates différentes 178
  - 8.2.4 Fêtes aux dates et aux signifiés propres 181
    - 8.2.4.1. Occasions nationales communes 181
    - 8.2.4.2. Occasions professionnelles 181
    - 8.2.4.3. Occasions politiques 182
  - 8.2.5. L'encadré culturel des fêtes russes 182
  - 8.2.6. Le concept « célébration » 189
  - 8.2.7. Le concept « invitation » 193
  - 8.2.8. Le concept « toast » 194
  - 8.2.9. Le concept « fleurs » 198
- Récapitulons 200

CHAPITRE 9 LES HÉTÉRO-STÉRÉOTYPES DES FRANÇAIS ET DES ESPAGNOLS SUR LES RÉALITÉS RUSSES 201

- 9.1. La perception synthétique de la Russie à travers les stéréotypes ethnoculturels 201
- 9.2. Les stéréotypes ethnoculturels sur la Russie issus du schéma « NOM + ADJECTIF russe » 202
  - 9.2.1. Lexies complexes stéréotypées portant sur les objets et les réalités culturels et gastronomiques 204
    - 9.2.1.1. Lexies complexes stéréotypées portant sur les objets matériaux 205
      - a) Poupée russe / *Muñeca rusa* 205
      - b) Balalaïka (russe) / *Balalaica* 207
      - c) Samovar (russe) / *Samovar ruso* 208

	d)	Lapin russe / --- 209
	e)	Chapeau russe, *chapka* (russe) / *Gorro ruso* 209
	f)	Chaussettes russes / --- 210
	g)	Costume russe / --- 211
	h)	--- / *Un ruso* 211
	i)	Cigarettes russes / *Papirosa* 211
9.2.1.2.	Lexies complexes stéréotypées portant sur les réalités culturelles 212
	a)	Bain russe / *Baño ruso* 212
	b)	Danse russe / *Danza rusa* 214
	c)	Montagnes russes / *Montaña rusa* 216
	d)	Roulette russe / *Ruleta rusa* 217
	e)	Billard russe / *Carambola rusa* 218
	f)	Prononciation russe 219
	g)	Écriture russe 220
9.2.1.3.	Lexies complexes stéréotypées portant sur les manifestations gastronomiques 220
	a)	Préliminaires : La gastique 220
	b)	Salade russe / *Ensaladilla rusa, ensalada rusa* 222
	c)	Vodka (russe) / *Vodka (ruso)* 224
	d)	Charlotte russe / *Carlota rusa, charlotte rusa* ... 229
	e)	--- / *Filete ruso* 231
	f)	Caviar (russe) / *Caviar (ruso)* 232
	g)	Gâteau russe / *Pastel ruso* 232
	h)	Autres 233
9.2.1.4.	Lexie complexe stéréotypée portant sur les événements historiques 234
	a)	Révolution russe / *Revolución rusa* 234
9.2.1.5.	Lexies complexes stéréotypées portant sur les notions philosophiques et les qualités humaines 234
	a)	Préliminaires : Le caractère national russe ... 234
	b)	Âme russe / *Alma rusa* 236
	c)	Ours russe / *Oso ruso* 240

9.2.1.6. Lexies complexes stéréotypées portant sur un groupe social 242
  a) Fille russe / *Chica rusa* 242
  b) Mafia russe / *Mafia rusa* 245
Récapitulons 246

CHAPITRE 10 EN REPRÉSENTANT LA RUSSIE : RECHERCHES AU SEIN DE LA CULTURE VISUELLE 249

10.1. Préliminaires 249

10.2. La sémiotique des images publicitaires liées à la Russie 249

10.3. La sémiotique des codes architecturaux 253

  10.3.1. Éléments dénotant les fonctions premières 253

  10.3.2. Éléments architecturaux dénotant l'idéologie de l'habitat 254

  10.3.3. Codes sémantiques articulés en genres typologiques 255

    10.3.3.1. Habitats résidentiels 256
    10.3.3.2. Établissements académiques 257
    10.3.3.3. Établissements médicaux 259

  10.3.4. Ouistiti ! 261

    10.3.4.1. La photo amateur 262
    10.3.4.2. La photo touristique 265

Récapitulons 267

CHAPITRE 11 VARIATIONS CULTURELLES DANS LE FONCTIONNEMENT DES SIGNES NON VERBAUX 269

11.1. Préliminaires 269

11.2. Le fonctionnement des gestes français, russes et espagnols 269

11.3. Le sourire 284

11.4. L'embrassade 285

11.5. Éléments systémologiques et gaptiques 287
Récapitulons 288

CONCLUSION GÉNÉRALE 289

RÉFÉRENCES 293

Liste des remarques utilisées dans le livre

Symboles phonétiques utilisés dans la transcription des mots russes :
/ ' / placé au début de la syllabe – accent tonique du mot ;
/ ' / placé après une consonne – palatalisation ;
/e/ – le son neutre dont la prononciation se situe entre le /ɛ/ et le /e/ français ;
/o/ – le son neutre dont la prononciation se situe entre le /ɔ/ et le /o/ français ;
/a/ – le son neutre dont la prononciation se situe entre le /a/ et le /ɑ/ français.

AVANT-PROPOS

Le présent projet tient à la fois de la description, de la réflexion analytique et de l'intervention. Il est descriptif et analytique pour consister dans une définition aussi globale que possible des représentations des étrangers sur la Russie, définition fondée sur des analyses précises. Il est en outre interventionniste, car il se donne pour objectif de proposer une nouvelle voie de diffusion de la culture russe ailleurs dans toutes ses manifestations.

Le sujet du livre implique l'observation empirique et l'analyse des jugements liés à la Russie chez les Français et les Espagnols ; la mise en regard des trois cultures différentes ; la présentation des gloses explicatives et des encadrés culturels sur les réalités de l'espace linguistico-culturel russe, afin de rendre plus symétrique l'interaction entre les natifs et les non natifs.

Par conséquent, **l'objet** du livre s'avère être l'interaction pluriculturelle dont l'analyse permet d'établir l'image de la Russie aux yeux des Français et des Espagnols.

L'actualité d'analyser la culture russe à l'étranger relève, premièrement, de la situation et du rôle décisif de la Russie dans la politique mondiale actuelle.

Deuxièmement, la culture russe évoque de l'intérêt à l'extérieur grâce à la multiplication des événements éducatifs et culturels dont « L'Année duelle de la Russie en Espagne et de l'Espagne en Russie » en 2011, « L'Année croisée franco-russe Langue et Littérature » en 2012, « L'Année de la langue et de la littérature espagnoles en Russie » en 2015, « L'Année Croisée franco-russe du tourisme et du patrimoine » en 2016, « L'Année duelle de tourisme Espagne-Russie 2016–2017 », y compris une année croisée des langues et littératures françaises et russes planifiée pour 2018.

Troisièmement, la mobilité entre la Russie, la France et l'Espagne devient de plus en plus active, suite aux facilités de voyager de nos jours. Le flux circulaire des touristes est colossal : depuis 2012 et tous les ans, l'Espagne a vu stablement venir entre 1,1 et 1,6 millions de Russes[1], pendant que 65 000 y résident. Durant la même période, la France a accueilli entre 600 000 et 900 000 de Russes ; quant au nombre des résidents, les chiffres y varient entre 200 000 et 500 000[2]. Le tourisme russe en France et en Espagne est généralement représenté sous forme de

---

1 <http://bit.ly/2xrUWcJ>, <http://bit.ly/1QS1uc7>, <http://bit.ly/15CJgq2>, <http://bit.ly/2kcfwfW>, <http://bit.ly/2m4erFd>. [Consulté : 30/11/2017].
2 <http://bit.ly/2k9Rr9I>, <http://bit.ly/2wxbfsF>. [Consulté : 30/11/2017].

(i) tourisme individuel, (ii) tourisme en groupe, (iii) tourisme de *shopping*, (iv) tourisme gastronomique, (v) tourisme des « nouveaux riches ». Face aux ressortissants d'autres nations, les Russes continuent à être l'un des principaux moteurs de l'économie européenne. Pourtant, le nombre des touristes espagnols et français qui ont l'intention de visiter la Russie n'est pas si élevé et baisse légèrement les derniers temps[3]. Les offres touristiques qui les attirent le plus sont réduites à la gastronomie et à la culture. Tout Français ou Espagnol qui se rend en Russie désire goûter les plats typiques et la vodka, sentir le froid sibérien, visiter *баня* [bain russe] et voire s'assurer si les ours marchent dans la rue.

Ainsi donc, **le sujet** du projet se caractérise par un dispositif de commentaires, de préjugés, de stéréotypes et d'associations des Français et des Espagnols à l'égard de la Russie. Nous pressentons *apriori* que les représentations et les jugements liés à la Russie ne sont pas vraisemblables à 100%, de la sorte, ils freinent l'interaction pluriculturelle qui, à son tour, devient déroutable.

Le projet s'articule autour de l'**hypothèse** suivante : Pour accéder au vrai sens de la culture russe et mieux comprendre ses porteurs, le puisement dans les signes linguistiques, visuels, non verbaux ainsi que dans les réalités de la dimension sociale russe est plus efficace que celui des idées préconçues et généralisées.

---

3 <https://ind.pn/2AgYSlh>. [Consulté : 30/11/2017].

PREMIÈRE PARTIE : CADRE THÉORIQUE

CHAPITRE 1 LES MÊMES ET LES AUTRES : ASPECTS ANTHROPOLINGUISTIQUES

1.1. Des préalables sociolinguistiques

Pour repérer les démarches pluriculturelles déterminées par notre projet nous avons à tenir compte d'une étroite relation entre la langue, la culture, la mentalité et la communication. L'objectif de la langue est de remplir sa fonction essentielle, qui est la communication, tandis que son utilisation comme moyen de communication entre les individus met en évidence sa fonction sociale. Simultanément, la langue sert d'intermédiaire entre la société et la culture : chaque culture s'exprime dans le langage de la nation.

Au départ, nous nous posons une série des questions sociolinguistiques qui suivent les considérations de Jean-Louis Calvet (1999 : 11) :

- Qu'est-ce que les gens d'une même société pensent et de quoi parlent-ils ? Est-ce lié à leurs modèles sociaux ?
- Quels sont les différences géographiques, sociales, culturelles et vitales dans leur ensemble, entre les façons de parler, de penser et de se comporter ?
- Que pensent les locuteurs de leur façon de parler et de vivre et, surtout, de celle des autres ?

Notre attention se portera sur deux espaces discursifs qui opposent les Mêmes et les Autres, la célèbre dichotomie établie en 1922 par Walter Lippmann. À ce recoupement de la topologie du sujet ajoutons encore la dialectique spatiale : Ici et Ailleurs, proposée par Jeanne-Marie Barbéris (1999 : 125–148), et anticipons des « conflits » possibles interculturels qui puissent porter un caractère :

- Interpersonnel : Nous *vs.* Eux ;
- Spatial : ancrage à l'Ici des Mêmes *vs.* assomption ou rejet dans l'Ailleurs des Autres ;
- Linguistique : adoption du « code à Nous » *vs.* éloignement présumé du « code à Eux » ;
- Représentationnel : les systèmes de valeurs rapportées à des espaces particuliers, avec la même dialectique d'intégration *vs.* exclusion.

Nous rejoignons l'opinion d'André Reboullet (1973 : 5-6) sur les distinctions opératoires des civilisations et nous sommes tenue d'observer la société suivant ces points :
- Substrat, identifié comme ensemble de réalités de la civilisation : nous tiendrons compte de la variation diastratique pour ce qui concerne la répartition de la société en classes, ainsi que de la situation économique du pays, du découpage de l'année en temps de travail et de loisir, etc.
- Manifestations selon les différents systèmes sociaux, conçues comme attitudes concrètes face à la vie, à la tradition ou aux changements ; habitudes ou comportements à l'égard des Mêmes et des Autres ; usage d'un outillage mental (notions de temps, chronémique, et organisation d'espace, proxémique).
- Système, conçu en tant qu'ensemble supposé cohérent propre à chaque communauté, qui pourrait être dégagé à travers des manifestations et au-delà d'elles.

1.2. La langue face à la nation

La langue était une des questions centrales de la pensée du précurseur de la philosophie du langage, Wilhelm von Humboldt. Au XVIIIe siècle, le linguiste est arrivé à la conclusion que la langue n'était pas un produit d'un seul individu, mais une création collective qui appartenait à la société entière et qui se transmettait progressivement d'une génération à l'autre.

W. von Humboldt indiquait que la langue contient (i) l'image statique du monde composée de contenus langagiers (sonores, grammaticaux et étymologiques) et (ii) l'image dynamique composée d'assimilations langagières.

La langue est comprise par lui comme vision du monde (*Weltansicht*) ou, en d'autres termes, ensemble de formes et de catégories mentales, commun pour tous, mais configuré selon les nations et les individus, eux-mêmes. De la sorte, la langue, pour lui, n'était pas un être achevé (*Ergon*), mais l'activité elle-même (*Enérgeia*) initiée par la force spirituelle humaine manifestée sous forme d'esprit intérieur du peuple (*Geist*) (Humboldt, 1991 : 18-20).

L'esprit qui déterminait l'essence spirituelle du peuple s'identifiait chez W. von Humboldt à la construction de sa langue, de même qu'il était difficile de se percevoir sans elle. Selon lui, les différentes façons dont la langue organisait la réalité, déterminaient les manières dont l'esprit structurait son savoir. Enfin, la langue accompagnait le développement spirituel du peuple à chaque moment de son progrès ou de sa décadence locale et reflétait chaque étape de la culture sociale.

Chez W. von Humboldt, sans la langue l'individu ne peut non seulement penser et communiquer, mais aussi faire évoluer sa vision du monde. Cette dernière, dite aussi « forme intérieure du langage », et mise en relation avec la mentalité collective, constitue l'image linguistique globale propre de la société : « *La diversidad de las lenguas no es una diversión de sonidos y signos, sino una diversidad de visiones del mundo* » (Humboldt, 1991 : 54).

La langue façonne également le caractère national, étant le miroir de l'âme populaire, « *copia y signo al mismo tiempo* » (Humboldt, 1991 : 55). Ainsi donc, si on veut comprendre la manière de vivre, les conceptions et, même, le progrès d'un peuple, il suffit d'examiner sa langue.

Les idées de W. von Humboldt sur la relation entre la langue, la culture et la mentalité mènent à la conclusion que la communication entre les langues est, en réalité, la communication entre les cultures.

C'est à un niveau linguistique que W. von Humboldt cherche la structuration de l'expérience humaine de la société, c'est-à-dire, la correspondance entre la forme de la langue et les comportements culturels. Le processus cognitif qui organise les données de l'expérience humaine se déroule, selon lui, autour des trois axes suivants :

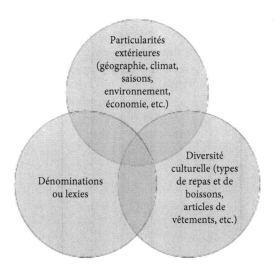

Au début du XXe siècle le linguiste et l'anthropologue américain Edward Sapir reprend les thèses de W. von Humboldt en affirmant que le langage est non seulement un outil de communication et de socialisation, mais aussi de transition de l'expérience individuelle à un domaine commun. Dans ses réflexions, E. Sapir paraît moins catégorique que W. von Humboldt en doutant que la langue et l'activité culturelle soient soumises directement aux mêmes influences et qu'elles évoluent à des rythmes similaires :

> No existe necesariamente una correlación entre la lengua, la raza y la cultura. Esto no quiere decir que no la haya nunca.
> [...]
> Y no creo tampoco que exista una verdadera relación causal entre la cultura y el lenguaje. La cultura puede definirse como aquello que una sociedad hace y piensa. El lenguaje, en cambio, es un cómo peculiar del pensamiento (Sapir, 1986 : 245-247).

Pour E. Sapir, de même que la langue s'organise autour de la grammaire, une culture possède aussi certaines règles de grammaire à découvrir. Il ne nie pas qu'il soit difficile de comprendre les relations causales concrètes entre l'expérience culturelle et le mode d'expression. La seule chose qui les différencie, admet-il, peut être une plus grande vitesse des changements au sein de la culture que de la langue. Pourtant, il affirme qu'il existe, tout de même, une parenté troublante entre les phénomènes culturels et linguistiques, vu qu'une langue est un produit de la vie en société et il tend donc à restreindre au lexique uniquement la possibilité d'une mise en relation.

Benjamin Lee Whorf en développant les thèses de son maître E. Sapir, travaille surtout l'influence du langage sur l'élaboration de la pensée. La langue, pour lui, est un vaste système de structures, différent des autres, dans lequel il existe un ordonnancement culturel des formes et des catégories qui permet à l'individu de communiquer, d'analyser le réel, de canaliser son raisonnement et de jalonner peu à peu le champ de sa conscience. La particularité des études de B.L. Whorf consiste dans son point de repère nommé « psychologie humaine » (mentalité humaine) qui est universelle chez tous les individus : « *La mente humana es el elemento determinante del pensamiento y de la lengua.* [...] *es cultural, por un lado, y tiene su base psíquica, por otro.* [...] *es desvelable únicamente a través de la lingüística* » (*in* Martínez del Castillo, 2001 : 156-157).

B.L. Whorf est connu pour poser le principe de « relativité linguistique » appliqué à l'ensemble de la langue, du lexique et de la structure grammaticale. La relativité porte sur les évaluations et les observations différentes des faits extérieurement similaires et, par conséquent, sur les visions du monde dissemblables chez les observateurs. Un locuteur est observateur de la nature commune, à partir de sa langue qui ne peut proposer qu'un découpage particulier de celle-ci, en fonction de la langue même.

Les principes d'E. Sapir et de B.L. Whorf constituent la base de l'hypothèse nommée traditionnellement « Hypothèse Sapir-Whorf » (HSW), selon laquelle la langue avec ses catégories grammaticales définit les représentations mentales.

HSW suppose que les locuteurs parlant les langues différentes voient le monde de manière différente et pensent de manière différente. Le système linguistique conditionne ainsi la pensée dans la connaissance et l'organisation de la réalité, de telle façon que les cultures des communautés différentes peuvent être déterminées par les modèles grammaticaux des langues qu'elles parlent. Il n'existe pas deux langues à tel point similaires pour exprimer une même réalité sociale. Le monde où elles vivent n'est pas un monde identique, composé d'objets qui recevraient des noms-étiquettes différents, mais une réalité façonnée par chacune d'elles :

> Chaque langue est un vaste système de structures, différent de celui des autres, dans lequel sont ordonnées culturellement les formes et les catégories par lesquelles l'individu non seulement communique, mais aussi analyse la nature, aperçoit ou néglige tel ou tel type de phénomènes ou de relations, dans lesquelles il coule sa façon de raisonner, et par lesquelles il construit l'édifice de sa connaissance du monde (*in* Mounin, 1976 : 47).

De la sorte, les langues, de même que les visions du monde, sont incommensurables. Les locuteurs parlant des langues différentes ne perçoivent pas le monde de la même façon, car ils découpent la réalité à leur propre manière. Le découpage différent est illustré dans les cas où plusieurs termes d'une langue correspondent à un seul mot d'une autre, ainsi que quand un seul mot d'une langue correspond à un seul mot d'une autre. À titre d'exemple, le mot « vin » n'évoquera pas les mêmes concepts chez un Espagnol / un Français et un Russe.

Les considérations de l'HSW trouvent leur grand écho chez les linguistes postérieurs du XXe siècle. La conviction au sujet de l'effet que le langage peut avoir sur les représentations mentales relève d'Anna Wierzbicka (1996 : 456), selon laquelle la langue ne reflète pas directement le monde, mais la conceptualisation humaine et l'interprétation humaine du monde :

> [...] *they [universal semantic primitives] offer us convenient and reliable tools for investigating the universal and the language-specific aspects of human cognition and human conceptualisation of the world.*

L'HSW a toutefois rencontré un regain d'intérêt dans le cadre des travaux des générations des anthropologues postérieurs. Elle ne s'est pas présentée valable pour l'étude des anthropologues américains Brent Berlin et Paul Kay (1969) qui comparaient les termes de couleurs dans plusieurs dizaines de langues. Ils ont conclu finalement qu'il existait une organisation hiérarchique quasi universelle du lexique des couleurs, mais que c'était la structure des processus mentaux qui déterminait les catégories linguistiques. Selon eux, un individu est capable de distinguer deux couleurs différentes, non parce qu'il y ait deux moyens correspondants dans sa langue, mais parce qu'il est capable de percevoir ces deux nuances de couleur.

À titre d'exemple, pour le terme « bleu » on découvre en russe deux unités culturelles diverses : « голубой » /ga lu 'boj/, « bleu clair », et « синий » /'si nij/, « bleu foncé ». Ces termes, inexistants séparément en français et en espagnol, marquent l'absence des contenus correspondants dans leurs réalités. Vu que leur « bleu » recouvre un champ très large, cela les oblige alors à recourir à d'autres moyens en cas d'analyse plurilinguistique ou interculturel.

Umberto Eco ne nie pas le lien étroit entre la diversité des réalités et la diversité des catégories linguistiques. En revanche, il tend à croire que c'est l'organisation sociale qui détermine les moyens langagiers. Le sémioticien attribue une grande importance à « l'exigence de la survivance vitale » (1972 : 64) qui oblige à découper le continuum de l'expérience de chaque société en tranches. Il met en relation les raisons géographiques ou climatiques et l'inventaire des termes, où les premières font naître ces derniers. Sa conclusion consiste en ce que la pluralité des éléments de la réalité produit une gamme de lexies qui ne sont propres qu'à la réalité donnée pour s'affronter à cette dernière.

Par ailleurs, nous voudrions souligner l'approche éthologique, et à la fois linguistique, du chercheur russe de l'Université de Łódź (Pologne), Wiaczeslaw Nowikow. Depuis une nouvelle perspective de la communication interculturelle, il plaide la notion de linguistique éthologique dont l'objectif est de signaler les facteurs extralinguistiques qui définissent l'emploi des formes linguistiques et des actes spécifiques du langage : « *determinar los vínculos y buscar regularidades entre los hechos de cultura materiales y sociales, por un lado, y los medios de expresión lingüísticos, por otro* » (*in* Baran, 2011 : 7). À part le modèle éthologique et linguistique, sa considération est basée sur le concept d'entités de culture linguistiquement opérationnelles. Ces dernières peuvent conditionner le type et le statut des modèles éthologiques et linguistiques, ce qui, à la suite, permet de détecter des différences entre diverses communautés socioculturelles.

L'influence réciproque des modèles sociaux sur les structures linguistiques trouve une objection chez Jean-Claude Beacco (2000). Pour lui, il serait très hasardeux de déduire les formes d'une organisation sociale à partir de son lexique, puisque les dénominations lexicales ne sont pas parfois transmises par les réalités sociales, qui, à leur tour, ne sont pas capables non plus d'influencer le nombre de lexies.

Compte tenu des différentes considérations des chercheurs, la langue et la culture sont en constante interdépendance. D'une part, la langue est un des noyaux de la culture d'une nation, d'autre part, les éléments du système culturel sont manifestés par le biais de la langue. Le reflet de la culture et de la réalité extralinguistique dans les phénomènes linguistiques est indéniable : ces derniers sont influencés en ce qui concerne la créativité (lexicale) et la stabilité.

Le lexique est une partie de la langue très sujette aux changements extérieurs, à la différence des évolutions phonétiques ou syntaxiques qui opèrent sur une plus longue durée.

1.3. Les grilles conceptuelles d'Edward Hall

Les années cinquante du siècle dernier ont vu dégager le rôle de la culture dans le trinôme « langue – culture – communication ». Le pionnier à traiter le culturel a été l'anthropologue américain Edward Hall. Il considérait la culture comme un ensemble d'éléments décomposables, observables, déchiffrables et analysables. La réalisation de ces tâches requiert la connaissance du « langage silencieux » (Hall, 1989 : 7) qui est non seulement ce que les individus disent sans utiliser de mots, mais un univers complet de comportement qui s'avère être un fait. L'interprétation et l'exploration de la culture se soumet aux principes du relativisme culturel, *i.e.* à l'observation par rapport aux Autres. De même, la culture, comme la langue, peut être apprise et enseignée.

Grosso modo, E. Hall établit un fort lien entre la culture du peuple et sa communication interne. Pour étudier une culture, selon lui, il faut tenir compte des formes de communication de base (ou primaires) suivantes :

- (linguistique) interaction ;
- (non linguistiques, mais communicatifs) temporalité, territorialité, association, bisexualité, subsistance, apprentissage, jeu, défense, exploitation.

Il suffit d'étudier trois systèmes culturels d'entre eux : l'interaction, la temporalité et la territorialité.

Du point de vue du relativisme culturel, E. Hall compare des dizaines de cultures et à partir des trois formes de communication primaire, il relève la classification suivante des cultures :

- Cultures à contexte haut (*high-contexting*) et à contexte bas (*lowcontexting*).
  Le contexte suppose l'information qui accompagne et entoure le message principal. Il peut être linguistique aussi bien que non linguistique (hiérarchie, statut social, localisation, entourage). La communication dans les premières se caractérise par le respect des formules communicatives (salutation, excuse, remerciement, etc.), le rôle du sujet et l'usage de l'information supplémentaire, parfois non nécessaire : allusions, sous-contexte, figures imagées, langage non verbal, etc. La plus grande partie de l'information est implicite et est déjà connue des locuteurs, tandis que seulement une petite partie du message est codée. Une des cultures à contexte haut, selon E. Hall, est chinoise.

Les cultures à contexte bas témoignent de relations sociales moins codifiées, et leur contexte ne dicte pas forcément la façon dont on s'adresse. Le message se caractérise par la clarté, la précision et la pragmatique. L'information supplémentaire est réduite au minimum. E. Hall (1981 : 91–116) voit ces indices chez les Anglais, Allemands, Français, Espagnols, Italiens.
- Cultures monochrones (*monochronic*) et cultures polychrones (*polychronic*).
Pour les individus de la première, le temps est linéaire et sert à organiser la journée de manière mesurée, segmentée, consécutive, pas à pas. De même, le temps pour eux est précaire : on peut utiliser bien ou mal son emploi du temps ; on peut gagner ou perdre du temps, de la sorte la ponctualité est très importante. E. Hall y rapporte les Américains.
Les individus de la seconde ne conceptualisent pas le temps en tant que ligne, mais comme point. Leur journée est composée de tâches faites simultanément et au rythme de l'implication qu'ils ont avec l'entourage. La relation avec l'autre est plus importante que l'agenda, et la ponctualité pour eux est relative. Pour E. Hall (1989 : 15–32 ; 1981 : 17–24), il s'agit des populations méditerranéennes.
- Cultures à distances : intime, personnelle, sociale et publique.
La zone intime est la sphère de communication où les individus acceptent la distance de 15 cm à 56 cm (pour la famille et les proches) ; la personnelle, de 50 cm à 1,2 m (pour les amis) ; la sociale, de 1,2 m à 2,7 m (pour les connaissances et tous les autres interlocuteurs) ; la publique, de 3,7 m à 7,6 m (pour le public et les groupes de gens) (Hall, 1973 : 184–194).

En affirmant que chaque culture peut être décrite selon son rapport aux réalités spatiales, E. Hall est considéré comme précurseur de la proxémique, *i.e.* l'étude de la perception et de l'usage de l'espace par l'homme. Elle traite de l'architecture, de l'ameublement et de l'utilisation de l'espace et de la distance comme de l'aspect de la culture (planification et utilisation de l'espace urbain et distance conversationnelle). De plus, E. Hall est pionnier de la chronémique, *i.e.* l'étude de l'utilisation par l'homme du temps comme langage.

Aux idées d'E. Hall se joint Geneviève-Dominique de Salins (1992 : 123–126) qui reconnaît le temps en tant que matériau culturel partagé par une communauté déterminée. Dans le temps formel et objectif, elle voit un impact grandiose sur les comportements sociaux et, en guise de preuve, cite la perception de la ponctualité qui est bien distincte au sein de chaque nation.

Récapitulons

Bien que la thèse selon laquelle la langue détermine la vision du monde et reflète la réalité extérieure puisse paraître accidentelle, elle revient constamment chez les linguistes et s'analyse souvent d'une façon intuitive. D'après le parcours des études théoriques, l'effet que peut produire le langage sur la réalité est faible, mais tout de même mesurable.

La langue est à la fois un reflet et un moyen d'expression d'une culture : premièrement, la langue rend compte de la vision du monde propre à une nation ; deuxièmement, la langue produit des formes (lexicales, grammaticales) qui la rendent différente des autres. La découverte de la culture est étroitement liée à la prise en considération de la langue. Quand on découvre une nouvelle langue, on découvre une nouvelle culture, donc pour découvrir une nouvelle culture il faut découvrir sa langue.

D'après W. von Humboldt, la langue est un milieu qui contrôle le comportement des individus, de sorte que ce n'est que dans la langue que la pensée peut prendre conscience d'elle-même. Les intuitions linguistiques de W. von Humboldt, aussi bien que les principes de l'« Hypothèse Sapir-Whorf », nous paraissent illustrables et, par conséquent, trouveront de l'importance dans nos tentatives analytiques postérieures. En suivant leurs considérations théoriques, nous sous-entendrons sous la vision linguistique du monde une structure conceptuelle inscrite dans le système d'une langue, aussi bien dans sa grammaire que dans son lexique. Peu importe le vecteur, si la langue détermine la pensée ou si la réalité sociale et culturelle définit le langage, nous sommes tenue à observer et à expliquer une série de lexies russes dans leur relation avec l'organisation sociale, face à la réalité française et espagnole. Ainsi donc, un des principaux axes de notre projet fera le point sur le rapport entre langue et identité sociale et culturelle, *i.e.* Nous/ les Mêmes et Eux/ les Autres dans la langue. D'où l'importance de la prise de conscience, aussi bien pour les natifs que pour les non natifs, de leur appartenance à un univers monochrone ou polychrone, à la culture à un contexte haut ou bas, à la société qui privilégie la distance intime, personnelle ou sociale.

CHAPITRE 2 LA PLACE DU CULTUREL DANS LA COMPÉTENCE DE COMMUNICATION

2.1. Préliminaires

De nos jours, nous sommes tous témoins de l'intégration politique et économique du monde. Le dernier devient une sorte d'énorme village mondial, c'est-à-dire, une communauté où la distance se raccourcit grâce au recours aux médias imprimés ou électroniques, ou aux moyens de transport. Tout cela mène inévitablement à l'interaction des cultures à des niveaux différents, s'avérant alors très important de tendre à éviter des malentendus culturels et à améliorer les contacts.

En Russie, jusqu'aux années quatre-vingt-dix, le problème d'interaction culturelle ne concernait pas l'idéologie de l'Union Soviétique d'après laquelle tous ses habitants vivaient dans une même famille de différents peuples qui ne supposait aucun écart culturel entre eux. La situation a commencé à subir des changements sérieux après la dislocation de l'URSS, la chute du rideau de fer et l'intégration du pays dans l'espace international. De nos jours, la Russie est une des forces centrales de l'arène mondiale, une communauté qui a soif d'une interaction vive et une réalité qui intéresse les non natifs.

Sous l'influence de la globalisation, une des conditions importantes de la mobilité sociale et d'une adaptation favorable dans l'espace mondial s'avère être la connaissance des langues étrangères et la compréhension de leurs cultures.

Le lien entre la globalisation et la compétence linguistique de l'individu constitue donc un problème dont la solution mobiliserait l'individu non seulement dans la perspective inter- et pluriculturelle, mais aussi dans le cadre d'un enrichissement intraculturel.

2.2. En suivant l'évolution de la notion « compétence »

En partant du mot « compétence », il est aisé de dire qu'il trouve un emploi très large dans différents domaines, non seulement de la vie scientifique, mais aussi pratique. Ainsi, dans le *Cadre de référence* (2001 : 15) la notion sous-tend « l'ensemble des connaissances, des habiletés et des dispositions qui permettent d'agir ».

Karen Keen (1992 : 111-122) applique le terme au domaine strictement professionnel et sous-entend par là tout l'ensemble de savoir, de savoir-faire et de savoir être, nécessaire pour exécuter une action donnée. Il termine par comparer métaphoriquement la compétence avec les doigts (savoir-être, savoir, expérience, contacts, valeurs) qui sont coordonnés par la paume et contrôlés par le système nerveux qui, à son tour, régit le bras entier.

En 1959 le sociologue américain Robert White (1959 : 297-333) se servait déjà du terme « compétence » pour décrire les particularités liées à la réalisation parfaite d'une tâche et le remplissait de composantes psychologiques, surtout de la motivation individuelle.

En 1965 la notion « compétence » a été reprise par Noam Chomsky (Université de Massachusetts) qui a suivi les considérations de Wilhelm von Humboldt sur la nécessité de coétudier la langue et la culture. N. Chomsky a donc dégagé le terme « compétence linguistique » qui désignait la connaissance d'un ensemble des règles grammaticales qui sous-tendait la fabrication et l'interprétation des énoncés. Le linguiste américain notait qu'il existait une différence entre la connaissance de la langue (davantage, maternelle) par le sujet parlant (ou son destinataire) et son emploi réel dans les situations concrètes. Il considérait la production linguistique comme un système d'aptitudes intellectuelles, de savoirs et de convictions développés en bas âge qui lors de l'interaction, avec d'autres facteurs extérieurs, déterminait les actes comportementaux (Chomsky, 1971 ; Chomsky, 1972).

Cependant, la première impression sur la compétence en tant que connaissance consciencieuse ou intuitive du système de la langue afin de produire des énoncés grammaticalement corrects est apparue dans le paradigme structuraliste. Ferdinand de Saussure ([1916] 1995) a établi la différence entre (i) la langue, inventaire systématique des unités qui se manifeste sous forme d'images dans la mentalité de chaque individu du groupe et qui est capable d'être appris, et (ii) la parole, produit spécifique du sujet parlant déterminé par la volonté de ce dernier et par un contexte précis. La parole saussurienne constituait des données observables du savoir linguistique du locuteur, mais se contentait de facteurs internes à la phrase sans prendre en compte les aspects sociolinguistiques.

Le concept de compétence linguistique ou grammaticale de N. Chomsky s'élargit chez Dell Hymes. Pour le dernier, savoir parler, c'est plus qu'être capable de produire et d'interpréter un nombre infini de phrases bien formées ; c'est aussi maîtriser les conditions d'usage commun et adéquat de toutes les possibilités offertes par la langue. Le « bébé chomskyen », remarque D. Hymes, serait un monstre voué à une mort rapide, car il pourrait débiter des phrases impeccablement « grammaticales » et correctes, mais il serait incapable de les utiliser au bon moment et au bon endroit. Une seule compétence linguistique ne permet pas à l'individu de survivre en société, et doit se trouver au sein d'un ensemble plus large, où les savoirs linguistiques et socioculturels sont inextricablement mêlés (Hymes, 1972 : 269-293).

D'après D. Hymes, la compétence doit inclure la capacité d'opérer les situations linguistiques diverses et les emplois de la langue dans les contextes sociaux. Pour cette raison il introduit le terme « compétence de communication » (Hymes, 1966 : 138-158) qui est un dispositif complexe d'aptitudes mêlées comprenant une composante linguistique (connaissances implicites et explicites des règles grammaticales) et une composante sociolinguistique de l'emploi de la langue dans le contexte qui, à son tour, couvre la composante socioculturelle :

> Les membres d'une communauté linguistique ont en partage une compétence de deux types : un savoir linguistique et un savoir sociolinguistique ou, en d'autres termes, une connaissance conjuguée de normes de grammaire et de normes d'emploi (Hymes, 1984 : 47).

Les composantes de la compétence de communication de D. Hymes sont les suivantes :

- Composante linguistique. Elle permet de produire des énoncés formellement corrects et dépend de la capacité d'utiliser des modèles phonétiques, lexicaux, grammaticaux et textuels du système linguistique. Elle est liée à la notion de régularité formelle.
- Composante socioculturelle. Elle est donnée par la connaissance et l'appropriation des normes sociales et interactionnelles qui régissent les rapports entre les individus et les institutions, aussi bien que par la connaissance de l'histoire culturelle. Elle est liée à la notion d'usage social de la langue et de ses dialectes et, donc, à celle de comportement.
- Composante discursive. Elle permet de produire des unités de communication contextualisées (discours et/ ou textes) à partir des schémas qui en assurent la cohésion et la cohérence en fonction des paramètres de la situation de communication dans laquelle elles sont produites et interprétées. Elle est donc liée à la notion de régularité procédurale.
- Composante stratégique. Elle permet la mise en œuvre des stratégies efficaces (de compensation, d'évitement) pour atteindre un objectif donné à l'égard du destinataire. Elle est liée à la notion de stratégie de communication.

Le caractère spécifique du comportement communicatif expliqué par les moyens linguistiques correspondants et les règles de leur emploi est traité dans l'article de D. Hymes sur l'ethnographie de la communication (1975 : 42-95). Le rôle prépondérant dans cette étude est attribué à la compétence linguistique du sujet communicatif, puisque la majeure partie de l'interaction se déroule à l'aide des procédés de la langue. De manière schématique, la méthodologie de D. Hymes pourrait être présentée comme quatre faisceaux dont la convergence mènerait à la compétence de communication :

Moyens verbaux de la parole	Voix et compétence individuellement linguistique
Attitudes, valeurs, représentations, perceptions, ...	Normes interactionnelles et sociales attendues

Également, D. Hymes dégage les caractéristiques suivantes de la compétence de la communication :

- Intérêt porté aux phénomènes de variation codique, d'une communauté à l'autre et à l'intérieur d'une même communauté. Une communauté n'est jamais homogène parce que ses membres disposent d'un éventail de styles, dialectes et langues, différents avec lesquels ils jonglent en fonction de leurs objectifs du moment. Ainsi donc, la diversité des systèmes communicatifs joue un rôle très important comme marqueur d'identité du locuteur, ou pour la construction de la relation interpersonnelle, ne devant pas être envisagée dans ses aspects négatifs.
- Intérêt porté également aux applications possibles de la réflexion théorique (en guise d'exemple, en matière de communication interethnique, en milieu scolaire, en particulier, ou en site institutionnel).
- Adoption d'une démarche inductive et « naturaliste » : il s'agit d'observer les événements de communication dans leur milieu naturel et de se rendre compte des données recueillies le plus exhaustivement possible.

La théorie de D. Hymes sur la compétence de communication a supposé un grand apport dans le domaine de l'enseignement des langues étrangères où elle se déclare comme « la connaissance (pratique et non nécessairement explicitée) des règles psychologiques, culturelles et sociales qui commandent l'utilisation de la parole dans un cadre social »[4].

Ultérieurement, le couple de spécialistes Michael Canale et Merrill Swain (1980 : 1-47) introduit le terme « contexte situationnel de l'interaction » et définit la compétence de communication comme un ensemble de quatre sous-compétences :

---

4   *Dictionnaire de didactique des langues*, (dir. par R. Galisson et D. Coste), Paris, Hachette, 1976, p. 106.

- Compétence grammaticale. Elle suppose la connaissance du lexique, de la phonétique, de l'orthographe, de la sémantique et de la syntaxe.
- Compétence sociolinguistique, dite aussi socioculturelle. Elle couvre l'aspect pragmatique des actes discursifs variés, notamment, les valeurs culturelles, les normes, les règles et les traditions socioculturelles dans les contextes sociaux différents ; la correspondance formelle et contextuelle des énoncés dans une situation donnée.
- Compétence discursive. Elle suppose la capacité de former des énoncés cohérents et logiques, oraux et écrits, aussi bien que de maîtriser différentes formes de discours.
- Compétence stratégique. Elle prévoit l'aptitude de compenser le manque de connaissances de la langue, de l'expérience discursive et comportementale dans une situation linguistique étrangère.

Le rôle du contexte social au-delà des connaissances grammaticales a été défendu par Christian Bachmann, Jacqueline Lindenfeld et Jacky Simonin (1981 : 53) qui remarquaient que pour communiquer, il ne suffit pas de connaître la langue, le système linguistique : il faut également savoir s'en servir en fonction du contexte social.

Un autre modèle de la compétence de communication est présenté par Sophie Moirand (1980 : 20) qui y inclut cinq composantes dont quatre étaient caractéristiques des modèles antérieurs :

- Composante linguistique ;
- Composante discursive ;
- Composante socioculturelle ;
- Composante stratégique au moment de la communication ;
- Composante référentielle.

La dernière composante, nouvelle pour le traitement du problème de compétence de communication, sous-entend la connaissance des domaines d'expérience, des objets du monde et de leur relation.

À la compétence strictement linguistique et grammaticale Catherine Kerbrat-Orecchioni ajoute les déterminations « psychologiques et psychanalytiques des locuteurs » et leur compétence qu'elle ne nomme pas mais définit comme ensemble de « leurs compétences culturelles (ou « encyclopédiques », ensemble de connaissances implicites possédées sur le monde) et idéologiques (ensemble des systèmes d'interprétation et d'évaluation de l'univers référentiel » (1986a : 26). C. Kerbrat-Orecchioni élargit le dispositif des compétences du sujet parlant en en dégageant deux composantes supplémentaires : la compétence logique et rhétorico-pragmatique (1986b : 165–298).

Patrick Charaudeau (2001 : 341-348) élabore un modèle de compétence dite langagière à trois niveaux et prétend y inclure le culturel, s'il fait allusion à tout ce qui constitue les savoirs et usages d'un groupe social :

- Composante situationnelle qui témoigne du comportement des groupes sociaux et de la façon dont ils abordent les différentes situations de communication, comment ils y prennent place, quels sont les propos qui s'y tiennent et qui se considèrent tabous ;
- Composante discursive qui témoigne des rituels propres à chaque communauté pour manipuler les différents modes de description, de narration et d'argumentation ;
- Composante sémiolinguistique qui témoigne des spécificités de l'inventaire des formes linguistiques et repose sur l'expérience de vie en société. Elles font appel à des savoirs communs partagés de deux types : savoirs de connaissance (perceptions et définitions plus ou moins objectives sur le monde, issues soit des expériences partagées de membres de la communauté, soit acquises par apprentissage) et savoirs de croyance (systèmes de valeurs, plus ou moins normés, qui circulent dans un groupe social, qui alimentent les jugements de ses membres et leur donne la raison d'être identitaire).

Simultanément, chez Patrick Charaudeau et Dominique Maingueneau (2002 : 113-114), le terme « compétence » est surtout accompagné de l'adjectif épithète « encyclopédique ». La maîtrise de la langue ne consiste pas seulement à comprendre ses énoncés grâce à la connaissance des règles linguistiques, mais d'y activer des savoirs plus amples et plus pratiques. L'aptitude dite communicative, qui couvre la production et l'interprétation des énoncés de manière appropriée aux multiples situations de l'existence, n'est pas non plus suffisante pour participer à une interaction.

Les savoirs dits « plus amples » constituent la compétence encyclopédique, ensemble de connaissances sur le monde extérieur, ensemble virtuellement illimité qui varie selon la société et l'expérience de chacun :

> [Cet ensemble] s'enrichit au cours de l'activité verbale puisque ce que l'on y apprend tombe dans le *stock* de savoir et devient un point d'appui pour la production et la compréhension d'énoncés ultérieurs (Maingueneau, 2007 : 22).

À part le rôle des connaissances, les spécialistes prennent en compte les savoir-faire, les *scripts* et les scénarios qui, dans tout l'ensemble, reflèteront l'aptitude à enchaîner les actions (souvent stéréotypées) de manière adaptée à un objectif.

Enfin, la conceptualisation de la compétence encyclopédique de P. Charaudeau et D. Maingueneau se complète par la compétence générique qui se définit par eux comme maîtrise des genres de discours.

Les deux composantes indispensables de la compétence de communication, pour Maddalena de Carlo, sont l'encyclopédique et la comportementale. La première renvoie à un ensemble de connaissances implicites possédées sur la langue, elle-même (Carlo, 1995 : 75-83), et non sur le monde extérieur comme l'affirme C. Kerbrat-Orecchioni. La deuxième est redéfinie comme le nombre de connaissances sur la quotidienneté du pays (orientation parmi les différents commerces, dans le domaine des fêtes, etc.) aussi que de savoir-faire pour satisfaire les besoins les plus élémentaires (salutations, interaction, présentation, obtention d'une information, participation à des conversations et à des événements de la vie sociale) (Carlo, 1998 : 57-58). Mais ce n'est que la « compétence de survie » ou une certaine « trousse de premier secours », qui se trouve encore loin de l'aptitude de mener une vraie communication et d'interpréter la société.

Georges-Élia Sarfati, à son tour, souligne le rôle de la compétence des sujets dite topique par laquelle il désigne l'aptitude de produire des énonciations opportunes et adéquates. La notion semble correspondre assez bien à ce que C. Kerbrat-Orecchioni rassemble sous le nom de « compétence culturelle et idéologique ». La composante topique garantit la cohésion du discours moyennant la sélection de l'ensemble de la « doxa », des « doxèmes » ou du sens commun, qui est un ensemble des opinions caractéristiques d'une formation sociale et d'une ère culturelle, assumé par le locuteur (Sarfati, 2002 : 57-90).

Salvador Benadava (1983 : 51-62) appelle à concevoir la compétence de communication non en termes linguistiques, mais en termes culturels. Communiquer de manière efficace présuppose la connaissance des normes réglant les conduites communicatives et permettant d'éviter certains blocages interactifs d'origine culturelle. Pour la première fois dans les approches théoriques des linguistes et des didacticiens, le terme « compétence culturelle » acquiert ses faisceaux bien définis : a) posséder un savoir minimum, factuel ou textuel, relatif à une société donnée ; b) participer à un consensus sémiologique ; c) maîtriser les règles socioculturelles présidant à l'utilisation des différents systèmes signifiants ; d) connaître les évaluations, idéologies et stéréotypes propres à la communauté visée (Benadava,1984, 78-86).

Pour Francisco Moreno Fernández (1998 : 204), la compétence culturelle est du premier ordre et rassemble la communication linguistique et communicative.

Les contours de la notion « compétence » prennent plus ou moins d'importance suivant la période et l'inscription institutionnelle des chercheurs. Le terme s'avère être relatif et s'accompagne chaque fois d'un adjectif épithète dont la valeur reste à redéfinir.

	Compétence de Communication				
N. Chomsky	CL				
D. Hymes	CL	CSC	CD	CStr	
C. Kerbrat-Orecchioni	CL	CCE	CI	CLog	CRP
M. Canale et M. Swain	CL	CSL	CD	CStr	
C. Bachmann, J. Lindenfeld et J. Simonin	CL	CSL			
S. Moirand	CL	CD	CR	CSC	CStr
P. Charaudeau et D. Maingueneau	CL (+CC)	CE	CG (CD)		
M. de Carlo	CL	CE	CComp		
G.-E. Sarfati		CT			
S. Benadava	CL	CC			
F. Moreno Fernández	CL	CC			

Légende :
CC : compétence culturelle ; CCE : compétence culturelle-encyclopédique ; CComp : compétence comportementale ; CD : compétence discursive ; CE : compétence encyclopédique ; CG : compétence générique ; CI : compétence idéologique ; CL : compétence linguistique ; CLog : compétence logique ; CR : compétence référentielle ; CRP : compétence rhétorico-pragmatique ; CSC : compétence socioculturelle ; CSL : compétence sociolinguistique ; CStr : compétence stratégique ; CT : compétence topique.

Les chercheurs de la question liée à la compétence sont unanimes au sujet de la connaissance insuffisante des codes linguistiques pour bien mener une interaction. Il n'y a pas de compétence linguistique isolée d'une compétence de communication et, réciproquement, on peut difficilement imaginer la dernière sans un minimum de compétence linguistique.

La compétence communicative de type plus spécifiquement linguistique est reprise dans le chapitre V du *CECRL* (2001 : 86) et comporte trois composantes :

- Composante linguistique avec ses sous-compétences lexicale, grammaticale, sémantique, orthographique, phonologique et orthoépique ;
- Composante sociolinguistique : marqueurs des relations sociales, règles de politesse, expressions de la sagesse populaire, différences de registre, dialecte et accent ;
- Composante pragmatique avec ses sous-compétences discursive et fonctionnelle.

Afin de réaliser des intentions communicatives, les utilisateurs doivent combiner les composantes avec leurs aptitudes socioculturelles : la vie quotidienne, les conditions de vie, les relations interpersonnelles, les valeurs, les croyances et les comportements, le langage du corps, le savoir-vivre et le comportement rituel. Il est probable que ces aptitudes n'appartiennent pas au savoir antérieur de l'apprenant et qu'elles soient déformées par des stéréotypes. Il faut également souligner la prise de la conscience interculturelle qui inclut la compréhension des ressemblances et des différences des deux mondes distincts, de la diversité régionale et sociale, de la manière dont une communauté apparaît dans l'optique de l'autre, souvent sous la forme de stéréotypes nationaux. Les aptitudes interculturelles comprennent :

- la capacité d'établir une relation entre la culture d'origine et la culture étrangère ;
- la sensibilisation à la notion de culture et à la capacité de reconnaître et d'utiliser des stratégies variées pour établir le contact avec des gens d'une autre culture ;
- la capacité de jouer le rôle d'intermédiaire culturel entre sa propre culture et la culture étrangère et de gérer efficacement des situations de malentendus et de conflits culturels ;
- la capacité à aller au-delà de relations superficielles stéréotypées (*CECRL*, 2001 : 83–84).

Le *CECRL* (2001 : 105) examine également le développement de la compétence pluriculturelle et plurilingue. Celle-ci se présente comme déséquilibrée pour (i) une maîtrise générale plus grande dans une langue que dans d'autres ; (ii) une maîtrise d'une des compétences (par exemple, orale) dans une langue que dans d'autres et (iii) la différence entre le profil multilingue et le profil multiculturel (bonne connaissance de la culture d'une communauté dont on connaît mal la langue, ou faible connaissance de la culture d'une communauté dont on maîtrise bien la langue). Ce déséquilibre est lié au caractère évolutif de la compétence pluriculturelle et plurilingue. Les facteurs extérieurs tels que mobilité professionnelle, vie sociale, voyages, observations empiriques modifient les formes de déséquilibre du plurilinguisme de l'acteur et rendent plus complexe son expérience de la pluralité des cultures. Cela contribue, à la fin, à une meilleure prise de conscience identitaire.

Paola Bertocchini et Edvige Costanzo (2008 : 80–81) présentent la composante pluriculturelle et plurilinguistique en la définissant comme la compétence à communiquer langagièrement et à interagir culturellement d'un acteur social qui possède, à des degrés divers, la maîtrise de plusieurs langues et l'expérience de plusieurs cultures. Leur notion tend à :

- Sortir de la dichotomie apparemment équilibrée qu'instaure le couple habituel Langue 1/ Langue 2 en insistant sur un plurilinguisme dont le bilinguisme n'est qu'un cas particulier ;

- Poser qu'un même individu ne dispose pas d'une collection de compétences à communiquer distinctes et séparées suivant les langues dont il a quelque maîtrise, mais bien d'une compétence plurilingue et pluriculturelle qui englobe l'ensemble du répertoire langagier à sa disposition ;
- Insister sur les dimensions pluriculturelles de cette compétence plurielle, sans pour autant postuler des relations d'implication entre le développement des capacités de relation culturelle et le développement des capacités de compétence linguistique.

Enfin, au sein de la compétence globale du sujet interprétant, la composante verbale est accompagnée d'éléments non verbaux. Ceux-ci comprennent des gestes (désignations et démonstrations) ; des actions clairement observables ; le langage du corps (expression du visage, posture, contact oculaire et corporel, proximité) ; l'utilisation de l'onomatopée et des traits prosodiques (*CECRL*, 2001 : 72-73).

D'après Marina Aragón Cobo (1999 : 261-276), les éléments extra-textuels, comme la kinésique, la gestuelle, la mimique, l'intonation expressive, la modalisation de la voix, le mouvement des yeux et des sourcils, permettent d'éviter certains blocages interactifs. Ces indices co-verbaux ponctuent et accentuent la parole du sujet producteur et à l'aide des idéographes concrétisent le cheminement de la pensée en atteignant l'enjeu de communication.

2.3. Les représentations culturelles partagées

La question du rapport entre les types de compétence varie d'un linguiste à l'autre qui singularise finalement son propre modèle. Cependant, pour la plupart d'entre eux, il y a une prédominance des contenus de type culturel sur le linguistique. Depuis que la compétence culturelle est perçue en tant que noyau de la compétence communicative et de la didactique des langues, il devrait nécessaire d'explorer son statut aussi que ses parties constituantes : « Restée longtemps le parent pauvre, le culturel se révèle de plus en plus comme ayant des objectifs et des démarches spécifiques » (Aragón Cobo, 1999 : 261).

La composante culturelle est constituée d'un ensemble diversifié de représentations (ethno-socioculturelles) partagées qui sont traitées parfois sous les appellations d'images ou d'attitudes. Ce type d'idées du réel collectif d'une communauté permet à ses membres de penser, de dire, de connaître, de juger, de représenter et de préjuger. Selon la coordinatrice de l'équipe appelée « l'école française des représentations sociales », Denise Jodelet (1989 : 32), les représentations, ainsi dites sociales, « circulent dans les discours, sont portées par les mots, véhiculées dans les messages et images médiatiques, cristallisées dans les conduites et les agencements matériels ou spatiaux ».

Le caractère des représentations partagées est considéré par Henry Boyer (2001 : 333-340) comme réducteur, déformant, mais indispensable à la communauté, vu qu'elles fournissent le confort des actes de communication dont ses membres ont besoin.

Les représentations fonctionnent sous leur forme la plus répandue, les stéréotypes, et tendent au figement, participent à des idéologies et constituent le noyau dur de la compétence de communication ; il s'agit de l'imaginaire communautaire baptisé par H. Boyer comme « imaginaire ethno-socio-culturel » (IESC). Ainsi, son schéma tente de rendre compte de la place que tiennent au sein de la compétence de communication la compétence culturelle (la zone rayée) et son imaginaire collectif :

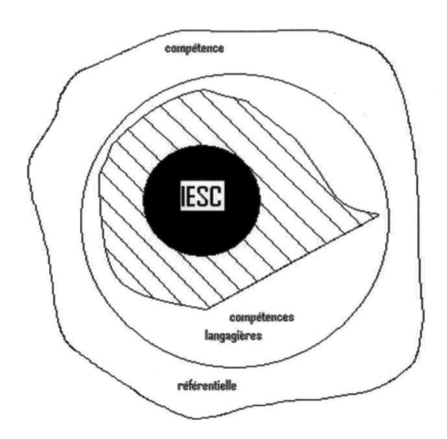

L'IESC ne repose pas seulement sur l'identité collective et il n'est pas composé que de représentations de type patrimonial. H. Boyer y trouve deux types de processus de figement et, vu leur caractère notoire, les appelle « emblématisation » et « mythification ». L'IESC repose sur d'autres constructions identitaires au sein de la société et il est aussi constitué de représentations liées au vécu communautaire contemporain, un peu moins stables que les antérieures. Anticipons que dans ce sens, l'IESC d'H. Boyer fait écho à la « culture-action, expérientielle, ordinaire et partagée » de Robert Galisson, qui sera traitée *ut infra*.

Dans le cadre de la compétence interculturelle et parmi le rang des représentations partagées sur la culture cible, Dan Sperber dégage une proportion nommée « culturelles » (1989 : 116). À ce type de représentations H. Boyer consacre un secteur particulier dit « hétéro-représentations » et insiste sur le rôle de sa modalité la plus névralgique, le stéréotype.

La constitution des représentations culturelles dépend, selon Jean-Claude Beacco (2000 : 90–91), des modalités de contact avec la culture de la langue cible, des formes de ces contacts et de la durée du séjour, brève ou moyenne :

- Période d'assistanat dans un établissement secondaire qui marque l'entrée dans la sphère professionnelle ;
- Période de formation, parfois de plusieurs années. Elle est plus difficile car elle prévoit un isolément culturel du sujet interprétant et l'adaptation de la culture cible ;
- Séjours touristiques où parfois le manque de temps et l'idée fixe de récolter des photos et de consommer dominent celle de connaître la culture cible ;
- Séjours professionnels qui sont davantage une expérience de grandeur réelle ;
- Lecture des mass-médias de son pays qui exposent leur avis sur la culture cible.

La seule modalité de contact indirect dans la constitution des représentations culturelles est la dernière. Les systèmes de communication médiatiques se voient liés chez Serge Moscovici (*in* Jodelet, 1989 : 47) avec la formation des opinions, des attitudes et des stéréotypes. Il met la formation des opinions en rapport avec la diffusion des mass-médias ; celle des attitudes – avec leur propagation ; et celle des stéréotypes – avec leur propagande.

Geneviève Zarate (1983 : 34–39) met en relation la modalité de l'acquisition de la compétence culturelle et la variété de cette dernière. La compétence culturelle de l'autochtone, celle de l'apprenant étranger, celle du professeur ayant séjourné en France et celle du francophone sont, par nature, différentes et complémentées, en plus, d'expériences individuelles.

L'imaginaire collectif (ou communautaire) fait également ressortir l'influx représentationnel en direction des compétences langagières, lexicale y comprise.

Le lexique est aussi marqué en tant que vecteur des représentations sociales, vu que l'IESC est en constante évolution, suite aux représentations de telle ou telle lexie. De même que le sujet interprétant construit sa compétence de communication dans le domaine linguistique, il a la possibilité de la construire dans le domaine culturel. Une des conditions préalables est un système de lexique culturel de la communauté cible investi par « l'air du temps » et construit à travers les diverses conceptualisations.

2.4. Le poids culturel du lexique

2.4.1. Le rapport langue / culture

La mode des deux mots « Culture » et « Civilisation » écrits avec des majuscules est déjà passée. Le premier ne réfère plus à un cortège de grandes œuvres et de beaux textes pour former le goût et pour former un homme cultivé. La seconde qui désignait « l'espace, la société, l'économie et les mentalités collectives qui la caractérisent » (Braudel, 1993 : 40) était plus complexe : l'entrée en civilisation pouvait se faire à travers un des domaines scientifiques (géographique, sociologique, anthropologique, psychologique, etc.).

Vint le moment où les deux « C » abandonnèrent leur position dominante et laissèrent la place au mot « culture » avec un petit « c ». La notion domine de nos jours dans la didactique des langues et tient compte des aspects ethnologiques : « ce tout complexe qui comprend la connaissance, les croyances, l'art, la morale, le droit, les coutumes et les autres capacités ou habitudes acquises par l'homme en tant que membre d'une société » (Cuche, 1996 : 16). À son tour, les aspects sociolinguistiques sont mis en relief par Ward Goodenough (1957 : 167), selon lequel, la culture est tout ce que la personne doit savoir ou croire pour se débrouiller de façon adéquate parmi les membres de sa communauté et pour remplir une fonction acceptée par eux tous.

Dans l'intention d'innover, J.-C. Beacco (2000 : 11) part de la polysémie du terme « culture » (genres de la vie, mœurs, valeurs, etc.) et adopte un nouveau, « culture-civilisation ». Ce dernier constitue un objet complexe dans la didactique traité dans sa spécificité (*i.e.* en situation). Il garde son signifié de dimensions culturelles que l'enseignement de la langue étrangère met en jeu et suit le principe de diversité face à celui de systématicité prévalue dans la langue.

P. Charaudeau se pose la question quant à dissocier langue et culture, et à associer discours et culture. Si langue et culture coïncidaient, les cultures parlant une même langue (par exemple, russe, ukrainienne, biélorusse, etc.) seraient identiques. Le discours, qui met en œuvre la langue socialement, régule son usage selon les habitudes culturelles et dépend de l'identité de ses utilisateurs, informe la pensée :

> [...] ce ne sont ni les mots dans leur morphologie, ni les règles de syntaxe qui sont porteurs de culturel, mais les *manières de parler* de chaque communauté, les façons d'employer les mots, les manières de raisonner, de raconter, d'argumenter pour blaguer, pour expliquer, pour persuader, pour séduire. Il faut distinguer la pensée en français, espagnol, portugais de la pensée française, espagnole, portugaise (Charaudeau, 2001 : 342-343).

Chez P. Charaudeau, la langue se prive du rôle identitaire, et l'adjectif « linguistique » se rapportant au mot « communauté » se transforme en « de discours ».

Il s'avère ainsi que le concept de culture est certes très complexe. Les chercheurs tendent à y dégager deux volets : (i) ensemble de connaissances sur la littérature, la peinture, la musique, l'histoire, etc., pouvant être dénommées comme cultivées ; et (ii) ensemble de pratiques acquises lors de l'interaction sociale, pouvant être dénommées comme anthropologiques. Or, nous croyons nécessaire de compléter le concept « culture » par la façon de l'individu de voir le monde qui est absolument dépendante de la langue parlée dans une société donnée. Ce constat nous permet de revisiter les bases de l' « Hypothèse Sapir-Whorf », car elle concerne tous les éléments de la langue et prône le statut tributaire de la façon de penser des individus et d'envisager la réalité.

2.4.2. Robert Galisson : la culture dans la langue

Le concept « culture » a été particulièrement étoffé par le linguiste français Robert Galisson dans les années quatre-vingts. À travers le prisme de l'enseignement du FLE et depuis le rapport entre la langue, ses mots et la culture, il élabore une nouvelle discipline, « langue-culture », qui est construite plutôt qu'apprise.

« Langue-culture » est une discipline d'observation, de conceptualisation, de théorisation et d'intervention. Elle est extrêmement sensible à l'environnement social et elle-même est un fait de société (Galisson, 1986 : 38-54) ; or, le trait d'union indique que l'une est dans l'autre et l'autre est dans l'une (Galisson, 1994 : 15-26).

Impossible de ne pas constater la première apparition du concept « langue-culture » chez Henry Meschonnic (1973) qui l'a forgé dans le cadre de sa poétique en indiquant que chaque langue est une langue-culture et qu'une langue et sa culture forment un tout indissociable.

R. Galisson applique le concept au domaine de la didactique des langues et prétend prouver une transmission possible de la culture à travers la langue.

L'enseignement intégré de la langue et de la culture a lieu grâce à l'accès à la culture mobilisée à travers les discours ordinaires, en particulier, le lexique.

Le lexique, dans la conception de R. Galisson, doit être distingué du vocabulaire dans le même sens que l'opposition saussurienne entre langue et parole (discours). Le lexique est constitué d'unités virtuelles, les lexèmes, alors que le vocabulaire, de vocables, c'est-à-dire, de l'actualisation des lexèmes dans le discours.

Vu la construction de la nouvelle discipline, R. Galisson crée un nouveau concept « lexiculture », phénomène constitué de mots ayant la charge culturelle partagée qui sont, en général, utilisés au quotidien et connotés par une communauté donnée. Le linguiste désigne ainsi, en 1987, la culture véhiculée par ce type de mots et insiste sur un moment décisif dans son évolution : linguistique et sociale.

Les deux composantes de la nouvelle notion, « lexique » et « culture », s'interprètent par R. Galisson de la manière suivante :

- Lexique renvoie à mot (présentée en linguistique comme somme de signifiant et de signifié), à l'ensemble de mots et d'unités lexicalisées comportés par la langue ayant une valeur implicite qui sert de marque d'appartenance et d'identification culturelles ; aussi qu'à la notion de dictionnaire agencé selon l'ordre alphabétique ;
- Culture renvoie à l'ensemble des manifestations à travers lesquelles on exprime la vie d'un peuple. Sans diminuer le rôle de la communication, R. Galisson ne soutient pas que tout ce qui est culture, soit communication. Tout de même, il va plus loin dans sa définition, que ne le fait l'HSW, selon laquelle la culture désigne l'ensemble des représentations, de notions ou d'images constituant la vision globale qu'un peuple a du monde (Sapir, 1953 : 15).

Le terme dérivé « lexique culturel », à son tour, « affiche la dimension pragmatique des mots, c'est-à-dire le produit de la relation que les locuteurs établissent avec eux à travers l'emploi qu'ils font » (Galisson, 1999 : 478).

Simultanément, l'étude de R. Galisson fait ressortir le verbe « cultiver », dont le sens s'est étendu pour le linguiste de la culture de la terre à celle de l'esprit. Ainsi, il souligne le passage de la culture comme « état » à la culture comme « action ». La manière de maîtriser la culture et le facteur du lieu de son acquisition déterminent deux types de culture englobants :

- Culture-action, appelée aussi expérientielle ou ordinaire, qui est la culture quotidienne, de la vie courante, partagée par la plupart. Elle figure chez le didacticien soit en termes de culture courante, soit de culture culturelle. Cette culture s'acquiert implicitement et occasionnellement, sans le concours d'un agent, mais par le commerce de la société lors de l'interaction ; c'est la raison

pour laquelle elle présente des difficultés au niveau des équivalences interculturelles. Elle est constituée de pratiques liées aux critères anthropologiques : âge, sexe, lieu de vie, etc. Cette culture est constamment sollicitée dans le quotidien et indispensable à l'individu pour exister socialement.
- Culture-vision, dite aussi culture savante, celle de la vie de la pensée et nommée également cultivée, érudite et institutionnelle. Elle relève de la littérature, de l'art, de l'histoire, de la musique, etc. et est présente, quoique succinctement, dans les dictionnaires conventionnels. Face à la précédente, elle s'acquiert explicitement et systématiquement, avec le concours d'un agent. Cette culture est plus cotée, enviée, parce que plus rare et plus légitime.
- Culture croisée, appelée aussi métissée. C'est un produit de l'acquisition aussi bien du milieu institué que de la société par banalisation (Galisson, 1999 : 477-496, Galisson, 1995a : 104-128).

R. Galisson donne plus d'importance à la culture courante (culture-action) en assumant que le point fort dans la recherche de la démarche lexiculturelle au sein de la société est son discours ordinaire. Dans le phénomène de la culture courante, il inscrit la formation ou l'éducation, dont le but est de prévenir l'acculturation étrangère, l'empilement passif des connaissances culturelles et l'exhibition ostentatoire, pour être seulement socialement visible.

Les raisons de la création du concept « lexiculture » chez R. Galisson (1986 : 41) sont motivées par :

- Le problème d'(de ne pas) interpréter la culture comme un ensemble de mots et d'actions produits dans le quotidien par des locuteurs natifs, dans leur vie courante ;
- La nécessité de ne plus traiter la culture de façon superficielle, contrastive et de ne plus la dissocier de la langue ;
- La nécessité d'entrer dans la culture par les mots afin de solidariser et d'intégrer langue et culture dans un même enseignement.

La lexiculture est une valeur seconde ou ajoutée au signifié qu'on ne peut pas trouver dans un dictionnaire qui ne soit pas culturel. Parmi ces derniers, qui ne sont pas aussi nombreux que les conventionnels, citons particulièrement le *Dictionnaire de termes de tourisme*[5] et le *Dictionnaire culturel en langue française*[6].

---

5   ARAGÓN COBO, M. et al., *Diccionario de términos de turismo*, Barcelona, Editorial Ariel, S.A., 2009.
6   *Dictionnaire culturel en langue française*, (sous la dir. d'A. Rey), volumes 1-4, Paris, Dictionnaires Le Robert, 2005.

La principale préoccupation des dictionnaires culturels consiste à devenir un point d'observation de la culture, non seulement savante, mais aussi courante. Ils aident à mobiliser, à travers leurs lemmes, ce type de culture, opaque, mais tellement nécessaire pour les non natifs. Ils contribuent alors à atteindre la symétrie entre les référents culturels, absents dans la langue des sujets interprétants, mais présents dans celle des sujets producteurs. Le corpus des dictionnaires culturels relève de l'anthropologie culturelle et peut être puisé, selon M. Aragón Cobo (2012 : 13), dans les champs clés tels que « général », « restauration », « spectacles », « jeu », etc.

En cas d'impossibilité de traduction, les dictionnaires culturels présentent une glose explicative contenant le maximum d'information et permettent alors aux non natifs de développer leurs savoir-faire interprétatifs. En guise d'exemple, observons deux entrées, une française et l'autre, espagnole :

> (Français – espagnol) : **robe**[1] *f* GEN vestido [de señora] ; V. *vêtement, toilette, fringues* (~ **du soir** GEN/ESPECT traje de noche [de señora], ~ **de mariée** GEN traje de novia, ~ **de baptême** GEN/CULTURA traje de cristianar, ~ **de chambre** GEN bata/batín, **robe**[2] *f* DR toga *f* [de abogados], **robe**[3] *f* [**d'un vin**] REST vestido [de un vino] [color y consistencia del vino] ; V. *vin* (*Dictionnaire de termes de tourisme*, 2009 : 272).

Il est possible que les utilisateurs espagnols connaissent les deux premières significations du lemme « robe ». Cependant, sa troisième signification complètera leur connaissance de ce mot culturel français.

> (Espagnol – français) : ***majo, a*** *f CULTURE au XVIIIe siècle,* majo s'est appliqué aux jeunes gens du peuple qui adoptaient l'élégance et la liberté d'allure de la noblesse, tels que les peint Goya ◊ La Maja desnuda y la Maja vestida de Goya representaban, al parecer, a la duquesa de Alba (*Dictionnaire de termes de tourisme*, 2009 : 528).

Vu l'absence du référent linguistique et culturel en français, l'entrée espagnole inclut une glose explicative accompagnée d'exemples.

Les implicites culturels dont sont affectés les termes de ces dictionnaires s'avèrent être difficiles à intégrer, puisqu'ils peuvent supposer une certaine subjectivité, même partagée par les autochtones. Parfois la frontière entre la charge culturelle partagée d'un mot et la charge culturelle propre à l'opinion subjective est inexistante, de la sorte les représentations sont plus que partagées, collectives et homogènes. Cependant, il arrive que l'étude de la charge culturelle d'un mot aboutisse à un amalgame entre la lexiculture partagée relativement par tous et quelques avis individuels aussi.

Enfin, R. Galisson qualifie la lexiculture de « vieillie » comme les langues et les cultures, et la compare avec le Cheval de Troie. Simultanément, il remarque que sa métaphore ne signifie pas qu'on puisse s'emparer de la culture comme les Grecs du célèbre cheval s'emparèrent de la ville de l'Asie Mineure (Galisson, 1995b : 5-14).

La nouvelle discipline « lexiculture » se déroule autour du noyau qui est culture en dépôt dans ou sous certains mots, dits culturels, stables dans la culture partagée des autochtones. Doté d'un considérable intérêt culturel et communicatif, ils sont à être repérés, explicités, interprétés et maîtrisés, afin d'éviter des malentendus :

> La démarche consiste à mettre à jour des sites lexiculturels, – des espaces pragmatico-sémantiques délimités par des mots ou des unités lexicales appartenant à la même catégorie logique, mais à des classes distinctes les unes des autres, dans lesquelles la culture est significativement présente (Galisson, 1999 : 480).

Les difficultés des mots culturels pour l'Étranger, comme en prévient R. Galisson (1997 : 57-77), se trouvent dans les points suivants où chaque élément provient du précédent :

- leur incompréhension sémantique ;
- l'absence de leur répertoire dans les dictionnaires de la langue d'origine ;
- leur nature dite « mots de la tribu » ;
- leur caractère instable.

Les mots culturels comme expressions imagées, mots-valises, mots à charge culturelle partagée (CCP), opérations comportementales verbales (OCV), palimpsestes verbo-culturels (PVC), noms de marques et lexies occultantes sont des sous-objets de la lexiculture et servent d'accès à la culture mobilisée cible.

2.4.2.1. Mots à Charge Culturelle Partagée

À la suite des considérations de R. Galisson (1989 : 114), la culture partagée est :

> [...] une culture quotidienne, transversale, une sorte de niveau-seuil comportemental du plus grand nombre, qui permet à l'immense majorité des natifs de se sentir des individus à part entière, et d'être reconnus comme tels par tous ceux qui se réclament de la même identité collective.

L'identité collective, étant le produit d'une langue et d'une culture partagées, donc, d'un minimum de connaissances communes, contribue à tous les membres d'une collectivité d'entretenir entre eux certaines relations de connivence quel que soit leur niveau de scolarisation, leur appartenance socioprofessionnelle, leur âge, etc. (Galisson, 1999 : 479).

Le refus de s'approprier de la culture partagée de la communauté, native ou étrangère, supposerait de se limiter à un simple échange d'informations et d'ignorer les implicites culturels. Au contraire, l'intérêt de découvrir derrière un ensemble de phonèmes un monde qui communique plus de choses sur la réalité vivante mènerait à la progression de la compétence culturelle.

Le choix des moyens linguistiques partagés communément dans un fonds culturel s'explique par l'exposé du modèle culturel et l'essentiel pragmatique dans la didactique des langues. C'est bien le cas qui illustre comment la possession de la compétence linguistique et la manipulation des modèles de la vision du monde peut contribuer à la perception bien complète de l'information conceptuelle.

La charge culturelle partagée (CCP) se présente chez R. Galisson (1988 : 74–90) comme un concept sous-jacent et accomplit le rôle de matière première. Elle désigne alors la valeur culturelle ajoutée au signifié du signe, aux mots par l'usage, spécifique à chaque langue dont les dictionnaires habituels ne tiennent pas compte. Dans cette optique, les mots peuvent posséder des signifiés identiques mais des charges culturelles différentes.

En guise d'exemple, citons le lemme « dragée » pour lequel dans le dictionnaire de n'importe quelle langue mise en question on peut apprendre qu'il s'agit d'une confiserie fourrée d'une amande, d'une praline ou d'une noisette, celles-ci sont parfois remplacées à la liqueur, et recouverte de sucre durci. Cependant, les dictionnaires liés à la langue française font d'habitude silence d'une autre information, aussi nécessaire que la précédente : en France, les dragées s'offrent pendant la cérémonie du baptême par le parrain du nouveau-né selon la couleur (les roses réservées aux bébés de sexe féminin, les bleues aux bébés de sexe masculin et les blanches aux bébés des deux sexes).

Un autre exemple, auquel nous nous sommes heurtée dans nos observations empiriques est le lemme français « chrysanthème ». Tout dictionnaire bilingue le présente comme une plante annuelle ou vivace aux fleurs radiées, signifiant étymologiquement « fleur d'or ». La charge culturelle du terme y est d'habitude absente : la fleur est prédestinée aux tombes, on l'associe à la mort et à la Toussaint. Cet implicite culturel serait, par exemple, très utile pour un utilisateur russe dont la culture n'apporte pas une telle valeur ajoutée au lemme.

En revanche, le mot russe « dôme » a son implicite culturel qui est méconnu par les non natifs et, voire, par certains natifs. Dans les dictionnaires bilingues on apprend qu'il s'agit d'un élément architectural employé souvent dans la construction des églises. Mais il serait utile de savoir que dans la culture russe on associe le terme à la prison, étant une figure du tatouage répandue chez les détenus ; le nombre de bulbes tatoués correspond au nombre d'années de réclusion. L'implicite du mot est donc un vrai marqueur de la variation diastratique (selon les groupes sociaux) dans la langue russe.

Les mots à CCP se définissent chez R. Galisson (1988 : 325–341) comme les unités significatives qui sont plus culturelles que d'autres, qui ont un poids culturel plus lourd et qui sont mobilisées par au moins 80% des informateurs, en excluant les perceptions confuses et individuelles aussi que la manifestation de l'analphabétisme et du paupérisme culturel.

L'appellation de CCP a été choisie par R. Galisson comme un jeu de mots, construit à partir du sigle bien connu en France : CCP (Compte Chèques Postaux), lequel tient lieu de procédé économique et mnémonique pour retenir ce nom. « Charge » signifie un indice de supplément, d'ajout au contenu du mot ; « culturelle » inscrit cette charge au-delà de la dénotation et suppose un apport pragmatique pour chaque mot qui dépasse réellement sa connotation singulière donnée dans les dictionnaires ordinaires. Enfin, « partagée » est le propre de la culture en tant que produit commun et communautaire.

Suite à l'étude du rôle de la CCP, P. Bertocchini et E. Costanzo (2008 : 180) en dégagent trois aspects importants :

1. La CCP est le produit de jugements tout faits, véhiculés par des locutions figurées. L'exemple canonique est celui du bestiaire culturel basé sur la composition « animal-homme » à travers des qualifications positives ou négatives (par exemple, être doux comme un agneau, têtu comme une mule, bête comme une oie, sale comme un cochon, etc.) ;
2. La CCP résulte de l'association automatique d'un lieu à un produit spécifique. Cette association est souvent liée aux effets de la publicité et des médias qui ont construit des couples indissolubles (moutarde – Dijon) ;
3. La CCP est la coutume ou un rituel social évoqués par le mot (Mardi Gras – crêpes, le 14 juillet – feux d'artifice, etc.).

L'investigation des mots à CCP exige, selon R. Galisson (Galisson, 1999 : 483), une voie horizontale ou/ et une voie verticale. La démarche horizontale passe de l'unité à l'ensemble, à l'étude du système ou d'un réseau. La démarche verticale permet de sélectionner un élément caractéristique du microsystème et d'en pousser l'étude dans une sorte de monographie lexiculturelle.

Les mots dotés de CCP forment une des parcelles des sites lexiculturels qui sont tous implicites. La CCP cohabite avec le sens dans le même signe, ce qui explique le fait que les natifs peuvent ne pas se rendre compte de l'importance du plan du contenu. Les étrangers ne le perçoivent qu'à leur premier échec communicatif étant donné que la CCP se présente insuffisamment dans les dictionnaires habituels. D'où un créneau dans leur compétence culturelle sur la langue étudiée et un obstacle pour la communication dissymétrique.

Nombreuses sont les unités simples et les expressions de la culture interne, ainsi que nombreux sont les mots dotés d'une CCP vue par les sujets interprétants de la culture externe. Ainsi surgissent les images et les attitudes que se font les locuteurs d'une langue sur d'autres communautés. À travers ce type de représentations Laetitia Bonicel (2003 : 315-331) voit s'inculquer directement des préjugés et anticipe leur caractère caricatural.

R. Galisson appelle à explorer la culture dans les mots à CCP et à y chercher toujours un impact motivationnel. La prise en compte de ces médiateurs de la culture enrichirait la compétence du sujet interprétant, vu que, cette dernière, outre d'autres savoir-faire, sous-tend également le développement des aptitudes dégagées dans le *CECRL* comme « heuristiques » (2001 : 86). Ces aptitudes mobilisent les compétences par l'observation, l'interprétation, l'induction et la soif d'apprendre.

2.4.2.2. Mots-valises

Les mots-valises continuent la classification des sites lexiculturels de R. Galisson et s'y présentent d'après leur signification commune : « mots résultant de la réduction d'une suite de mots à un seul mot, qui ne conservent que la partie initiale du premier mot et la partie finale du dernier » (*Larousse* en ligne).

Remarquons que la théorie du mot-valise a été mise à jour par Lewis Carroll à partir du mot anglais « *portmanteau-word* » ou « *portmanteau* » (emprunté au français « porte-manteau ») qui désigne une valise à deux compartiments. Les synonymes de « mots-valises » peuvent être collage verbal, emboîtement lexical, amalgame, mot télescopé, mot-gigogne, mot-sandwich et mot-centaure.

Les éléments des mots-valises, appelés formants – un formant directeur et un ou plusieurs formant(s) auxiliaire(s) – obéissent entre eux à la règle de recouvrement partiel. Ainsi, les formants des mots « franglais », « spanglish », « courriel », « restotel », « mathémagique », « réVOLVOlution », « Wikipédia » identifient les mots-valises en tant que tels et suggèrent les fragments de culture assez faciles à interpréter.

R. Galisson (1999 : 482) ne rapporte pas les mots-valises à une production uniquement ludique, mais aussi sociale :

> Ce sont des témoignages construits de faits sociaux avérés, des concentrés de culture quasi introuvables sur d'autres sites, des objets-mots aussi riches culturellement que les proverbes et où la culture occupe un large espace de contenu.

Les formations donnent la critique de la société dans leur pleine mesure et dénoncent le ridicule et le réel caché des faits quotidiens : « parlementeur » (parlement + menteur) ; « Chirac nomme 32 ministres. Sarkommence » (Sarkozy

+ commence / ça + recommence), (*Libération*, 3/06/2005) ; « Tchernobâle » (Tchernobyl + Bâle) (*Libération*, 10/11/1986) ; « milichien » (militaire + chien), « nostalgérie » (nostalgie + Algérie) ; « rurbain » (rural + urbain).

Les mots-valises présentent un avantage linguistique sur le plan de la forme : la réduction graphique témoigne des visées de la langue à l'économie maximale. Néanmoins, de ce minimum formel découle un grand profit culturel.

Outre l'origine plus ou moins commune, les mots-valises peuvent représenter des contractions individuelles en renvoyant toujours à des faits sociaux réels : « proêmes » (prose + poème) de F. Ponge ; « barbachu » (barbu + moustachu) d'I.K. Huysman ; « nouveaucabulaire » (nouveau + vocabulaire) de J.-J. Thibaud ; « franpagnol » (français + espagnol) de nous-mêmes.

2.4.2.3. *Mots occultants*

La parcelle suivante dégagée par R. Galisson dans le domaine de sa lexiculture est constituée de mots occultants.

Les mots occultants sont des figures lexicales qui reflètent les intentions de la communauté culturelle de cacher une de ses réalités, jusqu'à voiler les vices, et de la remplacer par un mot qui ait moins de CCP. Afin de relever d'un phénomène opposé et d'ajouter une caractéristique culturelle de plus aux représentations partagées d'une société donnée, ces mots sont nommés par R. Galisson « antidotes » (1999 : 487).

Dans la formation des mots occultants, le linguiste voit l'influence des facteurs psychologiques des membres d'une société donnée. Leur intention de voiler ou de faire disparaître un mot est motivée par les gênes ou les angoisses partagés par la plupart : « sourd » devient « mal-entendant » ; « aveugle » – « mal-voyant », « vieux » – « de troisième âge » ; « pays pauvre, du tiers monde et sous-développé » – « pays en voie de développement ».

2.4.2.4. *Noms de marques*

Les noms de marques, également considérés comme des noms d'appellation commerciale, composent une autre catégorie d'« indicateurs culturels d'une richesse insoupçonnée » (Galisson, 1999 : 487). Ils veulent prouver, une fois de plus, que la culture est partout et qu'elle est présente même dans les discours qui ne parlent pas d'elle.

Du point de vue linguistique, les noms de marques sont des noms propres désignant « des objets et des produits manufacturés et, par extension, les marques, entreprises, établissements d'enseignement et de recherche, titres de livres, de films et de publications, d'œuvre d'art » (Daille, *et al.*, 2000 : 119).

Selon R. Galisson, les noms d'appellation commerciale figurent davantage sous deux formes : produits (alimentation : Tweex, Nestlé, La vache qui rit, Évian, etc. ; habillement : Du pareil au même, Promod, etc. ; autres : Lancôme, Peugeot, Jeep, Niva, etc.) et services (médias : *Le Monde, Michelin*, etc. ; locaux : Carrefour, Auchan / *Alcampo* / *Ашан*, etc.).

La caractéristique principale des noms de marques consiste en leur inflation. Ces noms sont imprégnés d'une culture partagée par le plus grand nombre des natifs, mais leur implicite est difficile à l'accès des Étrangers pour lesquels ils circulent *incognito*. Dans le but d'approcher les non natifs à la culture ciblée, R. Galisson a recueilli un corpus très riche de noms de marques, en collaboration avec Jean-Claude André, dans le *Dictionnaire des noms de marques courants. Essai de lexiculture ordinaire* (DNMC)[7]. La prise en compte de ces accumulateurs culturels s'insérerait dans la compétence du sujet interprétant, vu que, cette dernière, outre d'autres savoir-faire, sous-tend également le développement des aptitudes heuristiques : l'observation, l'interprétation, l'induction et la soif d'apprendre (*CECRL*, 2001 : 86).

Le repérage des noms de marques et l'exploration de la culture en eux reste un fait culturel de première importance. Le rôle des noms de marque partagés parmi les autochtones est révélateur du fonctionnement de leur société, vu que « Les marques nous marquent, en marquant ce que nous consommons » (Binon, 2000 : 61). Ainsi, une société qui laisse constater une consommation active de, au moins, une vingtaine de produits de beauté, attestera de l'inclination de ses individus pour se soigner.

2.4.2.5. *Palimpsestes verbo-culturels*

Le tout premier terme « palimpseste verbal » (PV) dans l'étude de R. Galisson désigne un énoncé qui évoque le parchemin dont le texte initial a été effacé et remplacé par un autre.

Sémantiquement, la dénomination du site lexiculturel correspond chez R. Galisson à la signification commune du terme : « Parchemin dont la première écriture, grattée ou lavée, a fait place à un nouveau texte » (*Larousse* en ligne). Or, depuis la démarche formelle, le didacticien remarque que cet énoncé peut être fragmentaire et faire « surépaisseur par rapport à l'énoncé complet ordinaire. [...] Cette surépaisseur (implicite) est le produit du chevauchement : d'un

---

[7] GALISSON, R., ANDRÉ, J.C., *Dictionnaire de noms de marques courants*, Essai de lexiculture ordinaire, Paris, Didier Érudition, 1998.

sous-énoncé lexicalisé et d'un sur-énoncé résultat de déconstruction (délexicalisation) du sous-énoncé de base » (Galisson, 1995a : 105) :

À la recherche du	teint temps	perdu	

La nuit	toutes tous	les radios les chats	ne sont pas sont	grises gris

France	is in the air[8]
Love	is in the air

Toutes les fonctions des palimpsestes originels, telles qu'économique phatique, parodique et cryptique sont strictement conservées dans les PV :

- Fonction économique – concerne l'écriture qui tend à exprimer le maximum de contenus avec le minimum de formes (chevauchement, collision, sur- et sous-énoncés) ;
- Fonction phatique – par opposition au contexte, mobilise l'effort de rappel du destinataire à l'égard du message ;
- Fonction parodique – consiste en la liberté de déconstruire le sous-énoncé de base lexicalisé ;
- Fonction cryptique – est contenue dans le voilement du message et la curiosité de le déchiffrer (Galisson, 1995a : 107).

Le décodage des PV doit partir de la mémoire collective, du fonds commun, de la culture partagée par la plupart dans son cadre courant. Ainsi donc, la simple délexicalisation ou la déconstruction du texte des PV ne conditionne pas la compréhension du message vu qu'elle porte un caractère purement lexical.

La délexicalisation des PV s'organise dans la théorie de R. Galisson autour de quatre axes : délexicalisation avec ou sans filiation phonique (jeux de phonèmes et de syllabes) et délexicalisation avec ou sans déstructuration syntaxique (substitution de mots et de groupes de mots).

L'exploration des PV, selon le didacticien, est une sorte de clin d'œil à l'égard de l'Autre. Ils aident à créer et à maintenir les représentations partagées et le sentiment d'appartenance collective. De même, ils mobilisent les représentations, les valeurs, les attitudes, les images et les savoirs éminemment culturels et permettent au sujet interprétant de se sentir parmi les siens. Enfin, ils sont une manière

---

8   Campagne publicitaire d'Air France en octobre 2015.

de revisiter une fois de plus les clichés de la culture. Sans les PV les connaissances sociales risqueraient de tomber dans l'oubli et ne seraient pas régulièrement actualisées.

Depuis 1999 le terme « palimpseste verbal » acquiert un adjectif supplémentaire et figure dans l'étude de R. Galisson (1999 : 477–496) en tant que « palimpseste verbo-culturel » (PVC), puisque c'est la référence culturelle, à part lexicale ou linguistique, qui ouvre l'accès au texte de ce type d'énoncés. Le poids culturel caché dans les PVC correspond chez le linguiste à la définition de « culture » d'E. Herriot : « C'est ce qui reste quand on a tout oublié » (Galisson, 1995a : 112).

À la différence du site des mots-valises, chers à R. Galisson, les PCV sont l'authentique bagage de la culture ludique où se manifeste l'esprit satirique des créateurs qui osent traiter la culture de manière provocatrice.

2.4.2.6. Opérations comportementales verbales

Le présent phénomène procède d'une vision du monde qui est propre à chaque culture. Des individus d'une communauté ou autre présupposent la mobilisation des connaissances qui font partie de leur cadre de référence, *i.e.* de « l'envers, de ce qui se passe derrière, qui est difficile à cerner : les connaissances diverses que les individus possèdent de l'univers qui les entoure, la trame qui sous-tend ces connaissances et les articule entre elles » (Abric, 1994 : 12, 13) ou, chez R. Galisson (1983), les connaissances diverses que les individus possèdent de l'univers qui les entoure.

Les opérations comportementales (et verbales), OC(V), combinées aux mots de situations, ont fait l'objet d'une recherche lexiculturelle qui débouche dans l'étude de R. Galisson sur l'observation et la description du comportement des locuteurs. Ceux-ci sont placés dans des situations incontournables, des circonstances grégaires sociales et, de cette sorte, mobilisent un vocabulaire culturel.

Les OCV peuvent être définis comme les mots et les phrasèmes[9] qu'il convient de dire, les gestes qu'il convient de faire et les attitudes qu'il convient d'avoir dans telle ou telle situation (Galisson, 1999 : 477–496). C'est un vocabulaire culturel utilisé par les locuteurs dans une situation et un contexte très marqués culturellement, ainsi que l'image de la culture comportementale de la culture ciblée.

---

9 Dans le traitement du phrasème nous nous ajoutons à l'opinion de Vilmos Bardosi (1999 : 23–33) qui le considère comme « une combinaison de mots polylexicale (se composant au minimum de deux constituants) et lexicalisée (c'est-à-dire reproduisible, automatisable et automatisée) ». La polylexicalité et la lexicalisation sont donc des critères qui les diffèrent des mots simples de la langue.

La vie quotidienne compte une grande variété d'OCV : comment se comporter chez quelqu'un, dans le restaurant (laisser le pourboire ou non), que dire dans la queue, combien de bises faire, tutoyer ou vouvoyer, etc. D'après R. Galisson, la connaissance de ces outils sera, pour un non natif, un viatique socioculturel de base qui contribuera à une interaction symétrique, évitera certains malentendus communicatifs et restaurera l'image de la culture comportementale de la langue ciblée.

Dans cette perspective, le didacticien met en place deux concepts : (i) didactologique, qui suppose l'étude théorique du cadre de référence comportemental et (ii) didactique, qui sous-entend l'acquisition des outils, *i.e.* des mots de situations eux-mêmes en fonction des circonstances.

L'importance de l'acquisition des opérations comportementales n'est pas soulignée uniquement chez R. Galisson. Selon le *CECRL* (2001 : 41-42), l'apprenant doit être linguistiquement outillé pour tout type de situations, c'est-à-dire, s'y connaître en lieux, acteurs, objets et événements de l'interaction.

Récapitulons

La composante indispensable de la compétence en langue étrangère s'avère être la compétence linguistique à laquelle sont attribuées les connaissances des formes linguistiques. De la notion de compétence linguistique nous sommes donc passée à celle de compétence communicative globale qui intègre, entre autres, la composante non verbale. La langue doit être étudiée en relation avec son conditionnement social, l'intention de sa mise en œuvre et le cadre de l'action où elle est employée.

À son tour, l'ingrédient majeur de la compétence de communication est la composante culturelle. Elle est constituée de représentations et de connaissances des contenus des concepts culturels. Ces derniers sont véhiculés par le savoir d'interpréter le lexique ayant une charge culturelle partagée puissante dans la culture cible. La CCP s'avère être une vraie accumulation culturelle. Le lexique culturel est présenté sous différentes formes dont la non considération ou l'ignorance peut aboutir tôt ou tard à la création de fausses représentations de la culture cible. La méconnaissance de la lexiculture est non seulement un point de repère de la formation des stéréotypes, mais elle mène aussi à l'éloignement du non natif de la culture méta.

Pour être représentative de ce qui se pratique le plus couramment et se repère le mieux en matière de mots à CCP russes, dans les discours ordinaires, nous présenterons l'entrée d'un corpus d'une soixantaine de sites lexiculturels correspondants dans le cadre pratique du livre en matière de mots-valises, de mots occultants, de noms de marques, de PVC et d'OC(V).

CHAPITRE 3 LE POIDS DES STÉRÉOTYPES DANS L'INTERACTION PLURICULTURELLE

> Étranger ? Qui ou ce qui n'est pas familier ; n'appartient pas au groupe, à la communauté ; se tient, est tenu dehors, *tandis que nous sommes dedans, dans le réel, bien sûr, le seul, authentique, le nôtre.*
>
> A priori, l'étranger est hors de notre univers. Une espèce de maintien. Il est dans son monde, nous dans le nôtre. C'est le cas de figure le plus simple. Cet étranger-là, on peut l'idéaliser, l'utiliser. L'aimer, le détester..., sans être dérangé, ni dérouté, puisqu'il revêt les traits qu'on veut bien lui attribuer. Étranger : qui appartient à l'imaginaire (Berchoud, 1999 : 108–109).

3.1. La nature des stéréotypes

L'individu est capable de s'auto-identifier au cas où il pourrait se rapporter aux représentants d'une autre nation. Sa position dans la société et dans la culture endogène se détermine par l'assimilation et l'utilisation des stéréotypes lors de l'interaction. De la sorte, pour comprendre la position d'une nation parmi les autres, il est nécessaire d'étudier son rapport aux autres, aussi bien que le rapport des autres envers la nation ciblée.

La considération du problème de stéréotype est vivement présente chez plusieurs chercheurs appartenant aux domaines scientifiques et aux approches théoriques les plus différentes.

D'abord, le terme « stéréotype » circulait dans le domaine purement technique lié à l'imprimerie, où il désignait une copie de la forme imprimante originelle, en relief, afin d'en reproduire des exemplaires multiples. Ce procédé typographique, également appelé cliché, est vite entré dans l'usage figuré et est passé à signifier un modèle préconçu sur les éléments de la réalité extérieure.

C'est bien le journaliste américain Walter Lippmann qui en 1922 a introduit le mot, en tant que terme scientifique, dans sa conception sur l'opinion publique. La mention pionnière se rapportait aux images sur le monde, ordonnées, schématiques et déterminées, que l'individu avait dans la tête. Elles lui permettaient d'épargner ses efforts lors de la perception des objets sociaux complexes et défendaient ses statuts, ses valeurs et ses droits (Lippmann, 2004 : 66).

Plus particulièrement, W. Lippmann lie la notion « stéréotype » (qui figure parfois également comme « stéréotype social ») à la nature des opinions. Ses arguments se limitent à ce que l'individu ne juge pas en fonction des choses, mais des représentations qu'il a de ces choses. Il possède déjà des idées sur la réalité avant de la voir et de l'expérimenter, parce que la nature des opinions est verbale. Les représentations qu'il a reçues sont des préconceptions ou des prénotions généralisées qui commandent le processus de sa perception individuelle.

La théorie des opinions, si développée naguère, a fait du stéréotype un noyau des sciences sociales qui concerne, le plus souvent, un type d'individus, un groupe ou une classe sociale.

La notion « stéréotype » chez W. Lippmann s'accompagne d'une série des aspects. Premièrement, le stéréotype est plus simple que la réalité parce qu'il peut exprimer toute dimension compliquée par une paire d'affirmations. Deuxièmement, le stéréotype est un produit acquis : l'individu l'appropri à travers les médias ou d'autres acteurs et ne peut pas le formuler depuis son expérience personnelle (à titre d'exemple, l'image de la beauté féminine parfaite : la taille haute, la silhouette svelte, les yeux bleus, les cheveux blonds). Troisièmement, le stéréotype est partiellement vrai et partiellement faux : il attribue à l'autre individu les traits qu'il doit forcément posséder à cause du fait de l'appartenance à son groupe. Quatrièmement, le stéréotype est durable : bien qu'il ne corresponde pas à la réalité, il ne disparaît pas, mais se considère comme une exception qui ne fait que confirmer la règle (Lippmann, 1966 : 114).

Le rôle du stéréotype comme catégorie sociologique a été reconnu à la fin des années quarante, où une enquête a été menée sous l'initiative de l'UNESCO. Sa question principale concernait la manière dont une nation en percevait d'autres. Les participants, issus de différents pays du monde (France, Italie, Allemagne, Pays-Bas, Norvège, etc.), pouvaient choisir parmi 13 termes ceux qui caractérisaient, à leur avis, les représentants d'autres nations (Français, Russes, Anglais, etc.) et de la leur, y comprise. La différence entre les jugements positifs et négatifs avait pour but de définir le dénominateur de la convivialité (Buchanan, Cantril, 1953).

Le stéréotype, en tant que catégorie sociale, revêt une importance particulière de nos jours. Selon Alicja Kacprzak (2012 : 165-172), le croisement des cultures auquel nous nous heurtons, fait que les individus cherchent à s'affirmer et à se valoriser. Afin de construire leur identité, il est naturel qu'ils tendent à dévaloriser, à rabaisser et à stigmatiser les Autres. Cela se produit sous la forme du discours stéréotypé omniprésent, tant dans le milieu non institutionnel (par exemple, blague), qu'institutionnel comme médias, politique, etc.

Simultanément, les représentations stéréotypées servent à simplifier le monde en le catégorisant d'une manière structurée. Compte tenu de la nature sociale, l'auteure analyse le stéréotype comme phénomène langagier soumis aux critères d'appartenance ethnique et sociale, ainsi que de sexe, et focalise son attention sur le vocabulaire médical.

Les gradations théoriques hors du champ des sciences sociales suivent différentes approches méthodologiques au sein des domaines psychologiques et linguistiques.

Depuis la démarche cognitive, le stéréotype s'établit comme un élément lié à la pensée. Sous cette acceptation, il s'avère être une représentation mentale qui reflète certains aspects de la réalité de même que la langue détermine la vision du monde. Le stéréotype est donc inclus dans le processus mental de catégorisation de la réalité extérieure et façonne le monde comme, rappelons, le fait la langue chez W. von Humboldt, E. Sapir et B.L. Whorf (*in* Martínez del Castillo, 2001 : 200-201) :

> *[El individuo humano] habla, percibe, transforma lo que percibe, lo que le viene del mundo exterior, lo concreto y material, en abstracto, y, habiéndolo abstraído, le atribuye una potencialidad infinita de designación, constituyéndolo, así, en un ente de razón, un ente que no existe en la realidad, sino sólo en su mente. [...]. Para la mejor conservación del ente de razón creado es necesario darle un nombre, un nombre que el individuo, o bien inventará, la menos de las veces, o bien lo tomará del acervo común de etiquetas o nombres existentes en su comunidad de hablantes, es decir, en su comunidad lingüística.*

Sur le plan psychologique, le stéréotype s'interprète comme l'idée qui recherche la stabilité des formes perceptives. Selon Jacques-Philippe Leyens (1986 : 67), les stéréotypes sont des « théories implicites de personnalité que partage l'ensemble des membres d'un groupe à propos de l'ensemble des membres d'un autre groupe et du sien ». Le contenu des stéréotypes est composé des croyances que l'individu entretient au sujet des aspects des membres d'un exogroupe, *i.e.* groupe externe, autre, d'ailleurs. C'est une sorte de schémas perceptifs, généralisés à l'égard de tous les membres de ce groupe, associés à certaines catégories de personnes et d'objets et cristallisés autour du mot, capables d'intervenir automatiquement dans la représentation et la caractérisation des aspects.

Le rôle de la perception dans la formation du stéréotype est défendu par G.-D. de Salins qui la nomme primordiale : « Percevoir est une aptitude physique qui nous semble aller de soi : j'ai des yeux, je vois. J'ai des oreilles, j'entends, etc. » (1992 : 20).

Le stéréotype, sous son acceptation psychologique, rétablit la réalité en spécifiant des formes qui contreviennent à la norme perceptive. Ce sont des structures ramenées à un type qui, grâce à leurs aspects cognitifs, aident à rendre plus compréhensibles et prévisibles les aspects complexes de la réalité dans laquelle on vit. Les croyances constituant le stéréotype sont donc un phénomène social puisqu'elles sont souvent partagées par plusieurs personnes, puisqu'elles visent d'autres personnes (même les individus membres du groupe de l'individu), et donc au niveau de celles-ci, il s'agit des nations et des ethnies.

L'origine psychologique du stéréotype se reprend chez María Dolores Picazo (1991, 125–131), qui y dégage l'importance des associations spontanées. La considération du linguiste va de pair avec une théorie associationniste des idées qui explique leur formation par la conjonction d'idées simples. Toute idée procède de l'expérience sensorielle liant l'individu à la réalité. L'idée peut être élémentaire ou complexe où elle résulte d'un lien automatiquement établi entre les idées élémentaires ; ceci en fonction des rapports chronémiques, proxémiques et circonstanciels.

Bruno Maria Mazzara (1999) étend l'emploi du terme au domaine psychiatrique où il le met en relation avec les comportements pathologiques, caractérisés par la répétition obsessive de mots et de gestes.

Dans le cadre philosophique, la nature du stéréotype s'explique du point de vue de la syntaxe logique. Le stéréotype suit donc les principes intrinsèques de la syntaxe : ceux de la construction correcte de l'énoncé indépendamment de la signification de ce dernier. À part le langage sémantique, le stéréotype est dépourvu du langage pragmatique, *i.e.* sa formation n'est pas déterminée par les éléments indexés comme « ici », « maintenant », etc.

Le moyen syntaxique de la représentation du stéréotype se soumet au schéma « sujet – prédicat ». Le linguiste Michel Saucet (1987 : 61) n'y voit rien d'extraordinaire : « Nous avons pris l'habitude de penser et de nous exprimer, la plupart du temps, en termes de sujet – prédicat... ». Ici, le prédicat est ce qu'on affirme ou on nie d'un sujet. Dans cette alternative, qui ne tient pas compte des tiers-exclus et n'est que le reflet d'une interprétation, M. Saucet contemple le caractère dangereux de la réflexion logique de l'individu qui va au détriment des faits.

En ce qui concerne le verbe « être », M. Saucet le considère comme un élément qui tend à généraliser à travers la pensée et la langue. Ce fait remonte, chez le linguiste, à la logique aristotélicienne :

A est A ;
A n'est pas Non A ;
Il n'y a pas de milieu entre A et Non A (Saucet, 1987 : 63).

Les fonctions du schéma antérieur se limitent, pour M. Saucet, à la banalisation, à la généralisation et à l'homogénéité. Elles se manifestent le plus clairement dans la production des aphorismes (par exemple, « Le chien est l'ami de l'homme »). Par ailleurs, avec la même force, elles s'étendent également à la formation des stéréotypes : « La France est le pays de la mode et des parfums. L'Espagne est un pays des *machos*. La Russie est un pays froid. Les Russes sont maussades. Les femmes russes sont belles, etc. ».

Sous l'angle de l'empirisme philosophique, la problématique du stéréotype est analysée par Jean-Claude Beacco. Le linguiste fait de l'expérience sensible et des observations de l'individu l'origine de toute idée générale. De l'accumulation des faits directement observés, l'individu extrait des lois générales par un raisonnement inductif, allant, par conséquent, du concret à l'abstrait. Rappelons à ce propos que J.-C. Beacco appliquait la même modalité de contact de l'individu avec l'extérieur à l'origine des représentations culturelles (*Cf.* § 2.3).

Les stéréotypes, selon J.-C. Beacco (2000 : 128), ont l'habitude de se plaindre contre les individus pendant leurs voyages et les séjours dans les exogroupes. Il affirme qu'il s'agit des « stéréotypes nationaux initiaux », mais qui, tout de même, risquent de devenir définitifs :

> En effet quand on revient d'un voyage touristique à l'étranger, on se trouve disposer d'un savoir sur cette société autre, qui permet de tenir des discours faits de descriptions, d'appréciations et de jugements de valeurs ou d'explications. Ils sont fondés sur une expérience immédiate qui donne alors lieu à des interprétations : conversations ou informations s'échangent, détails de la vie saisis au vol mais non toujours déchiffrés, écrits de la rue, détails de comportements quotidiens, habitudes surprenantes, etc.

À sa théorie de l'empirisme direct, le linguiste adjoint aussi l'importance d'un savoir de synthèse, fourni par les guides touristiques. La différence de ces derniers consiste à être une modalité de contact indirecte pour l'individu.

Au sein du langage poétique, le stéréotype joue un rôle important tant sur le plan de la production que sur celui de la réception des textes. Il se comprend comme un modèle qui vient de se loger au cœur même de la pensée et qui est lié à des réflexes culturels et à des routines sémantiques (Amossy, 1989 : 43). Dans leur forme la plus profonde, ces modèles peuvent rejoindre les archétypes et des mythes quasi universels.

Ainsi, chez Michael Riffaterre (1979 : 41), le stéréotype s'inscrit dans le « système descriptif » du texte. Il sous-entend par là un système de préconstruits culturels et le représente comme une constellation de mots associés à un concept, à un mot-noyau : « la fonction nucléaire de ce mot tient à ce que son signifié englobe et organise les signifiés des mots satellites ». Simultanément, chaque constituant du système fonctionne comme « métonymie du *nucleus* » (Riffaterre, 1983 : 58) et rend l'ensemble de ces mots entièrement reliés. Par exemple, universellement, le mot-noyau « France » peut être entouré des satellites comme « mode, béret, parfums, grenouilles, baguette, fromage, la Tour Eiffel, pétanque, grève », etc. Dans le cas du mot « Espagne », la relation métonymique subordonnera les satellites « *machos*, taureaux, vin, *jamón*, *paella*, fête, football, *siesta* », etc. Enfin, l'image métaphorique de la Russie sera transmise par les satellites « ours, froid, espace, vodka, chapeau aux oreillettes rabattues, *matriochka* », etc. Malgré le contenu des constituants, ce type de système ressemble à une boule de neige d'invraisemblances présentées comme des évidences.

Les constellations culturelles, selon M. Riffaterre, sont présentes dans la mémoire de l'individu à long terme, elles sont situées hors du contexte et font partie du sens commun afin de conformer l'individu ou de devenir pour lui des images inattendues.

Dans le même cadre des études littéraires, la notion « stéréotype » est abordée chez Ruth Amossy. La particularité consiste dans le traitement du stéréotype non en tant que processus mental, comme le font les sciences sociales, mais en tant que produit influençant l'interaction des nations. R. Amossy l'interprète comme « prêt-à-porter de l'esprit » (1991 : 22) ; « représentation simplifiée », « schème collectif figé », « modèle culturel », « image toute faite » (1998 : 21–28) qui passent à la mécanisation de la production culturelle. Selon elle, la mentalité de l'individu est remplie de ce type d'images (par exemple, l'image du banquier, du politique, du Russe) qui s'en déracinent en cas de nécessité. Les images n'existent pas en elles-mêmes, elles ne sont pas un produit éternel, mais elles constituent un schéma extérieur à la réalité et elles sont des dérivées d'une époque déterminée. Pour R. Amossy, les stéréotypes dépendent aussi du sujet de leur déchiffrement : celui-ci peut reconnaître le cliché si le schéma extérieur ou extra lui est familier et s'il appartient au groupe qui se sert de ce stéréotype. Les images stéréotypées, selon le linguiste, sont contournées et imposées à l'individu par les médias, la publicité, le cinéma, le théâtre et la littérature, en même temps que ces genres s'alimentent des images existant dans la mentalité collective.

Dans son étude littéraire, Anne Herschberg-Pierrot part de la remarque de Roland Barthes : « En chaque signe dort ce monstre : un stéréotype : je ne puis jamais parler qu'en ramassant ce qui traîne dans la langue » (Barthes, 1978 : 15) et comprend le stéréotype comme « l'impensé à l'œuvre dans le langage » (Herschberg-Pierrot, 1988 : 24).

Enfin, dans leur ouvrage commun, les deux linguistes mentionnent les variétés du stéréotype : positif, négatif, à la fois positif et négatif, utile, nocif, mais jamais correct ou incorrect (Amossy, Herschberg-Pierrot, 2005 : 39).

3.2. Stéréotype *vs.* préjugé

Comme il s'agit généralement des opinions sans rapport avec la réalité objective, l'étude du stéréotype ne peut pas être séparée de celle du préjugé. Au contraire en psychologie sociale, le stéréotype était identifié au préjugé ou « mal jugé » (W. Lippmann) et s'y incluait comme une de ses formes d'expression.

Après être réhabilité comme facteur de cohésion sociale (Leyens, 1986) et comme processus cognitif de généralisation inhérent à l'exercice de la pensée, le stéréotype, comme terme, désignait une structure d'opinion. Désormais, il est conçu comme un jugement catégoriel à propos de l'exogroupe, face au préjugé qui y est un jugement de valeur. De la sorte, un même phénomène lié à l'Autre peut attester de l'aspect conceptuel (stéréotype) et de l'aspect affectif (préjugé).

En outre, Paul-Hassan Maucorps *et al.* (1965 : 49) distinguent les deux notions du point de vue de leur stabilité : « Le stéréotype se suffit à lui-même. Il ne supporte ni modification, ni rationalisation, ni critique ; il est absolument rigide ». Il est contraire au préjugé, qui admet des contestations parce qu'il s'agit d'un phénomène vivant.

B.M. Mazzara (1999 : 12) appelle à dégager le stéréotype comme un noyau cognitif du préjugé et lui attribue les caractéristiques suivantes : partage social, généralisation, homogénéité et rigidité.

Olesya Orlova (2013 : 185-192) en propose les suivantes : caractère émotionnel, évaluatif et inconscientiel, ambivalence, stabilité, réalité, concordance, imprécision, simplicité, schématisme, associativité.

Olga Rösch (*in* Popkov, 2002 : 178-191) y ajoute la projection individuelle, étendue ensuite à tout un groupe dont les membres restent anonymes.

La distinction du concept « stéréotype » de celui de « préjugé » est reflétée dans les définitions de ce dernier :

– Préjugé :

> Jugement sur quelqu'un, quelque chose, qui est formé à l'avance selon certains critères personnels et qui oriente en bien ou en mal les dispositions d'esprit à l'égard de cette personne, de cette chose (*Larousse* en ligne).

> Attitude (*i.e.* jugement simple), comportant une dimension évaluative à l'égard d'un groupe social donné. Par exemple, ne pas aimer les extraterrestres sans pouvoir autant les connaître[10].

> Jugement antérieur à l'expérience manquant de données empiriques, [son caractère spécifique le sous-entend comme] tendance de considérer sans justification et de manière

---

10 Site « Préjugés et stéréotypes », <http://bit.ly/Q8hLMp>. [Consulté : 14/09/2017].

défavorable les personnes qui appartiennent à un groupe social déterminé (Mazzara, 1999 : 12).

Les principales caractéristiques des préjugés dégagées par Bernd Schloder (*in* Popkov, 2002 : 188) sont les suivantes : (i) ce sont des traits communs et abstraits décrivant un groupe d'individus ; (ii) ils sont spécifiques pour référer à un groupe qui peut être identifié selon certains indices empiriques : âge, couleur de peau, sexe, etc. ; (iii) ils ont un contenu cognitif pour porter sur les types de comportements des groupes et pour les décrire ; (iv) ils sont liés, d'habitude, à un jugement négatif.

Il est aisé de dire que les connotations du terme « préjugé » se réduisent à préconçu, évaluatif, naïf et davantage négatif.

– Stéréotype :
  1. Expression ou opinion toute faite, sans aucune originalité, cliché ;
  2. Caractérisation symbolique et schématique d'un groupe qui s'appuie sur des attentes et des jugements de routine (*Larousse* en ligne) ;

  (Mod., didact. ou littér.) Opinion toute faite, cliché, réduisant les singularités. (Didact., psychol. ling.) Association stable d'éléments (images, idées, symboles, mots) formant une unité (*Dictionnaire culturel en langue française*, 2005) ;

  Croyances partagées concernant les caractéristiques personnelles, généralement, des traits de personnalité, mais souvent aussi les comportements, d'un groupe de personnes[11].

B.M. Mazzara (1999 : 14–16) se sert du terme « stéréotype négatif » qu'il comprend comme « un ensemble cohérent et assez rigide de croyances négatives qu'un groupe partage à l'égard d'autre groupe ou catégorie sociale ».

D. Jodelet (1989 : 47) met en rapport particulier le concept « stéréotype » avec la propagande.

D'autre part, Willem Doise (1989 : 225) détermine l'enjeu de celle dernière comme « l'opposition entre le vrai et le faux savoir, la transmission d'une vision antagoniste, d'une incompatibilité entre la vision du monde propre à la source... ».

Le parcours du lemme « stéréotype » témoigne du recul du sens typographique du terme et de l'acceptation de son usage sous l'acception figurée. Les

---

11 J.-P. Leyens, V. Yzerbyt et G. Schadron cités sur le site (*op. cit.*) « Préjugés et stéréotypes » (LEYENS, J.-P., YZERBYT V., SCHADRON G., *Stéréotypes et cognition sociale*, Paris, Madraga, 1996).

connotations du concept nous renvoient à des aspects tels que conceptuel, fabriqué, pétrifié, tendant à être plus négatif que positif.

Les préjugés et les stéréotypes sont des éléments de la culture collective. Les deux concepts visent la recherche de la stabilité des formes perceptives, c'est-à-dire, de la constitution des normes structurelles homogènes. Cependant, bien que tous les préjugés soient des stéréotypes, les stéréotypes ne sont pas tous des préjugés. Les individus tendent à se rappeler l'information qui maintient le préjugé et à ignorer celle qui le contredit. Par conséquent, une attitude défavorable à l'égard d'un exogroupe ne dépend pas d'un ensemble de stéréotypes négatifs sur lui, mais de celui de préjugés négatifs.

3.3. Les causes de la formation des stéréotypes

Les définitions des stéréotypes et leurs caractéristiques déterminent les causes de leur apparition qui peuvent être de nature biologique, psychologique, sociale, culturelle et historique. Nous rejoignons B.M. Mazzara (1999 : 48-73) sur l'étude des causes des stéréotypes et des préjugés qui peuvent être générales et spécifiques.

Les causes générales des stéréotypes et des préjugés :

- Le fondement sociobiologique de l'hostilité contre les Autres. L'hostilité est conçue ici comme un résultat du procès de la sélection, de l'instinct de compétition et de l'instinct de lutte pour la survie.
- La disposition positive en face de l'Autre et la disposition vers le nouveau comme expression d'une curiosité naturelle. Étant une coopération réciproque, le fait ne suppose aucune compétition agressive.
- La nécessité psychologique de simplifier le monde. Elle s'explique par le besoin humain de réduire toujours les informations reçues et d'aller plus loin que les données disponibles. B.M. Mazzara y active la notion d'inférence qui mène à prévoir la correspondance entre certains traits immédiatement évidents dans un objet donné et ses caractéristiques plus profondes. Illustrons-le par l'attribution aux Russes du courage, du risque et de l'impavidité dans les stéréotypes « roulette russe » et « montagnes russes ».

Le besoin humain de simplifier le monde, chez B.M. Mazzara, se voit lié à la perception des catégories sociales entières. L'accentuation perceptive agit, selon lui, de manière que les traits, si typiques du groupe qui soient, s'attribuent de mode homogène à chaque membre de ce groupe. Ce procès démarre de la généralisation indue, bien que l'individu puisse être très distinct du profil caractéristique pour des raisons diverses.

- Appartenance socioculturelle : les relations entre les groupes et la propre image. Dans les jugements de B.M. Mazzara, les Mêmes et les Autres reçoivent le nom « *in-group* » (nous, notre) et « *out-group* » (eux, leur), consécutivement. Il en ressort que les Mêmes sentent toujours du favoritisme pour leur propre groupe et manifestent plus rapidement de la préférence pour lui :

> [...] *el tiempo de decisión es más breve cuando las palabras positivas están precedidas por un pronombre de* in-group, *o cuando a las negativas las antecede un pronombre de* out-group, *y el tiempo más largo en los casos inversos, es decir, cuando las palabras positivas están asociadas a pronombres de* out-group, *o palabras negativas a pronombres de* in-group (Mazzara, 1999 : 60).

- La construction sociale du préjugé. Grâce à elle, le stéréotype se définit comme produit d'un processus permanent collectif d'attribution d'un sens à la réalité.

Les causes exceptionnelles des stéréotypes et des préjugés :
a) Les minorités comme « bouc émissaire ». La théorie soutenue par B.M. Mazzara consiste en ce que l'hostilité envers les minorités se considère en tant que forme d'agression, à l'aide de laquelle l'individu décharge un excès de tension psychique accumulée comme résultat des frustrations souffertes dans la vie quotidienne. Au cas où l'agression ne trouverait pas son application, elle se déplacerait, dans sa forme la plus simple, vers un autre but présenté généralement par les sujets socialement faibles, visibles, connus comme « boucs émissaires ».
b) La projection. Ce procès psychologique sous-entend une attribution aux Autres des caractéristiques que les Mêmes n'acceptent toujours pas de reconnaître chez eux, *in-group*.
c) La personnalité autoritaire. Il s'agit d'une conséquence produite par l'insuffisance personnelle dans le comportement humain quand l'individu a besoin de se contempler plus fort, plus puissant et plus sûr devant les Autres. Pour se sentir plus protégé, le Même ne fait qu'attribuer aux Autres des stéréotypes négatifs.
d) Le conflit entre les groupes. B.M. Mazzara le lie au degré de l'hostilité mutuelle : celle-ci peut augmenter le favoritisme pour le *in-group* et détériorer l'image du *out-group* à condition que les groupes soient heurtés à une compétition directe :

> *A principios de los años cincuenta se comprobó que en los países europeos el "carácter" de los rusos y de los americanos era descrito conforme al estado de guerra fría de la época : los rusos se percibían como agresivos y poco fiables, y los americanos, como tolerantes y amantes de la paz* (Mazzara, 1999 : 72).

Or, l'hostilité peut être moindre si les groupes ont des objectifs communs exigeant une tâche dans l'ensemble, ou si le conflit a atteint sa fin.

Ajoutons aux causes antérieures les explications beaucoup plus spécifiques telles que le manque de formation de l'individu, l'expérience individuelle, l'âge, l'entourage quotidien (famille, école), l'influence des médias, la fréquence de l'apparition d'un objet ou d'un phénomène dans la vie.

3.4. Les fonctions des stéréotypes

Les fonctions des stéréotypes jouent un rôle important, en particulier, dans l'interaction entre les cultures différentes. Cependant, malgré la présence de plusieurs théories sur les stéréotypes, il n'existe pas de description uniforme de leurs fonctions. La multitude et la variété de ces dernières nous permettent de les réduire d'abord aux positives et aux négatives.

Parmi les positives, relevons (i) la transmission d'une information prête, simple, facile et relativement vraisemblable ; (ii) l'orientation ; (iii) l'explication du comportement humain moyennant cette information ; (iv) la prévision de différentes formes de comportement chez l'Autre ; (v) la formation et la modification du propre comportement de l'individu par rapport à l'Autre ; (vi) la maintenance des mœurs, des traditions et des habitudes de la culture endogène ; (vii) la mise en pratique des modèles comportementaux et attitudinaux standards dans la société.

Les fonctions négatives des stéréotypes peuvent être définies comme (i) la distorsion de l'interaction à cause du déséquilibre entre l'auto-stéréotype, *i.e.* croyances sur soi-même et son groupe, et l'hétéro-stéréotype, *i.e.* croyances sur un exogroupe ; (ii) l'interprétation erronée du comportement de l'Autre ; (iii) la répétition et le renforcement de l'idée indue.

Plus particulièrement, le psychologue britannique et le créateur de la théorie de l'identité sociale, Henry Tajfel (1981 : 157), dégage quatre fonctions des stéréotypes, dont deux correspondent au niveau individuel, et deux, au niveau collectif :

- Les fonctions du niveau individuel : (i) cognitive qui consiste dans la sélection de l'information sociale, sa schématisation et sa simplification ; (ii) axiologique-protectrice qui veut dire la protection des valeurs de l'individu et de son identité sociale aussi que la maintenance de l'image positive de « Moi ». En outre, H. Tajfel met la fonction en relation avec celle de différenciation interculturelle.
- Les fonctions du niveau collectif : (i) idéologisante qui suppose la formation et la conservation de l'idéologie collective expliquant et justifiant le

comportement du groupe. Cette fonction comprend aussi l'explication des causes des rapports interculturels en mettant en relief leurs manifestations les plus destructives ; (ii) identificatrice qui soustend la création et la maintenance de l'image positive du groupe, *i.e.* de « Nous ».

Le chercheur allemand Uwe Quasthoff (*in* Sorokina, 2013 : 120-139) considère les fonctions des stéréotypes aussi bien nécessaires qu'inoffensives. Il en dégage trois, et elles portent la valeur positive : (i) cognitive qui concerne la généralisation, parfois exagérée, lors de l'ordonnance de l'information ; (ii) affective qui résulte de l'attitude ethnocentrique et suppose la mise en relief du « Sien » face à « Autre » ; (iii) sociale qui contribue à la différenciation entre l'endogroupe, *i.e.* groupe interne, et l'exogroupe, à la catégorisation sociale et à la formation des structures sociales qui constituent un point de repère dans la vie quotidienne de l'individu.

Les fonctions des stéréotypes mentionnées par O. Orlova (2013 : 187) sont multiples et tendent à être aussi positives : schématisation, simplification, formation et conservation de l'idéologie du groupe, économie des efforts mentaux et discursifs, catégorisation, généralisation, fonction affective, sociale, différentielle, intégratrice, réductrice, adaptatrice et sélective.

En définitive, remarquons la fonction didactique des stéréotypes, déterminée par A. Kacprzak (2012 : 170) en tant que transmission du savoir.

3.5. La classification des stéréotypes

Une des caractéristiques des stéréotypes est leur nature bifurquée. De la sorte, pour circuler intensément dans différents domaines de l'activité humaine, les stéréotypes se soumettent à un classement. Leur typologie exhaustive paraît assez difficile, étant donné que chaque linguiste tend à décrire une opposition binaire suivant un indice. Néanmoins, la typologie méthodologique la plus complète, détaillée, généralisée et incluant les types de stéréotypes les plus importants pour l'interaction pluriculturelle est présentée, à notre avis, par Natalia Sorokina (2013). Le chercheur russe prend pour point de départ un critère concret de la classification et l'accompagne d'un encadré descriptif :

Critère de classification	Types de stéréotypes
Sujet de la stéréotypisation (porteur du stéréotype)	Individuels et collectifs, dits aussi sociaux ou de masse
Objet de la stéréotypisation	Anthropostéréotypes (*i.e.* portant sur un homme) ; stéréotypes des personnalités (*i.e.* portant sur un individu concret) ; stéréotypes-symboles (*i.e.* portant sur un objet ou une réalité) ; stéréotypes événementiels (*i.e.* portant sur un événement)

Critère de classification	Types de stéréotypes
Un groupe social	Professionnels, religieux, régionaux, politiques, ethniques, stéréotypes de race, d'âge, de classe, de genre, etc.
Appartenance à un groupe	Auto-stéréotypes et hétéro-stéréotypes
Vecteur du stéréotype	Directs (*i.e.* croyances sur soi-même, son groupe et un exogroupe, équivalentes aux auto-stéréotypes et aux hétéro-stéréotypes) et indirects, ou méta-stéréotypes, *i.e.* croyances de l'individu sur les stéréotypes de l'exogroupe à l'égard du sien
Degré de typicité	Typiques et non typiques, ou contre-stéréotypes, *i.e.* croyances non attribuées à tout un exogroupe, mais à un représentant non typique et exceptionnel
Contenu affectif (inoffensif ou agressif)	Positifs et négatifs ; confirmantes et démentantes
Degré de la charge émotionnelle	Intensifs et médiaux, dits aussi moyens
Mécanisme de la formation	Déductifs et inductifs
Conditions de la formation	Intentionnés et spontanés
Degré de variabilité	Flexibles, mobiles, superficiels et stables, rigides, profonds
Degré de besoin dans la vie quotidienne	Nécessaires et destructifs
Degré de véracité	Précis, vrais et imprécis, faux

En prenant en compte les types de stéréotypes établis par N. Sorokina et en y ajoutant ceux d'O. Orlova (2013), nous aboutissons à la hiérarchie suivante :

- Auto-stéréotype qui est une représentation de l'individu sur lui-même et son groupe, endogroupe ou *in-group*. Il se caractérise pour contenir des images monotonement positives, parfaites et idéales et pour maintenir les traits authentiques du caractère national.
- Hétéro-stéréotype qui est une représentation sur un exogroupe ou *outgroup* :
  a) Stéréotype social qui est une image sur un objet social : individu, groupe, événement ou phénomène :
  1 Ethnoculturel, dit aussi ethnique ou culturel, qui est une image sur les membres d'un groupe ethnique qui leur est attribuée ou associée. Il acquiert également le nom d' « anthropostéréotype » et peut aussi parfois remplacé par le synonyme « national » qui n'est en vigueur que depuis la formation de la société bourgeoise.
  Les anthropostéréotypes se subdivisent, à leur tour, en :
  ✓ Stéréotypes des personnalités (par exemple, B. Eltsine, V. Poutine).

- ✓ Stéréotypes collectifs qui désignent tout un groupe social et ses membres. Ces derniers circulent, d'habitude, entre deux pôles, le positif et le négatif, nommés également « le paradis » et « l'enfer » : « Au paradis, les Français sont cuisiniers. En enfer, les cuisiniers sont Anglais ; les travailleurs sont Français »[12].
- ✓ Stéréotypes-symboles qui sont des images reflétant les objets et les réalités propres de la dimension du groupe et de la mentalité de ses acteurs. Ces réalités peuvent être des objets quotidiens, y compris ceux du ménage (*bania, samovar,* vodka, chapeau aux oreillettes rabattues, etc.) ou des notions philosophiques, y compris les qualités humaines (âme russe, hospitalité russe, ours russe, fille russe, etc.).
- ✓ Stéréotypes événementiels qui sont des images sur les événements liés à la réalité propre de l'exogroupe, par exemple, le Tour de France, Euromaïdan de 2013, etc.
- ✓ Stéréotypes sexospécifiques qui sont une image sur les traits du caractère et les modes de comportement chez les hommes et chez les femmes. En guise d'exemple : « L'homme doit travailler pendant que la femme fait le ménage et prend soin des enfants », « Les femmes conduisent mal ».

b) Stéréotype idéologique ou politique. Ses cibles principales sont les intérêts des pays, l'équilibre des forces, les priorités militaires, les ressources économiques et naturelles, la doctrine du pouvoir, la position géographique, les flux d'information, les idées nationales, la structure sociale ou les conflits internationaux. Par exemple : « La Russie est un pays autoritaire », « La Russie est un pays immense », « En Russie il n'y a pas de classe moyenne, il n'y a que des riches et des pauvres », etc.

c) D'autres : professionnels, religieux, régionaux, stéréotypes de race, d'âge, de classe, etc.

Sans prétendre être exhaustive et en respectant les considérations antérieures, nous proposons notre schéma qui synthétise les types de stéréotypes :

---

12 *Op. cit.,* le site « Préjugés et stéréotypes ».

La classification des stéréotypes

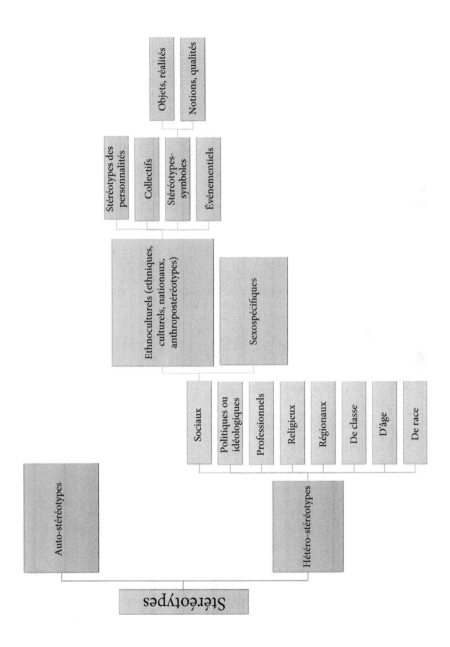

Récapitulons

Fréquemment utilisé dans le cadre des différentes sciences sociales, linguistiques et littéraires, le stéréotype reste cependant une notion vague et difficile à cerner. Les sociologues soulignent sa connotation négative en motivant qu'il déforme la vision du monde et pose des obstacles à l'interaction ; les psychologues privilégient son statut d'opinion toute faite acceptée sans réflexion ; les linguistes le justifient comme moyen de généralisation du monde. Nonobstant, les considérations théoriques sur les caractéristiques des stéréotypes, leurs types et leurs fonctions présentent une grande utilité pour la compréhension de la communication globale de notre actualité. Parmi les facteurs externes, il convient de tenir compte des médias contemporains, de la publicité, du cinéma et de la littérature qui sont les principaux moyens, quoiqu'indirects, d'expression et d'appréhension des stéréotypes.

Le rôle des stéréotypes dans la communication pluriculturelle est indiscutable. Ils sont intégrés dans la mentalité collective d'une nation, déterminent son identité culturelle et permettent à chaque individu de se sentir partie de la société. La stéréotypie est d'un côté ancrée dans la culture, et de l'autre, liée au problème de figement. De la sorte, le stéréotype est un point de rencontre de la culture et de la langue.

Dans les conditions actuelles du développement du dialogue des cultures, le rôle primordial est attribué aux stéréotypes ethniques. Ce sont les représentations non seulement les plus variées, mais aussi les plus tendancieuses et les plus profondes. D'ailleurs, les individus sont plus capables de rejeter un stéréotype sur un produit : « Les Nokia sont bons » que de le faire avec les Autres : « Les Français/ les Russes/ les Espagnols sont ... ».

La nature ambivalente des stéréotypes ethniques indique la présence des jugements non seulement négatifs (comme cela se produit ordinairement), mais aussi positifs et voire nécessaires, ce qui active considérablement les procès sociaux. Remarquons que les stéréotypes ethniques les plus prévalus sont recueillis sur la *Carte politique du monde* (*Political Map of the World Stereotypes 2014*). Partiellement inspirée par l'*Atlas des préjugés* (2014) de Yanko Tsvetkov, elle facilite, non sans humour, les images des Occidentaux sur les pays du monde.

Vu la nature rigide, pétrifiée et stable des stéréotypes, leur dynamisme est inexistant ou très peu aperçu. Une fois qu'ils s'enracinent dans la mentalité collective (nous parlons du partage par au moins 80% des individus), il est impossible de les éradiquer, sauf les tentatives de les complémenter, de les modifier et de les rendre plus compréhensibles. En guise d'exemple, les préjugés et les stéréotypes créés naguère à l'égard de l'Union Soviétique, continuent non seulement à survivre avec rigueur dans la dynamique de l'interaction sociale Étrangère, mais ils s'appliquent par extension de nos jours à la Russie.

L'analyse des classifications permet d'établir quelques critères de véracité d'un stéréotype interculturel : (i) coïncidence de l'auto- et de l'hétéro-stéréotype ; (ii) interaction active et contact durable entre les deux groupes ; (iii) coïncidence de l'hétéro-stéréotype des deux groupes sur un troisième ; (iv) homogénéité ; (v) concordance et accomplissement du rôle attribué par le groupe stéréotypisé ; (vi) absence de conflits entre les deux groupes à un moment donné ; (vii) profondeur.

Tout de même, il n'est pas possible de se passer de schémas d'évaluation généralisés sur un exogroupe aussi que sur un endogroupe. Par conséquent, l'interaction dissymétrique dépend d'une analyse des stéréotypes, surtout, des plus persistants. Dans le cadre pratique de notre livre, nous entreprendrons l'étude détaillée des hétéro-stéréotypes des Français et des Espagnols sur les réalités russes.

CHAPITRE 4 LE TOURNANT VISUEL

4.1. Préliminaires

Un projet portant sur l'analyse comparative des cultures différentes doit cibler, hormis les éléments linguistiques / verbaux, les représentations visuelles qui se contemplent, se perçoivent et s'interprètent.

Les études visuelles menées au cours du XXe siècle et promues surtout dans l'entourage académique anglais et américain ont établi la notion de « culture visuelle ». Cette dernière sous-tend un ensemble de valeurs matérielles et intellectuelles au sein des médias visuels, ainsi qu'un système de leur reproduction et de leur fonctionnement dans une société donnée.

L'intérêt au problème s'est accru dans les années soixante-dix où on constate l'apparition du phénomène culturologique sous le nom « tournant visuel », dont nous nous sommes permise de nous servir pour intituler le présent chapitre. Le tournant visuel a relevé le tournant linguistique grâce à la mise de côté des signes verbaux et à la prise en considération des images visuelles comme mode de transmission de l'information dans les mass-médias. De nos jours, le tournant visuel a actualisé non seulement le rôle de ces derniers dans la société et dans la perception de l'individu, mais il a aussi beaucoup impliqué celui-ci dans le processus de formation de la culture.

Le tournant visuel exigeait une nouvelle méthodologie qui pourrait expliquer les messages visuels. Celle qui présentait le plus de perspectives était la sémiotique, considérée comme discipline des signes et des significations. L'approche sémiotique supposait le traitement de n'importe quel phénomène de la culture dans la relation du signifiant et de son interprétation. Ces prémisses méritent donc une première approche.

4.2. La triade de Charles Peirce

Pour une discipline s'occupant de l'étude des signes (du grec *séméion*, « signe »), nous nous pencherons avant tout vers ses sources majeures. La première renvoie à Charles Sanders Peirce (1839–1914) qui a souhaité la naissance de la « sémiotique » sous un angle philosophique. Ce dernier signifie la reconnaissance de tous les types de signe, et tout cela, en fonction de trois catégories fondamentales du rapport de l'individu à la réalité. Les catégories fondamentales sont comprises par Ch. Peirce en tant que modes d'être et de connaissance, et nommées « priméité ou primarité », « secondéité ou secondarité » et « tiercéité ou tertiarité » :

Le premier est ce dont l'être est simplement en soi ; il ne renvoie à rien et n'est impliqué par rien. Le second est ce qui est ce qu'il est en vertu de quelque chose, par rapport à quoi il est second. Le troisième est ce qui est ce qu'il est par les choses entre lesquelles il établit un lien et qu'il met en relation (Peirce, 1978 : 72).

Les catégories de Ch. Peirce sont donc ontologiques et gnoséologiques : signes en soi, signes en rapport à l'objet et signes en rapport avec l'interprétant. Au niveau de priméité, l'esprit est en relation avec la réalité, où les objets se dénotent, s'identifient, bien qu'ils ne se déterminent pas ; c'est une prémisse nécessaire, mais insuffisante, de l'expérience de l'individu. Au niveau de secondéité, les objets existent ; l'esprit contemple dans la réalité une multitude de choses et de leurs relations, ainsi que l'individualité des objets. En définitive, au niveau de tiercéité, les objets se comprennent ; l'esprit établit des relations communes entre les objets individuels en y prescrivant le statut réel.

Les relations que les trois catégories entretiennent entre elles reçoivent chez Ch. Peirce le nom de logique « triadique ». De plus, cette dernière est étroitement liée à la « sémiose » qui est une action impliquant la coopération de trois sujets : un signe, son objet et son interprétant (Deledalle, 1987 : 73). Le signe, dans son sens étroit, est, d'habitude, le synonyme de « representamen » ; l'objet est ce qu'il remplace et désigne ; l'interprétant est un effet mental, une idée que le signe évoque, ou la pensée, elle-même. Enfin, pendant le processus de la sémiose, le signe produit une action cognitive à l'égard de son interprète, *i.e.* sujet ou individu. Ainsi, la sémiotique est plus qu'une science des signes, mais une doctrine de la nature essentielle et des variétés d'une sémiose possible.

La définition générale du signe par Ch. Peirce (1987 : 121) rejoint la représentation traditionnelle et le transmet comme quelque chose qui tient lieu d'autre chose :

> Un signe, ou representamen, est quelque chose qui tient lieu pour quelqu'un de quelque chose sous quelque rapport ou à quelque titre. Il s'adresse à quelqu'un, c'est-à-dire crée dans l'esprit de cette personne un signe équivalent ou peut-être un signe plus développé. Ce signe qu'il crée, je l'appelle l'interprétant du premier signe. Ce signe tient lieu de quelque chose ; de son objet. Il tient lieu de cet objet, non sous tous rapports, mais par référence à une sorte d'idée que j'ai appelée quelquefois le fondement du representamen.

L'originalité de la conception de Ch. Peirce est dans la notion « interprétant » qui, loin d'équivaloir à « interprète » (individu, créateur du signe), place le signe dans un mouvement dynamique.

La classification la plus importante des signes s'établit par Ch. Peirce selon le rapport du signe à l'objet. Toujours en suivant les niveaux de sa trichotomie, « priméité – secondéité – tiercéité », il aboutit à trois classes du signe, respectivement : icône, indice et symbole.

L'icône, ou le signe iconique se caractérise par une relation de ressemblance et d'analogie avec ce qu'il représente. Pour cette raison, il est également appelé « signe-copie » et « signe-image ». Ce type du signe concerne la peinture, le cinéma, la photographie, le schéma, le plan et tout autre genre où la forme détermine et reproduit fidèlement le signifié. Il y a une grande quantité d'icônes largement reconnaissables dans la société moderne : signe « sapin » sur les indications routières comme espace de repos, signe « assiette avec une fourchette et un couteau » comme espace de restauration, signe « imprimante » dans l'informatique, signe « silhouettes de femme et d'homme » comme toilettes dans les espaces publics, etc. Ces signes, pour Ch. Peirce (1987 : 140), sont les plus clairs, les plus faciles, les plus formés et les plus motivés :

> Une icône est un signe qui renvoie à l'objet qu'il dénote simplement en vertu des caractères qu'il possède, que cet objet existe réellement ou non. Il est vrai que si cet objet n'existe vraiment pas, l'icône n'agit pas comme signe ; mais cela n'a rien à voir avec son caractère de signe. N'importe quoi, qualité, individu existant ou loi, est l'icône de quelque chose, pourvu qu'il ressemble à cette chose et soit utilisé comme signe de cette chose.

L'indice, ou le signe indiciel est en relation d'existence physique avec ce qu'il représente en vertu des rapports temporels, spacieux et causaux. Ch. Peirce le définit par une contiguïté factuelle des deux éléments : la fumée et le feu, le mouvement des branches ou des cheveux et le vent, l'éclair et l'orage, etc.

> Un indice est un signe qui renvoie à l'objet qu'il dénote parce qu'il est réellement affecté par cet objet. […]. Dans la mesure où l'indice est affecté par l'objet, il a nécessairement quelque qualité en commun avec l'objet, et c'est eu égard aux qualités qu'il peut avoir en commun avec l'objet, qu'il renvoie à cet objet. Il implique donc une sorte d'icône, bien que ce soit une icône d'un genre particulier, et ce n'est pas la simple ressemblance qu'il a avec l'objet, même à cet égard, qui en fait un signe, mais sa modification réelle par l'objet (Peirce, 1987 : 140).

Le symbole, ou le signe symbolique est un signe motivé puisqu'il implique un rapport de nature entre le signifié et le signifiant. Depuis sa motivation et la contiguïté conventionnelle, il termine par devenir arbitraire. Les signes symboliques sont les langues naturelles et artificielles, les notes musicales, les symboles chimiques, etc.

Dans le cadre des symboles, il arrive que le signifié déborde le signifiant, jusqu'à devenir un cliché, pour ce qu'il est très difficile de retrouver l'origine symbolique : par exemple, la paix et la colombe, la capitulation et le drapeau blanc, la modestie et la violette, l'amour et le cœur percé d'une flèche, l'alcoolisme et le serpent vert, etc. De plus, c'est le seul type de signe qui n'est pas déterminé par l'objet qu'il dénote. Ainsi, les symboles d'un pays, comme le drapeau ou l'armorie, ne ressemblent pas forcément au pays, lui-même. De même, le signe symbolique relie le signe à l'objet en vertu de la régularité et de la loi :

> Un symbole est un signe qui renvoie à l'objet qu'il dénote en vertu d'une loi, d'ordinaire une association d'idées générales, qui détermine l'interprétation du symbole par référence à cet objet. Il est donc lui-même un type général ou une loi, c'est-à-dire un légisigne. A ce titre, il agit par l'intermédiaire d'une réplique. Non seulement il est général lui-même, mais l'objet auquel il renvoie est d'une nature générale (Peirce, 1987 : 140-141).

4.3. Le signe linguistique de Ferdinand de Saussure

L'alternative à l'universalisme philosophique de Ch. Peirce a été proposée par Ferdinand de Saussure (1857-1913) qui, en limitant son propos à l'étude du signe uniquement linguistique, est considéré comme fondateur de la « sémiologie ».

La science conçue comme sémiologie s'avère être une matière qui étudie « la vie des signes au sein de la vie sociale » (Saussure, [1916] 1995 : 33) et qui s'inscrit dans le cadre de la psychologie.

La nature essentielle du signe chez F. de Saussure ([1916] 1995 : 98) consiste à être extrêmement psychique et à représenter l'union d'un concept et d'une image acoustique :

> Le signe linguistique unit non une chose et un nom mais un concept et une image acoustique. Cette dernière n'est pas le son matériel, chose purement physique, mais l'empreinte psychique de ce son, la représentation que nous en donne le témoignage de nos sens, elle est sensorielle, et s'il nous arrive de l'appeler « matérielle », c'est seulement dans ce sens et par opposition à l'autre terme de l'association, le concept, généralement plus abstrait. Le caractère psychique de nos images acoustiques apparaît bien quand nous observons notre propre langage. Sans remuer les lèvres ni la langue, nous pouvons nous parler à nous-mêmes ou nous réciter mentalement une pièce de vers.

Postérieurement, F. de Saussure ([1916] 1995 : 99) aboutit à la dichotomie « signifié / signifiant », à la façon du recto et du verso d'une feuille de papier, créée pour désigner les deux côtés inséparables du signe mentionnés *ut supra*, « concept / image acoustique » :

> Nous proposons de conserver le mot signe pour désigner le total, et de remplacer concept et image acoustique respectivement par signifié et signifiant ; ces derniers termes ont l'avantage de marquer l'opposition qui les sépare soit entre eux, soit du total dont ils font partie.

Le signifié n'est pas alors un objet (ainsi, « chien » n'est pas ce chien qu'étudie la biologie), de même que le signifiant n'est pas un ensemble de sons constituant le nom /ʃiɛ/. Il en est ainsi que le signifiant s'avère être l'image de cette forme sonore, tandis que le signifié est l'image de l'objet et le concept mental de ce dernier, étant en relation avec d'autres images similaires (*perro* en espagnol, *собака* en russe, *dog* en anglais).

La compréhension du signe par F. de Saussure ([1916] 1995 : 99) met en évidence, de même que chez Ch. Peirce, le rôle du sujet et son implication. Par ailleurs, bien que la linguistique soit un élément de la sémiologie, le langage s'avère être le système de signes le plus important :

> [...] la langue est un système de signes exprimant des idées et par là, comparable à l'écriture, à l'alphabet des sourds-muets, aux rites symboliques, aux formes de politesse, aux signaux militaires etc... elle est seulement la plus importante de ces systèmes.

4.4. Roland Barthes et la sémiologie de la signification

Le panorama de la nouvelle discipline subissait des modifications au cours du XXe siècle. En particulier, Roland Barthes (1915–1980) considérait la sémiologie comme une science générale s'occupant des systèmes de signes, quelle qu'en soit la substance et les limites : les images, les gestes, les objets, les sons mélodiques, etc. (1964b : 1).

Le signe de R. Barthes peut ne pas se réduire à la dénotation seule, c'est-à-dire, au sens propre. À titre d'exemple, jeudi 12 dénote une date. Mais vendredi 13, en plus de dénoter une date, véhicule une connotation. Celle-ci exprime un signifié second : la superstition. Cette dernière, par exemple, n'est propre que de la culture française et russe, tandis que pour les Espagnols, ce jour-là désigne un jour habituel, et la connotation négative traitée est attribuée au mardi 13.

L'originalité du système de R. Barthes (1964c : 48) relève de ce mode que la lecture d'un même signe est variable selon les individus. D'après lui, le signe est entièrement traversé par le système du sens, de la sorte qu'un même signe peut être interprété de plusieurs manières en fonction du contexte de l'individu en question.

À l'inverse de la sémiologie, la sémiotique, selon R. Barthes (1964c : 40), s'avère être une étude plus concrète, d'où ressort la sémiotique des vêtements, de la mode, de la nourriture, etc. Le grand mérite du sémiologue est d'inverser la proposition scientifique et faire de l'image un objet d'étude primordial, en empruntant à la linguistique les concepts. Il décide donc d'analyser plus en détails une image publicitaire « parce qu'en publicité, la signification de l'image est assurément intentionnelle ».

À ce propos, Jacques Durand (1972 : 81, 107) coïncide avec R. Barthes ; il considère la publicité comme une exagération volontaire, un schématisme rigide, un ensemble d'objets et un discours doté de cohérence. C'est dans ce domaine que la rhétorique, étant pour lui l'art d'une parole feinte, se manifeste mieux que nulle part.

À l'aide de l'exemple d'une publicité italienne Panzani, R. Barthes (1964c : 41-43) fait référence à trois types de signes présents généralement dans l'image :

- Signes linguistiques, compris comme mots lus, vus et entendus. Les messages linguistiques renvoient à des signifiés dont chacun est global et pénétré de valeurs euphoriques. Le code de ces signes est ici le code de la langue en question.
- Signes iconiques codés, appelés aussi messages symboliques ou connotés, caractérisés par les liens que le spectateur crée entre ses valeurs personnelles ou sa culture, et le message linguistique de la publicité. La lecture de ces signes a besoin d'un savoir culturel fort.
- Signes iconiques non codés, appelés aussi messages dénotés ou littéraux car ils correspondent au texte de l'image. Leur lecture nécessite un savoir lié à la perception des objets exposés et apporte donc un certain support au décodage du message symbolique.
- Signes-fonctions, représentant des signes à une origine utilitaire et fonctionnelle. R. Barthes (1964a : 106) considère que tous les objets qui nous entourent, ont non seulement un usage, mais ils véhiculent aussi du sens :

> La fonction se pénètre de sens ; cette sémantisation est fatale : dès qu'il y a société, tout usage est converti en signe de cet usage : l'usage du manteau de pluie est de protéger contre la pluie, mais cet usage est indissociable du signe même d'une certaine situation atmosphérique ; notre société ne produisant que des objets standardisés, normalisés, ces objets sont fatalement les exécutions d'un modèle, les paroles d'une langue, les substances d'une forme signifiante [...]

En s'appuyant sur l'exemple du signe « chapeau », le sémiologue montre que son choix dans le cadre de l'image visuelle peut indiquer le pays d'origine, le milieu social, le métier ou la religion, en permettant donc de parler, finalement, d'un vrai « langage des coiffures ».

L'étude du verbal, de l'iconique et des signes, entreprise par Yveline Baticle (1977 : 26-27), la mène aux stéréotypes. Ces derniers, selon elle, sont très ancrés dans l'image. Les stéréotypes visuels sont conçus par Y. Baticle comme des portraits-robots dénonçant les préjugés nationaux et les idées toutes faites en usage courant et imposées à l'imagination collective. Les stéréotypes visuels peuvent concerner les objets (*balalaïka* pour les Russes, guitare pour les Espagnols), les habits (béret pour les Français, bottes de feutre pour les Russes), les accessoires (appareil de photo en bandoulière pour les touristes), les apparences et les comportements (moustache pour les Français, maintien raide pour les Anglais, corpulence pour les Russes), l'environnement (neige pour les Russes, soleil, montagne, mer et palmiers pour les Espagnols, boîtes des bouquinistes et la Tour Eiffel pour les Parisiens) et les éléments linguistiques (légende).

Le problème de l'étude chez le linguiste remonte aux conditions où le signe devient stéréotype : il a besoin d'un trait, de deux traits, de trois traits ? S'agit-il des traits visuels (iconiques) ou linguistiques (mentaux) ? En guise d'exemple, l'image d'un Russe qui porte un chapeau laisse constater un trait visuel (chapeau) et un concept mental relié à ce dernier (froid) ; l'image d'un Français au nez rouge et qui a une bouteille de vin à la main transmet deux traits visuels (nez rouge et bouteille de vin) et un concept (ivrognerie), etc.

4.5. Georges Mounin et la sémiologie de la communication

La sémiologie de R. Barthes sous-tendait que les objets, les images et les comportements ne peuvent jamais signifier de façon autonome, sans l'utilisation de langage. Cette branche, dénommée « sémiologie de la signification », était opposée à celle de la communication, développée par Georges Mounin (1910–1993). Ce dernier la sépare de la linguistique et fait d'elle une discipline des objets non linguistiques. Plus particulièrement, il attribue le centre de la sémiologie à la communication, étant la langue son instrument fondamental. Ainsi, il sépare les phénomènes qui impliquent une intention de communication de ceux qui n'en impliquent aucune. L'information se transmet, pour lui, au moyen d'un système explicite de conventions (c'est-à-dire, un code), tel que, par exemple : le code de la route, le code morse, le code de l'alphabet des sourds-muets, le code des numéros de téléphone, le code des signaux télégraphiques ou encore le code des signes des cartes topographiques, etc. G. Mounin est persuadé que le ciel d'orage n'a nulle intention de communiquer avec le météorologiste, le 39° de fièvre n'est pas produit intentionnellement pour informer le médecin, etc., ce qui le mène à conclure que la forme des nuages et la température n'y sont que des indices pour l'interprétation, et non des signes (Mounin, 1968 : 35–46).

On peut donc considérer que la sémiologie de la communication se caractérise par une orientation restrictive et ne s'applique à analyser que certains faits culturels. Alors que celle de la signification a une orientation extensive, car elle vise à décrire et à expliciter les phénomènes relatifs à la circulation de différente information dans les sociétés humaines.

4.6. Umberto Eco et la sémiotique de l'architecture

En constatant que la linguistique est une déviation de la sémiotique, Umberto Eco fait appel au fait qu'il est impossible d'expliquer tous les phénomènes de communication au moyen des catégories linguistiques. Il remarque qu'il existe des phénomènes sémiotiques beaucoup moins définis que ceux de la communication visuelle (peinture, photographie, cinéma). De la sorte, la sémiologie de la communication visuelle pourrait servir de pont pour l'étude des domaines culturels où les messages visuels sont, en même temps, des objets utilitaires, par exemple, ceux de l'architecture. U. Eco aborde l'univers sémiotique non comme un dispositif de signes, mais bien comme celui de fonctions sémiotiques. Dans ce sens, il adhère, dans une certaine mesure, aux considérations de R. Barthes sur les signes-fonctions.

Les signes-fonctions sous-tendent, chez U. Eco (1988 : 46), des objets qui peuvent être des productions architecturales, des vêtements, des meubles, des moyens de transport, etc. Ces objets renvoient à une fonction première, seconde ou bien présentent une nature mixte. Par exemple, la fonction première pour une maison est d'« habiter » ; cependant si c'est une villa de luxe, cette fonction première est mise de côté par la seconde qui est « exprimer la richesse, le prestige et une haute capacité acquisitive ».

U. Eco met en doute la notion du signe iconique de Ch. Peirce. Le sémiologue italien n'est pas d'accord pour reconnaître la relation de ressemblance native entre le signe et son référent, étant donné que les icônes ne transmettent pas l'effet du réel. Les signes iconiques ne possèdent pas les propriétés de l'objet représenté, mais ils « reproduisent quelques conditions de la perception commune, sur la base des codes normaux [...] » (Eco, 1970 : 14). Les aspects fondamentaux du perçu, à leur tour, sont sélectionnés à partir des codes de reconnaissance et de leurs traits pertinents. Ce qui augmente le doute d'U. Eco, c'est que parmi les propriétés de l'objet, les signes iconiques peuvent posséder les propriétés optiques (visibles), ontologiques (présumées) et conventionnelles (mobilisées) : par exemple, le plan d'une voiture où on ne la voit qu'avec deux roues ne signifie pas qu'elle soit privée des deux autres.

Le modèle proposé par Ch. Peirce est privilégié chez U. Eco en raison du caractère dynamique de l'interprétant. Il élabore donc une sémiotique non référentielle, d'après laquelle les signes non seulement réfèrent aux choses ou aux états du monde, mais ils renvoient aussi à la culture et aux contenus élaborés par une culture. Le signe d'U. Eco ne correspond plus à un référent précis et figé, comme c'était le cas avec le signe linguistique, mais peut revêtir plusieurs significations et il peut désigner différentes réalités en regard du contexte socioculturel.

La sélection des traits pertinents à partir du code de reconnaissance, de même que du code de la perception, détermine l'analyse du signe iconique, dénommée par U. Eco « décodage » (1970 : 32–35). Ce dernier, à propos de la prise en considération des codes et de leur usage, suit le principe d'articulation selon lequel on divise :

- Codes sans articulation qui supposent des sèmes[13] non décomposables. Ils peuvent être illustrés sur l'exemple d'U. Eco lié au sémaphore : ses feux ne sont pas articulables entre eux pour pouvoir composer un signal plus complexe.
  o Codes à sème unique interprétés comme codes dont l'absence n'a pas forcément un signifié alternatif, comme, par exemple, le cas du panonceau « Attention ! Chien méchant ! ». Il signifie alors, sans doute, qu'il y a un chien dangereux, cependant, son absence ne désigne pas le contraire (au moins, en Russie). Un autre exemple peut être l'enseigne « Bébé à bord » dont l'absence ne veut pas dire qu'il n'y ait pas de bébé dans la voiture.
  o Codes à signifié zéro dégagés comme codes dont l'absence, à la différence des codes précédents, désigne le contraire. En guise d'exemple d'U. Eco, l'intermittent de la voiture signale qu'elle tourne, et son absence veut dire qu'elle va tout droit.
- Codes ne comportant que la deuxième articulation qui supposent la décomposition d'un sème non en signes, mais en figures. Celles-ci sont considérées en tant qu'éléments fractionnés d'un sème qui, lors de la décomposition ne possèdent aucun signifié, mais portent une valeur différentielle. Suivons l'exemple du linguiste : la ligne d'autobus marquée par deux chiffres signifie son parcours du point X au point Y, tandis que chaque chiffre, pris seul, ne veut rien dire.
- Codes ne comportant que la première articulation qui supposent la lecture des sèmes dans les signes et non dans les figures. Un exemple est la numérotation des chambres d'hôtel ou d'hôpital, où un sème à plusieurs éléments est décomposé dans les signes : le premier signifiant le numéro de l'étage, et le reste, le numéro de la chambre sur l'étage.
- Codes à double articulation qui prévoient la décomposition des sèmes en signes ainsi qu'en figures. Ce type d'articulation s'observe, par exemple, dans les numéros des téléphones en Espagne, où chacun des deux chiffres signifie,

---

13 Sous le terme « sème », U. Eco comprend un signe particulier dont le signifié correspond non à un signe, mais à un énoncé de la langue, par exemple, le signal de sens interdit ne rapporte pas au seul signe verbal « sens interdit », mais aussi à l'énoncé comme « défense de passer dans cette direction » (Eco, 1970 : 31).

respectivement, la province, la ville, le quartier, la rue. De plus, chaque chiffre est décomposable en figures. Dans le sème qui est le numéro espagnol 965 XXX XXX (décomposable en groupes de trois chiffres, ou rarement en 965 XX XX XX), nous avons l'articulation des trois premiers signes en trois figures : 9 indique un numéro du téléphone fixe, 6 désigne la région de Valence et 5, la province d'Alicante.
– Codes à articulation mobile qui comportent le passage des éléments d'une catégorie à une autre : les signes deviennent figures, et vice-versa, les figures deviennent sèmes, etc.

Dans le cadre des signes-fonctions, U. Eco (1972 : 290–294) aborde le problème de lecture des formes ou des signifiants architecturaux. Leur décodage, selon lui, se fait par l'intermédiaire des codes architecturaux qui sont de deux origines :

- Codes syntaxiques où l'articulation fait référence à la logique structurale, *i.e.* à la technique de la construction. Les formes architecturales peuvent inclure des plafonds, des arcs, des poutres, des consoles, etc. Elles ne portent aucune fonction, ni se rapportent à l'espace dénoté, mais créent les conditions pour la dénotation spatiale ultérieure.
- Codes sémantiques :
  o Articulés en éléments architecturaux :
    - Dénotant les fonctions premières (toit, balcon, vasistas, dôme, escalier, fenêtre, etc.) ;
    - Dénotant les fonctions secondes (colonne, fronton, etc.) ;
    - Dénotant la fonction mixte ou l'idéologie de l'habitat (salle à manger – pour manger, chambre à coucher – pour dormir, salon – pour se reposer, etc.).
  o Articulés en genres typologiques :
    - Types sociaux (gare, hôpital, château, *datcha,* palais, école, etc.) ;
    - Types d'espace (par exemple, croix grecque comme base de la construction des églises).

Parmi ces codes architecturaux, U. Eco attribue un rôle prépondérant aux codes sémantiques puisqu'ils aboutissent aux signifiés architecturaux qui fournissent un cadre de vie.

L'attention d'U. Eco est fixée non seulement sur l'interprétation des messages visuels du domaine de l'architecture, mais aussi de celui du cinéma. Son étude sur la nature du code cinématographique fait écho avec la sémiotique du cinéma du sémiologue de notoriété internationale, Christian Metz.

4.7. Christian Metz et la sémiotique du cinéma

C. Metz (1931–1993) croit nécessaire de ne pas séparer une image visuelle d'un signe linguistique puisqu'qu'ils coexistent dans un continuum sémiotique commun. Nous nous permettons de reléguer à l'arrière-plan les thèses fondamentales qui portent un caractère spécifique dans la sémiologie du cinéma.

Nous relèverons que le signifiant y est pris en considération dans un rapport de ressemblance à son signifié. De même, le décodage des images suit l'ordre syntaxique qui reprend les notions comme plan, scène, séquence, montage, etc.

L'intérêt scientifique de C. Metz (1968) est surtout porté sur les propriétés esthétiques des images. Parmi ces dernières, il décrit les qualités et les effets de la couleur, du mouvement de l'appareil, du rapport image / son, etc. Ils constituent, selon lui, les « procédés de connotation ». Ce type de signes, dénommées « faux » chez Y. Baticle (1977 : 33), s'organisent autour des procédés de connotation suivants :

- Procédés de connotation spatio-temporels : échelle de plan, angle de vue, éclairage, composition, retouche, emploi de la couleur ;
- Procédés de connotation kinésique : mouvement de caméra, trucage, effet de zoom ;
- Procédés audio-visuels : bruit de fond, arrangement musical ou linguistique, etc.

Le parcours des études théoriques met en évidence que l'utilisation de l'approche sémiotique posait des problèmes autour de la compréhension unanime du signe : faut-il le considérer comme une entité ou un ensemble de plusieurs signes ?

Le signe comme entité formelle de la science sémiotique est soit linguistique, au caractère arbitraire et exclu de référent (F. de Saussure), soit une icône, un indice ou un symbole (Ch. Peirce), soit, enfin, un code (U. Eco). Tous eux, fourni de fonctions première et seconde, font appel à la lecture ou au décodage qui, à son tour, permet de connaître le signifié. Une autre nuance à remarquer est la polysémie et l'hétérogénéité du signe visuel qui tient compte du contexte social et du rôle de l'expéditeur et du destinataire lors du processus de la sémiose.

La sémiotique s'adresse aux disciplines appliquées dont chacune d'entre elles s'occupe des problèmes de signes particuliers, tels que signes publicitaires, architecturaux et cinématographiques. Ces derniers occupent une place importante « au sein de la vie sociale » d'une langue en question : certains meurent, d'autres se modifient, d'autres naissent en fonction de l'époque. Il nous reste à y ajouter le signe photographique dont l'étude théorique s'exposera *ut infra*.

4.8. La sémiotique de la photographie

Le développement de la sémiotique dans les années quatre-vingts et quatre-vingt-dix génère une nouvelle tendance. À la lumière du progrès technique de la photographie, les chercheurs des représentations visuelles s'inclinent vers cette espèce de signe. Les raisons en sont les suivantes : (i) le signifiant y manifeste les qualités réelles du signifié, (ii) la production du signe dépend de la créativité et de l'intention de l'individu :

> La photographie est une graphie par la lumière, n'est pas une graphie par l'homme au moyen de la lumière. C'est une graphie de et par la lumière même, que l'homme peut seulement recueillir et provoquer. Mais alors ce n'est pas une graphie du tout. Celle-ci est un acte, l'acte d'écrire et de dessiner [...] (Van Lier, 1982 : 27–36).

La relation indicielle de la photo avec l'objet, comprise chez Ch. Peirce (1974 : 15) comme « sans l'objet de l'indice il n'y aurait pas d'indice », se voit incertaine. La photographie cesse de se considérer comme un signe indiciel par connexion physique avec l'objet reproduit exactement, point par point, en accord avec la nature. La photographie passe à être un signe iconique, étant une copie ou un analogue du réel, particulièrement dans la tradition dirigée par R. Barthes. Dans *La chambre claire*, celui-ci baptise la photographie comme émanation du réel dans le passé et met en évidence le caractère relatif et artificiel de l'image :

> [...] *me fabrico instantáneamente otro cuerpo, me transformo por adelantado en imagen.* [...] *una imagen – mi imagen – va a nacer : ¿me parirán como un individuo antipático o como un "buen tipo"? ¡Ah, si yo pudiese salir en el papel como en una tela clásica, dotado de un aire noble, pensativo, inteligente, etc.!* (Barthes, 1999 : 41).

En tant que système de représentation, la photographie est conçue différemment de la peinture par la nature du référent transmis : si une image ou un signe de la peinture remet quelque chose de relativement réel, ceux de la photographie sont nécessairement réels et ne feignent pas la réalité. Ce fait s'unit chez R. Barthes (1999 : 136) sous le nom de « noème » et veut dire « la chose a été là » et « cela a eu lieu ». D'un autre côté, le sémiologue rapporte le caractère réaliste des photos au langage particulièrement déictique. À son avis, toute photo dit « cela », « c'est ça », « c'est comme ça », « regardez ça » sans dire autre chose (Barthes, 1999 : 32).

R. Barthes (1999 : 38) crée toute une base de notions pratiques, où *Operator* est le photographe, lui-même, *Spectator* est le contemplateur de la photo faite, *Spectrum* est le sujet ou l'objet photographié, et *punctum* est un détail pointu qui fascine et confère une vie extérieure.

La sémiotique de la photographie représente, selon R. Barthes, une synthèse de quatre forces imaginaires. Devant l'objectif, le *Spectrum* est (i) celui qu'il se croit, (ii) celui qu'il voudrait que le *Spectator* le croie, (iii) celui que l'*Operator* le croit et (iv) celui dont ce dernier se sert pour exposer son art (Barthes, 1999 : 45).

Les tentatives de R. Barthes de classifier les photos aboutissent à leur distribution en trois types généraux (1999 : 30) :

- Empirique : photo professionnelle et photo amateur ;
- Rhétorique : selon les thèmes artistiques : photo-paysage, photo-objet, portrait, nu ;
- Esthétique : photo réaliste et photo pictorialiste.

Actuellement, les plus représentatives, les plus motivées et les plus intentionnées sont la photo amateur, la photo-portrait (appelée également « autophoto ») et la photo réaliste. Leurs formes les plus illustratives seront décrites à la suite.

4.8.1. La photographie amateur

La photographie amateur constitue un chaînon important dans le système de représentation de l'image et est considérée par les sémiologues comme un vrai langage visuel (P. Bourdieu, R. Castel, R. Barthes, O. Boytsova, A. Zhelnina).

Pierre Bourdieu et Robert Castel (1965) partent des usages sociaux de la photographie amateur et indiquent qu'elles documentent la vie et participent au jeu d'autoprésentation. Les photographes qualifiés d'« Amateurs », pour P. Bourdieu et R. Castel, sont, au sens strict du mot, ceux qui ne sont pas les professionnels du domaine et ceux qui prennent des photos en temps libre. En conséquence, la photographie amateur prise n'a que la fin pour soi. Pour ce genre d'image, la valeur ludique et émotionnelle est la plus marquée.

Pour R. Barthes, la photographie amateur est une exploitation privée de la technique et une discursivité sociale qui ne constitue pas un média, *i.e.* elle ne satisfait pas au critère de l'accès public aux messages. Reconnaissons qu'actuellement, ce fait semble douteux à cause du saut technologique des appareils (numériques, téléphones portables) et de l'intégration des images sur les réseaux sociaux.

Dans les considérations de R. Barthes (1999 : 170), la frontière entre un photographe professionnel et un photographe amateur est floue. La figure d'amateur peut sous-entendre faute de maturation de l'artiste et celle du désir ou des possibilités d'atteindre la maîtrise de la profession. Cependant, dans la pratique photographique, la figure d'amateur acquiert une facette professionnelle : l'amateur assume les fonctions du professionnel et se situe près du noème de la photographie.

Selon Olga Boytsova (2010), la photograhie amateur suppose une sémiose issue du choix par le photographe d'un emplacement, des objets et des sujets. Or, sa particularité, distincte des autres médias visuels, consiste à permettre à toute personne d'être non seulement créateur et expéditeur d'un message photographique, mais aussi son destinataire. Le principe poursuivi par O. Boytsova se limite à l'étude de la photographie amateur à travers la communication, c'est-à-dire, le moment de la démonstration et de la contemplation de l'image. À partir de ce message visuel, tout *Spectator* peut reconstruire l'acte de communication en sachant les conventions de la photographie. L'ensemble de cette dernière configure le langage de la photographie amateur qui est composé de sa propre grammaire et de son propre dictionnaire de motifs.

La photographie amateur qui ne met pas en relief l'espace stratégique, mais attire l'attention du *Spectator* sur le/les *Spectrum(s)*, prend chez Anna Zhelnina (2006) le statut de « privatisée ». L'introduction du *Spectrum* dans la photo, seul ou accompagné, signifie se priver de l'espace et lui ôter son anonymat.

L'observation de ce type de photos laisse dégager, pour A. Zhelnina, l'emploi des adjectifs possessifs « mon, ma, mes » et deux sous-groupes d'images :

– « Moi »
Le trait prédominant dans ce type de photos d'amateur est le *Spectrum-ego* ou bien ce dont il a l'intention de se vanter (*Spectrums-objets*). Les indices du prestige peuvent être des apparences, des accessoires et des objets extérieurs. Les signatures et les commentaires ne font que compléter l'acte de communication à travers la photographie amateur. Ainsi, O. Boytsova (2007) souligne que durant la démonstration de la photo, le *Spectator* reçoit un message à travers la signature de l'image, aussi qu'à travers les commentaires qui accompagnent la photo. La signature fixe non seulement la photo amateur dans le temps, mais elle aide aussi à fixer l'attention du *Spectator* sur le message intentionné (par exemple, « Mon bronzage méditerranéen »).
– « Mes amis et moi »
À l'avis d'A. Zhelnina, ce type d'images est propre des *Spectrums* qui passent leur temps entourés d'amis et/ ou de famille et le captent dans le cadre.

Parmi les *Spectrums* de la nouvelle génération, la photo amateur est en train de connaître de nouvelles tendances. Il s'agit de photographier des foules d'éclair dont le but est de se divertir, de se sentir libre des stéréotypes et des normes sociales établies. La pratique est partagée dans le monde entier quoiqu'elle puisse parfois être dangereuse. Les manifestations de cette pratique photographique se caractérisent par la formation à l'anglaise en *-ing* et s'interprètent de la manière suivante :

a) *Planking* (de l'angl. *to plank*, « faire la planche ») – la photo qui exige au *Spectrum* de se placer à ventre plat, les jambes droites et les bras étendus le long du corps, sur les objets les plus impensables dans les lieux publics : sur le toit, dans le passage souterrain, sur le trottoir, dans le supermarché, dans le transport en commun, etc. En fonction des participants, qui peuvent agir individuellement ou en groupe, on peut nommer le *planking* familial et enfantin ; selon la localisation, il est de mise de faire le *planking* de bureau ou de travail.
b) *Scotching* (de l'angl. *scotch*, « ruban adhésif ») – la tendance de photographier le *Spectrum* quand le visage de ce dernier est enroulé de ruban adhésif.
c) *Batmanning* (de Batman) – le divertissement qui consiste à être suspendu la tête en bas comme une chauve-souris. C'est une pratique qui requiert la préparation spéciale du *Spectrum*. Les individus photographiés ont l'habitude de se suspendre sur les murs, les portes, les haies, les escaliers, les panneaux publicitaires, les grues, etc.
d) *Owling* (de l'angl. *owl*, « hibou ») – la photo dont le *Spectrum* imite le hibou : il s'assoit accroupi sur les surfaces les plus rares, surtout, élevées, et tâche de ne rien transmette sur son visage.
e) *Baguetting* – la folie-photo prise dans les situations quotidiennes où l'objet est une baguette de pain. Les *Spectrums* remplacent un objet habituel par une baguette : rasoir, raquette de tennis, bâtons de ski, essuie-glaces, etc.
Malgré son essor sur Internet, la pratique s'expose à une critique considérable vu que le pain est un objet sacré. À l'égard de ce blasphème, les Russes, par exemple, rappellent à ce propos un proverbe très connu : Хлеб всему голова, « Le pain est la tête de tout » qui donne lieu au palimpseste verbal Багет всему голова, « La baguette est la tête de tout ».

Face à ces mêmes Internet occidentaux, les Russes ont créé le *blining*. C'est le nom de la tendance qui consiste à utiliser dans la photo le repas national russe, *blin*, « crêpe » : on met sur le visage une crêpe fine, où les trous pour les yeux et la bouche sont antérieurement découpés.

4.8.2. Le *selfie*

La pratique de l'autophotographie ou des photos faites à soi-même a eu sa culmination avec l'avènement des caméras frontales sur les téléphones intelligents et s'est développée surtout dans les réseaux sociaux. Le phénomène mondialement connu comme « *selfie* » est devenu un moyen d'expression, ainsi qu'un outil de communication et celui de reconnaissance sociale. En suivant l'*Oxford English*

Dictionary, le *selfie* est une photo de soi que l'on fait soi-même avec le téléphone ou un appareil numérique et que l'on partage sur les réseaux sociaux[14].

Le lemme, couronné comme mot de l'année 2013, transmet, selon certains mass-médias actuels, une vraie obsession de la société par son apparence. D'autres comprennent le *selfie* comme un moyen de communication, ce qui fait écho au noème de R. Barthes : « j'étais ici, à ce moment précis ». Les créateurs des *selfies* recherchent donc l'interaction dont le but est d'être identifié. De la sorte, les percepteurs des *selfies* sont capables d'étudier l'identité du *Spectrum* aussi que sa culture.

Tout comme la photo amateur, le *selfie* se trouve en pleine évolution. Il peut acquérir plusieurs formes dont la plus récente est *famfie*, mot-valise anglais issu de *family* + *selfie*, qui sous-tend une photo du *Spectrum* prise en famille. De même, il existe des variantes de *selfie* en fonction des objets cadrés : regard du visage, corps, cheveux, éléments extérieurs, autre(s) *Spectrum(s)*, etc. Il peut également marquer de nouvelles formes dont les plus pratiquées sont *duck face* (la bouche en bec de canard) et *selfie* miroir. Les différents types de *selfies* par conséquent déterminent une place importante dans l'histoire de la photographie.

4.8.3. La photo touristique

Comme type de média visuel, la photographie touristique existe depuis longtemps, où elle était représentée sous forme de cartes postales, de posters, d'albums, etc. Néanmoins, son essor a correspondu au *boom* du flux touristique et au progrès des instruments photographiques. Grâce à l'accessibilité de ces derniers, la ville en tant qu'espace visuel a commencé à se développer à un rythme important.

L'espace urbain actuel est si riche en images au caractère visuel qu'on peut juger de la modification du concept de flâneur classique tout au long des derniers siècles. La toute première conception est due à Charles Baudelaire qui caractérisait le flâneur comme amateur de la vie, indépendant, passionné et impartial :

> *He who easily marries the crowd knows feverish pleasures which will be eternally unavailable to the egotist, locked up like a chest and the lazy person, shut up like a mollusk. He adopts as his own all professions, all joys and all miseries that circumstances present to him*[15].

---

14 <http://bit.ly/2jMKqrm>

15 Ch. Baudelaire cité *in* COHEN, M., *Profane Illumination. Walter Benjamin and the Paris of Surrealist Revolution*, Berkeley/ Los Angeles, University of California Press, 1993, p. 201.

Au XIXe siècle, le philosophe allemand et le traducteur de Ch. Baudelaire, Walter Benjamin (1983 : 37–38), démarque la visualisation comme singularité de la culture urbaine et généralisation des phénomènes visuels, de sorte qu'il développe la notion de flâneur en tant que nouveau type social. En se basant sur la recherche sociologique de l'espace urbain, il dégage la prédominance de l'activité visuelle sur l'activité auditive de l'individu :

> Someone who sees without hearing is much more uneasy than someone who hears without seeing. […] Interpersonal relationships in big cities are distinguished by a market preponderance of the activity of the eye over the activity of the ear.

La flânerie en tant qu'ancienne forme d'observation passive de l'espace urbain visuel, au fur et à mesure, devient étroitement liée à l'interprétation touristique active. Les flâneurs-touristes concentrent leur attention sur ce qui est intéressant, perçoivent ce qui les entoure et, enfin, le fixent sous forme de textes et de photos en manifestant la dominance sur le temps. Voilà ce que nous trouvons chez P. Bourdieu et R. Castel (1965 : 117) :

> Aux yeux du paysan, le citadin est celui qui succombe à une sorte de « n'importequinisme » perceptif ; et cette attitude lui paraît incompréhensible parce qu'il se réfère à une philosophie implicite de la photographie selon laquelle ne méritent d'être photographiés que certains objets, en certaines occasions.

La fixation des objets de la réalité par les yeux des touristes est toujours relative, telle est l'opinion d'A. Zhelnina (2006) et de N. Simbirtseva (2012). Ils ne visent pas à capter l'image d'une curiosité dans toute sa valeur artistique, historique et culturelle ; ils marquent souvent leur vision individuellement importante de l'espace et de l'image de la ville, comme si cette dernière était un texte. La plupart des objets qu'ils photographient ne sont pas ceux de la première importance, mais ceux qui lui paraissent les plus significatifs.

La photo touristique est rapportée chez H. Van Lier (1982 : 27–36) à la photographie intentionnelle : le touriste repère toujours un lieu ou une scène qui le touchent dans ses perceptions et ses systèmes sémiotiques personnels, il en obtient un cadre-index en y mettant un certain nombre de choses importantes pour lui, des gens, des actions, des couleurs, voire un espace général. Ainsi, la caractéristique basique de la photo touristique concerne l'utilisation d'une tactique bien déterminée, quoique non professionnelle.

La photo touristique joue un rôle important grâce à sa capacité de construire l'image de l'espace dans sa dimension réelle, virtuelle et mentale. Elle permet d'analyser la réappropriation du panorama visuel par le photographe et la production de l'espace individuel sur le territoire marqué par le territoire urbain.

Récapitulons

Toute l'immense production (photo touristique, photo amateur, *selfie*) constitue un excellent corpus de la sémiotique de la photographie. Ce corpus permet de comprendre les modèles culturels qui donnent un sens à la vie d'aujourd'hui et qui sous-tendent les identités des individus, leurs valeurs et leurs visions.

Grâce aux technologies du numérique et à Internet, nous pouvons accéder aux productions photographiques des individus des cultures en question et entreprendre une étude pluriculturelle dans le cadre pratique du livre. L'objectif de cette étude permettrait de relever les particularités de la vie quotidienne, familiale, personnelle, sociale et culturelle.

Or, le langage d'une culture ne peut pas se restreindre aux signes photographiques. Il comporte d'autres images visuelles comme signes publicitaires et architecturaux. Ces signes, pris en considération dans leur totalité, constituent la singularité de chaque culture et, complémentés par les signes linguistiques / verbaux, nécessitent une étude plus appliquée. Le non natif pourrait y puiser des tuyaux importants afin d'interpréter correctement la culture ciblée.

CHAPITRE 5 LA SÉMIOTIQUE NON VERBALE

> L'être humain est un animal sémiologique, mimeur par
> nature, dont le Langage est geste avant d'être parole
> (P. Ferrand, 1965)

5.1. Préliminaires

Le fonctionnement des signes « au sein de la vie sociale des individus » (la formule empruntée à F. de Saussure) consolidait le statut de la nouvelle discipline qui étudiait l'information signalétique. Cette dernière, dans le cas où elle était non langagière, constituait l'objet de la communication dite non verbale et s'opposait à la parole. Les chercheurs ès langage non verbal ne fixaient pas leur attention sur les mots et leur contenu, mais sur le visage, le corps, la voix et les artefacts (tenue vestimentaire, accessoires, etc.) de l'individu. Plusieurs études réalisées dans le domaine de la communication non verbale ont abouti à la science nommée « sémiotique non verbale ». Au début du XXIe siècle, le linguiste russe Grigorij Krejdlin (2007 : 4-5), y a spécifié une dizaine de champs de recherche :

- La paralinguistique (science des codes sonores et prosodiques tels que l'intonation, le ton, le rythme, l'émotion de la voix, etc.) ;
- La kinésique (science des gestes et des mouvements gestuels, des processus et des systèmes gestuels) ;
- L'occulecique (science du langage des yeux et du comportement visuel des individus) ;
- L'auscultique (science de la réception auditive des sons et du comportement auditif des individus) ;
- La gaptique (science du langage des contacts et de la communication tactile) ;
- La gastique (science des fonctions communicatives et symboliques du manger et du boire, de la façon de se nourrir, des fonctions culturelles et communicationnelles de l'alimentation et de la déglutition). Remarquons que le terme s'est répandu chez les chercheurs russes, suite à son grand emploi dans le cercle scientifique anglophone. La science dénommée dès son origine comme *gustics* complète le cadre de la communication non verbale et étudie le rôle culturel des sensations gastronomiques.

- L'olfactique (science du langage des odeurs, des sens transmis à l'aide des odeurs, du rôle des odeurs) ;
- La proxémique (science de l'environnement de la communication, de sa structure et de ses fonctions) ;
- La chronémique (science du temps dans la communication, de ses fonctions structurantes, sémiotiques et culturelles) ;
- La systémologie (science des systèmes d'objets dont les gens s'entourent, de la fonction et du sens de ces objets). La science englobe la tenue vestimentaire (les vêtements, le maquillage, les bijoux, les lunettes, les tatouages), et des éléments semi-vestimentaires (objets possédés comme les stylos, les *smartphones*, les baladeurs mp3, etc.).

Étant donné que les aspects proxémiques, chronémiques et gastiques ont déjà été décrits dans le livre et que ceux des autres champs manquent de fondements théoriques, nous nous concentrons à la suite sur la kinésique, *i.e.* sur la façon dont le visage et le corps s'intègrent dans le comportement de l'individu lors de la communication.

5.2. La kinésique : Ray Birdwhistell

Tout le répertoire de la gestualité s'inclut dans le cadre de la science « kinésique », initiée par l'anthropologue américain Ray Birdwhistell dans les années cinquante du siècle dernier. Conçue en tant qu'étude des mouvements corporels, elle s'avérait être un homologue de la phonologie : « *the kinesic system has forms which are astonishingly like words in language* » (Birdwhistell, 1970 : 80).

Sur le modèle des phonèmes des linguistes, R. Birdwhistell dégage (i) les kinés comme unités minimales perceptibles du mouvement corporel ; (ii) kinèmes comme unités répétitives des premiers dans un seul signal avant de s'arrêter à la position initiale ; (iii) les kinémorphes, étant des combinaisons de kinèmes et dont le corpus fonde le lien entre la culture et le corps ; et (iv) kinémorphèmes qui sont des formations de kinémorphes ou des phrases gestuelles comportant plusieurs mouvements (1970 : 155). Par exemple, selon cet ordre hiérarchique, les kinés sont la hausse et la baisse des épaules ; ce mouvement répété dans un seul signal avant de s'arrêter à la position zéro forme un kinème « hausser les épaules ». Celui-ci combiné avec le kinème « hocher la tête » peut former un kinémorphe, vu son caractère complexe ; ce kinémorphe, à son tour, combiné avec le kinème « mouvement de la main » constituerait un kinémorphème. Par ailleurs, les formations supérieures (iii) et (iv) sont déterminées par le degré de la rapidité, d'amplitude et d'intensité.

De la sorte, la structure du code de R. Birdwhistell assume une fonction syntaxique et semble être comparable à la structure du langage en mots (pronom, adverbe, adjectif, adverbe), phrases et paragraphes. Quoique le propos de R. Birdwhistell, à travers la kinésique, soit de décoder une sorte de grammaire de l'interaction, son étude sur le kinème se reprend activement chez les chercheurs contemporains.

La notion fondamentale de la kinésique, dès sa naissance et pendant son évolution postérieure, est le geste. Les gestes artificiels comme la langue des malentendants[16], les mimiques et les pantomimes, ainsi que les langues gestuelles des groupes sociaux restreints (par exemple, le langage des juges sportifs, des militaires, etc.) sont, généralement, exclus de cette science. De sorte que, chez les linguistes, le geste se comprend spécifiquement et désigne une expression du visage, une pose, un mouvement des mains, des pieds, de la tête et une manière du corps (Krejdlin, 2007 : 7).

5.3. La classification sémiotique des gestes

La typologie des gestes est basée sur différents critères : la forme, les fonctions, le sens, l'origine et les relations entre la forme et le sens des signes.

Une première tentative de synthèse de gestes a été basée sur le classement de la gestuelle de D. Efron et entreprise par Paul Ekman et Wallace Friesen (1975 : 335) :

- Gestes symboliques, emblématiques ou gestes-emblèmes qui sont des gestes paraphrasables, dotés d'une signification lexicale et d'un sens conventionnel, capables de transmettre l'information indépendamment du contexte verbal. Ses exemples sont hocher la tête, faire un clin d'œil, lever le pouce, saluer de la main, ainsi que les mouvements désignant « Viens ici », « Dehors ! », « Il est fou », « Mon œil », etc. Ces gestes ont besoin du code de la connaissance, puisque les signifiés qu'ils expriment ne contiennent pas le reflet direct de l'action elle-même.
- Gestes illustrateurs qui sont des mouvements corporels très associés à la parole ; ils évoquent, mettent en relief, complémentent ou précisent un fragment communicatif. À titre d'exemple : la baisse des paupières lors de la prononciation d'une réponse affirmative, l'indication par la main du siège à prendre, la représentation d'une forme ou d'un mouvement à l'aide des mains, le compte sur les doigts, etc.

---

16 À ce propos, il est important de noter les études pionnières sur les gestes de L. Hervás y Panduro (1795 : 34) qui y attribuait, déjà au XVIIIe siècle, un statut du langage particulier : « *Sin necesidad de la escritura se puede inventar un idioma de vista que se figure con el movimiento de las manos y los dedos, como el que usan en las escuelas los Sordomudos. Con este idioma se habla perfectamente, como con el vocal y ordinario ; y parece natural al hombre inclinado a declarar pensamientos con el movimiento de las manos* ».

- Gestes régulateurs qui gèrent le processus de l'interaction en remplissant la fonction phatique : établir, appuyer ou clôturer l'acte de la parole. Par exemple, elle est propre du regard qui indique le moment de prendre la parole. De même que les gestes-emblèmes, les gestes régulateurs peuvent accompagner la production verbale ou s'employer hors d'elle.
- Gestes adaptateurs qui sont des mouvements spontanés des émotions. Ils donnent du confort à l'individu lors de l'interaction : passer la main dans les cheveux, se gratter la tête, retirer un cheveu sur son vêtement, croiser (décroiser) les jambes, s'étirer, sourire, froncer les sourcils, baisser la tête, etc.
- *Affect displays*, ou gestes exprimant des états émotifs qui sont des mimiques faciales manifestant des sentiments. En guise d'exemple, écarquiller les yeux ou ouvrir la bouche d'étonnement.

À l'intérieur des gestes illustrateurs, dont la forme évoque inévitablement le contenu, David McNeill (1992 : 12-14) classe les signes en quatre catégories : (i) iconiques qui décrivent les traits caractéristiques des objets concrets et apportent une expression parallèle ou complémentaire ; tel est le geste représentant un téléphone, un cercle, un toit, une montagne ; (ii) métaphoriques qui fournissent une image d'un objet abstrait, comme par exemple la chaleur, la fatigue, la durée ; (iii) déictiques qui consistent à montrer du doigt des objets dans l'espace ; (iv) battements qui rythment le discours.

Michel de Fornel (1993 : 251-252) décide de partir de deux catégories de gestes : la première est constituée des gestes qui reprennent simplement le discours (par exemple, le mouvement de la main vers le haut pour l'énoncé « Levez-vous » et celui vers le bas pour « Asseyez-vous » ou « Baissez la voix » ; le geste des deux index pointés qui se touchent pour exprimer « joindre les deux bouts »). La seconde est composée de gestes dits métaphoriques ; elle opère un décalage par rapport à l'objet du discours et atteste « une incongruité sémantique entre la schématisation conventionnelle du geste et celle de l'expression verbale affiliée ». Un exemple est celui de parler du caractère net d'une chose et de faire le mouvement des deux mains nettoyant une surface. M. de Fornel illustre sa typologie sur l'exemple de l'énoncé « Le musée est fermé » pour lequel le geste « fermer la porte à clé » réfère au musée comme à un objet concret et reprend fidèlement son signifié. Cependant, le geste des deux mains esquissant une sphère va être métaphorique, car il s'associe normalement à un autre type de situations et permet ici de traiter le musée comme un univers clos.

À partir de la typologie de M. Argyle (1969 : 73-74) et de celle de P. Ekman et de W. Friesen, G.-D. de Salins aboutit à la répartition suivante (1992 : 163-164) :

Catégorie de gestes	Signification	Partie du corps participante
Cadences	Accentuer les paroles durant tout le développement du discours et participer au rythme	Main, tête, sourcils, front, menton
Feed-back	Co-piloter la conversation	Yeux, menton
Idéographes	Établir le cheminement de la pensée	Doigts
Déictiques	Signaler les objets	Index, tête
Spatiaux	Signaler les lieux	Index, bras
Kinétographes	Décrire des actions physiques	Doigts, mains, bras, tête
Pictographes	Dessiner une représentation du référent	Mains
Emblèmes	Remplacer les éléments de la communication verbale	Tête, mains

Depuis la perspective didactique, G.-D. de Salins attribue de l'importance aux gestes dénommés *feed-back*, cadences et idéographes. Silencieux ou vocalisés, ils sont, selon elle, comme un stimulus ou un co-pillotage pour la suite de l'intervention, surtout, étrangère. De plus, ce sont les plus largement employés, par exemple, dans la société française, en comparaison aux déictiques et aux spatiaux. Ces derniers sont souvent évités au profit d'un mouvement du menton ou des yeux.

P. Bertocchini et E. Costanzo (2004 : 54–55) entreprennent leur propre classification des gestes d'après les fonctions communicatives :

- Gestes à fonction phénogène (par exemple, lecture labiale) ;
- Gestes à fonction extracommunicative :
  o Gestes du confort (par exemple, croisement des jambes) ;
  o Gestes autisiques (par exemple, grattages, bâillements) ;
- Gestes à fonction métacommunicative (qui marquent parfois des attitudes différentes ou en contradiction avec le message linguistique (par exemple, hochements de tête, clins d'œil) ;
- Gestes à fonction proprement communicative :
  o Synchronisateurs de l'action :
    - Rites d'interaction (saluts, courbettes, sourires) ;
    - Phatiques (contact par le regard) ;
    - Régulateurs (hochements de tête) ;
  o Gestes co-verbaux à fonction :
    - Illustrative (renforcement du verbal pour favoriser la compréhension du message, par exemple, pointage qui accompagne « c'est lui », « là-bas » ou le geste qui accompagne « c'est gros comme ça ») ;
    - Expressive (mimiques faciales exprimant la joie, la surprise, la colère, la peur, le dégoût, la tristesse, etc.) ;

- Paraverbale (soulignement de l'intonation, emphase).
o Gestes quasi-linguistiques qui remplacent un énoncé totalement ou en partie pour :
  - Des raisons physiques (geste derrière un vitre) ;
  - Des raisons psychologiques (exprimer l'implicite tout en restant dans le non-dit, par exemple, haussement d'épaule) ;
  - Éviter la redondance (« on l'a opéré et trois jours après... + geste »).

Plusieurs classifications des gestes, des plus linéaires aux plus fonctionnelles, ont été définies par les auteurs. En nous basant sur les typologies antérieures, nous pouvons donc décrire les valeurs fonctionnelles que remplit le langage gestuel.

5.4. Les valeurs fonctionnelles des gestes

La gestuelle constitue non seulement une composante indispensable de la communication, mais elle fait aussi partie intégrante de la vie quotidienne des individus. Par conséquent, elle remplit des fonctions idéologiques, culturelles et sociales, en même temps qu'elle reflète l'activité pratique de chaque individu.

Un panorama complet de valeurs fonctionnelles des gestes est établi par G. Krejdlin (2007 : 10–11) :

- Les gestes peuvent répéter, ou doubler, une information parlée réelle (par exemple, les gestes déictiques accompagnent la prononciation des démonstratifs comme « celui-ci, voilà, ici, là-bas », etc.).
- Les gestes peuvent contredire le signifié parlé. Ainsi, le sourire contredit les énoncés « Je suis très mal » et « J'ai échoué à l'examen ».
- Les gestes peuvent remplacer des propos oraux. Le signe de tête peut être un substitut d'une réponse positive ; le geste de mettre son doigt contre les lèvres remplace l'expression « Tais-toi ! Pas un mot ! ».
- Les gestes peuvent souligner ou renforcer un élément du discours. Par exemple, le geste « gros comme ça » en écartant les mains ou celui « mince comme ça » en levant l'auriculaire soulignent les tailles des objets. Dans ce cas, le geste est toujours en rapport avec le même mot.
- Les gestes peuvent compléter le contenu du discours. Un énoncé de menace peut être accompagné du geste de menacer du doigt ou du poing.
- Les gestes peuvent régulariser la communication verbale et remplir la fonction phatique, par exemple, céder le tour de la parole avec « le signe de tête académique »[17].

---

17 Cette valeur fonctionnelle coïncide avec la fonction des gestes régulateurs dégagée par *op. cit.* P. Ekman et W. Friesen.

En traitant des fonctions des gestes, G.-D. de Salins les réduit au nombre de trois : (i) fonction redondante, car le non verbal vient doubler la parole et l'écoute ; (ii) fonction concrétisante, d'après laquelle le geste sert d'explication imagée de la parole et (iii) fonction substituante, qui permet au geste de remplacer naturellement la parole. Le contrôle social en France, selon G.-D. de Salins (1992 : 169), recommande la première fonction, admet la deuxième, mais sanctionne la troisième.

Remplissant plusieurs fonctions communicatives, le langage des gestes constitue indubitablement un domaine qui accompagne étroitement le verbal. Le non verbal complète une production verbale, l'anticipe, est synchrone avec elle, la postériorise, ou tout simplement s'avère un fruit d'imagination de l'individu. De plus, le geste crée une perspective visuelle, ce qui facilite l'interprétation lors de l'interaction.

5.5. L'universalité des gestes

Le pionnier de la kinésique, R. Birdwhistell (1970 : 81), refusait à l'époque le caractère universel du geste : « [...] *we have found no gesture or body motion which has the same social meaning in all societies. [...] there is no body motion or gesture that be regarded as a universal symbol* ».

Telle continue à être la tendance générale des propos kinésiques actuels défendant la différence du lexique gestuel d'une société face à une autre. C'est la raison pour laquelle les linguistes et les didacticiens insistent sur l'enseignement obligatoire de la communication non verbale en une langue étrangère. Ils l'expliquent par le caractère conventionnel et arbitraire de la gestuelle dans chaque culture, de même qu'ils n'ignorent pas qu'une même forme du geste puisse transmettre des contenus différents d'une langue à l'autre. Les non natifs pourraient maîtriser les conventions gestuelles au même titre que les conventions linguistiques, si les gestes sont conçus comme de « véritables unités audio-visuelles différentes d'un groupe linguistique à l'autre » (G. Calbris, J. Montredon, 1980 : 80). De plus, « l'empathie non verbale ne dépend pas de notre culture, mais de chaque culture » (Salins, 1992 : 171).

Les gestes les plus conventionnalisés sont, pour Marion Tellier (2009 : 19–21), les gestes culturels ou les gestes-emblèmes. Chaque communauté en possède un inventaire moyen de 150 à 200, et ils remplissent les fonctions suivantes : affective (exprimer des émotions et des attitudes) ; informative (transmettre des informations) ; conative (influencer l'interclocuteur) et phatique (organiser l'interaction).

D'après le fonctionnement des gestes emblématiques dans les sociétés, M. Tellier les classe en quelques groupes. Le premier groupe d'emblèmes est plus ou moins universel, commun et partagé par les individus de différentes nations, par exemple, le geste de hausser les épaules ou celui désignant « victoire ». Le deuxième groupe n'existe que dans la communication d'une nation, en guise d'exemple, poser horizontalement l'index et le majeur sur le front n'est propre que des Espagnols et équivaut à « peu intelligent ». Le troisième groupe comprend les gestes des différentes nations qui coïncident en forme mais se distinguent en contenu, par exemple, le geste de dodeliner de la tête de gauche à droite, en France, en Espagne et en Russie, signifie « non », tandis qu'en Bulgarie, « oui ».

Le statut des gestes universels est défendu chez A. et B. Pease (2006 : 34) : « *las diferencias culturales son muchas, pero las señales básicas del lenguaje del cuerpo son las mismas en todas partes* ». Les auteurs y rapportent des mouvements innés et inconscients, contrairement aux gestes qui s'acquièrent consciemment lors de la communication. Les gestes universels se basent ainsi sur des raisons purement physiologiques ; par exemple, le fait moderne de se moucher est « *el resultado de las antiguas epidemias de tuberculosis* » (Pease, 2006 : 134). Le geste de mouvoir la tête d'un côté à l'autre indique « non » et doit son origine à « *la alimentación en la infancia* » (Pease, 2006 : 34). Ajoutons-y le geste de hausser les épaules qui veut dire vouloir protéger le cou des objets menaçants possibles et qui exprime la subordination devant la situation où on ne comprend ou on ne sait rien. Enfin, le geste « cœur » formé à l'aide des index et des pouces des deux mains, esquissant les contours du cœur comme organe du corps humain, et qui exprime l'amour.

Un geste universel considéré à part par A. et B. Pease est le sourire. Ils y attribuent une raison primitive : « *La sonrisa es una señal de sumisión* » (2006 : 84). Le sourire communique chez les humains que l'autre n'est pas une menace pour le premier et en plus, ce dernier demande de l'accepter au niveau personnel. Ainsi, pour A. et B. Pease, l'absence habituelle du sourire chez V. Poutine dénote non seulement un aspect fâché et agressif, mais cela veut aussi dire qu'il refuse de paraître soumis.

5.6. La politesse non verbale

La politesse est une catégorie communicative universelle composée de stratégies comportementales qui déterminent le choix des unités de la communication verbale et non verbale. De la sorte, outre divers modes d'adresses verbales, on peut observer ceux d'échanges gestuels, mimiques et tactiles, tels qu'embrassades, poignées de main, accolades, regards, etc.

Depuis la démarche pluriculturelle, la notion « politesse » en tant que manifestation du respect et de l'attention ne s'avère pas être adéquate. Étant donné que les concepts « respect » et « attention » s'interprètent différemment d'une culture à l'autre, la notion « politesse » ne revêt donc pas de signifié universel ni partagé par tous.

Le premier élan à l'étude de la politesse comme catégorie de la conscience communicative a été donné par Penelope Brown et Stephen Levinson (1987). Leur modèle de politesse se fonde sur la considération de l'individu en tant qu'entité sociale et sur la distinction qui en découle : (i) entre la protection du territoire du soi et (ii) la valorisation de l'image de l'allocutaire. Cette distinction de base a reçu les noms, consécutivement, de « politesse négative » et de « politesse positive ».

P. Brown et S. Levinson s'inspirent de la « théorie des faces » développée dans les années soixante-dix par Erving Goffman (1972 : 319). La face est définie par ce dernier comme valeur positive sociale demandée par le participant à une conversation.

Postérieurement, la notion est reprise par P. Brown et S. Levinson (1987 : 61-62) comme entité des deux désirs de base que tout être peut présenter et qui constitue un aspect fondamental de son rapport au monde. Ainsi, la politesse positive découle de la face positive et correspond à la façade sociale, à l'amour-propre, au narcissisme, à l'image valorisante de l'individu qu'il s'efforce de présenter à l'extérieur. La politesse positive se trouve au cœur du comportement familier et de la plaisanterie ; elle traduit le désir de l'individu à se rapprocher, à être suivi et apprécié des autres. En revanche, la politesse négative s'adresse à la face négative de l'individu et traduit son désir à se maintenir distant et à ne pas être dérangé. Elle correspond donc au territoire de chacun (le corps, l'intimité, la vie privée, etc.) et est au cœur du comportement de respect (Brown, Levinson, 1987 : 101, 129).

Les deux désirs de base, ceux de préserver les faces, sont protégés par l'individu car, pour l'une comme pour l'autre, il existe constamment des menaces potentielles. P. Brown et S. Levinson les appellent « *Face Threatening Acts* » (actes menaçants pour la face) et les abrègent en FTA (1987 : 60). Ainsi, selon la face menacée de chacun des interlocuteurs, les actes de langage se répartissent en quatre catégories :

1. Des FTA(s) pour la face positive du locuteur : par exemple, l'autocritique.
2. Des FTA(s) pour la face négative du locuteur : les offres et les promesses que le locuteur fait à ses dépens, concernant le sacrifice de son temps, de ses forces, de ses intérêts, de son énergie.
3. Des FTA(s) pour la face positive de l'allocutaire : les insultes, les injures, les moqueries, la critique, etc.
4. Des FTA(s) pour la face négative de l'allocutaire : les ordres, les requêtes, les instructions, les questions indiscrètes, etc.

Le modèle de politesse de P. Brown et S. Levinson, portant un caractère abstrait, tend à ménager et à valoriser les faces de l'autre sans faire trop de mal aux siennes propres, ou en d'autres mots, à instaurer, selon R. Barthes (2000) « un état d'équilibre très subtil et très fin pour se protéger sans blesser l'autre ». La conciliation des intérêts entre les locuteurs, selon ce dernier, est presqu'acrobatique.

C. Kerbrat-Orecchioni (1992 : 177) remanie le modèle de politesse de P. Brown et S. Levinson en la plaçant en contexte. Plus particulièrement, c'est la situation communicative qui détermine si un énoncé est poli, approprié ou impoli, inapproprié. L'auteure renvoie la politesse positive au caractère interventionniste et la politesse négative, au caractère abstentionniste. La première consiste à accomplir un acte intrinsèquement poli et à valoriser un FTA, tandis que la dernière consiste à éviter un FTA ou à l'adoucir.

Le modèle de politesse de C. Kerbrat-Orecchioni devient donc équilibré par le concept d'« anti-FTA » ou FFA (« *Face Flattering Acts* »), c'est-à-dire « actes valorisants pour la face » (2001 : 74). Chaque acte de langage, pour le linguiste, peut s'avérer un FTA, un FFA ou l'ensemble des deux. Sur son exemple d'un joueur de foot qui se flatte devant l'intervieweur, C. Kerbrat-Orecchioni illustre que son acte est un FFA par rapport à sa face, au même temps qu'il s'agit d'un FTA par rapport aux faces positives et négatives de l'interlocuteur, puisque ce dernier se voit brusqué devant une telle mégalomanie.

Dans un tel cadre, entre la catégorie de politesse positive et celle de politesse négative, l'auteure ressent la nécessité d'en introduire d'autres. Selon la conformité de l'énoncé aux normes en vigueur dans une situation communicative donnée, C. Kerbrat-Orecchioni définit les catégories suivantes (2011 : 98-99) :

- Politesse – présence de marqueurs plus ou moins conformes aux attentes normatives en vigueur de la situation. Elle est révélée d'après les marqueurs d'adoucissement (FTA) et de renforcement (FFA).
- Hyperpolitesse – présence de marqueurs de politesse excessives par rapport aux attentes. Trop de politesse peut tuer la politesse. Or, elle peut basculer dans l'impolitesse si elle prend une valeur ironique ou sarcastique.
- A-politesse ou non-politesse – absence normale de marqueurs de politesse.
- Impolitesse – absence anormale de marqueurs de politesse ou présence de marqueurs d'impolitesse.
- Polirudesse – présence complexe des marqueurs liés aux catégories antérieures. Elle peut englober des FTA camouflés en FFA, *i.e.* des énoncés polis qui, en réalité, sont menaçants pour la face de l'interlocuteur.

Ainsi donc, la politesse est un phénomène social puisqu'il manifeste l'attitude des individus à l'égard des normes en vigueur. De même que, dans les chapitres précédents, nous avons décrit le rapport de la nation à la distance, au temps et au contexte, nous oserions parler du rapport de la nation à la politesse. Par conséquent, à côté de la division des cultures en celles « à fort degré de contact » et celles « à faible degré de contact », en « monochrones » et « polychrones », en celles « à un contexte haut » et celles « à un contexte bas », nous pourrions instaurer la répartition des cultures en « polies » et « non polies ». Les premières seraient donc des sociétés où prédomine la politesse positive. Les marqueurs-modèles y circulant ont pour fonction de renforcer les FFA au niveau verbal (remerciement, excuse, compliment, etc.), socioculturel (invitation, visite, cadeaux, etc.) et non verbal (bises, sourire, etc.). Les membres de ces sociétés attachent une importance relative à la protection de la face positive et à la soutenance du narcissisme.

Les sociétés où prédomine la politesse négative disposent de marqueurs visés à adoucir les FTA. Les individus de ces sociétés privilégient avant tout leur face négative et préservent le territoire corporel de même que temporel et cognitif.

Récapitulons

La politesse, étant la nécessité sociale, a pour fonction d'arrondir les angles et, on dirait, de « polir » les rouages de la machine conversationnelle, afin d'épargner à ses utilisateurs de trop vives blessures. Le fait de tenir en considération la politesse contribue à concilier la préservation de soi et le respect d'autrui, ainsi qu'à développer l'interaction dans les meilleures conditions.

Les habitudes culturelles de la politesse des sujets parlants sont reflétées non seulement au niveau du langage verbal, mais aussi à celui du langage non verbal. De la sorte, outre les actes expressifs, traités en détails chez C. Kerbrat-Orecchioni (1992, 1996, 2005) en termes de vœux, salutations, excuses, remerciements, compliments, termes et pronoms d'adresse, et les actes commissifs (invitation), la politesse est aussi un phénomène kinésiquement pertinent. Les nombreux travaux qui ont été publiés sur le sujet du langage des gestes en sont une preuve très riche. La gestuelle en termes de mouvements corporels (en particulier, visage, mains) et de rites (bises, sourire) est strictement soumise aux normes qui règnent dans la culture à un moment donné. Elle peut être élargie par les éléments d'un autre champ de la sémiotique verbale qui est la systémologie concernant les artefacts : la tenue vestimentaire, les accessoires, etc.

Sans la politesse, la vie serait impossible et le monde, invivable. Sinon, les réactions du type : « Il aurait pu, au moins, dire merci », « Elle ne m'a même pas fait de bises » ne seraient pas si évidentes. Donc, la politesse est un phénomène universel, bien que ses manifestations diffèrent d'une culture à l'autre. Dans cette perspective, nous envisagerons certains principes aptes à contraster la communication non verbale en langue russe, française et espagnole sous l'angle de la politesse des sociétés en question.

SECONDE PARTIE : CADRE PRATIQUE

CHAPITRE 6   L'USAGE DE L'OUTILLAGE MENTAL DANS LA CULTURE RUSSE

6.1. Préliminaires

Les tentatives entreprises par les anthropologues et les linguistes de décrire les cultures, aussi que les procès de globalisation et d'internalisation mènent inévitablement à la conclusion que chaque culture est particulière et diffère des autres par le système des représentations mentales, des réalités sociales et des catégories linguistiques.

D'après les trois principaux paramètres de communication primaire chers à E. Hall (*Cf.* § 1.3), la culture russe se caractérise pour (i) un contexte haut (bien que certains spécialistes nationaux parlent de la position intermédiaire entre le haut et le bas) ; (ii) la perception de la réalité plus polychrone que monochrone et (iii) l'interaction à distance, davantage, personnelle et sociale. Abordons ces aspects d'une manière plus détaillée.

6.2. Particularités chronémiques

Le rapport des Russes au temps ne présente pas de grandes différences face à la culture française et espagnole, bien qu'il permette de décrire de certains contrastes.

La culture russe est dite plutôt polychrone que monochrone. Ses individus tiennent plus aux rapports avec l'Autre et à l'interaction avec lui qu'à leur agenda. Les Russes sont capables de mener plusieurs affaires en même temps, en laisser une et passer à une autre, de changer de projets, etc. Tout cela se déroule de manière naturelle sans répercussion sur une bonne issue de l'affaire. En revanche, la ponctualité pour les Russes n'est pas relative, mais désirable, requise et respectée. Selon la norme de l'étiquette russe, le retard acceptable est de 10–15 minutes.

Dans la perspective temporelle, la Russie est un pays qui s'oriente au passé aussi bien qu'au futur en laissant le présent un peu de côté. En particulier, les Russes conceptualisent mieux le futur récent que le futur lointain, et la notion « il reste encore beaucoup de temps » dépend chez eux du moment réel de la parole ou de la pensée. Elle peut constituer en 2–3 jours pour fixer un rendez-vous, en 2–3 semaines pour confirmer une invitation, en 2–3 mois pour aller chez un médecin ou en 2–3 ans pour se marier. Cela s'explique soit par l'indétermination des projets, l'hésitation de l'individu ou, tout simplement, la superstition populaire. Cette dernière joue un rôle considérable dans le rapport des Russes au temps et se manifeste dans les jugements fréquents : « Ne faisons pas de projets », « Le temps le dira », « Si tout va bien, … », « Si on est toujours sain et sauf, … ».

Le temps en Russie est organisé selon les siècles (périodes de 100 ans), les années (périodes de 12 mois), les mois (périodes de 28–31 jours), les semaines (périodes de 7 jours commençant par lundi dans le calendrier) et les jours (périodes de 24 heures). Remarquons ici la différence de la manière des Russes d'exprimer les notions temporelles : au lieu de compter les jours (8, 15, 21), comme le font les Français, ils le disent en semaines (1 semaine, 2 semaines et 3 semaines, consécutivement). De la même façon, ils expriment en années les mois : 1 an au lieu de 12 mois, 1 an et demi au lieu de 18 mois, 1 an et 10 mois au lieu de 22 mois, etc.

Dans la culture russe on dégage quatre saisons de l'année ; cependant, le début de chacune d'elles est décalé par rapport aux représentations européennes :

– Le premier décembre – le début de l'hiver dont les trois mois sont décembre, janvier et février ;
– Le premier mars – le début du printemps dont les trois mois sont mars, avril et mai ;
– Le premier juin – le début de l'été dont les trois mois sont juin, juillet et août ;
– Le premier septembre – le début de l'automne dont les trois mois sont septembre, octobre et décembre.

Le rythme de la journée chez les Russes n'est pas en dépendance avec le repas et son horaire. L'heure du repas principal n'est pas strictement fixée et peut fluctuer entre 13 et 15 heures. Les autochtones ne dépendent pas autant de l'heure de manger et organisent leur journée d'une manière assez spontanée.

En revanche, d'après nos observations empiriques, en Espagne l'heure du repas principal, *comida*, est très importante et voire sacrée pour les natifs. Nous dirions que leur journée est structurée autour de ce fragment temporel qui commence à 14 ou à 15 heures. Les phrases habituelles *¿Nos vemos antes de comer? Te llamo a la hora de la comida*, etc. prouvent que les Espagnols s'orientent d'après le repas dans leurs actions quotidiennes.

6.2.1. Échanges votifs « bon + notion de temps »

En fonction de l'organisation des réalités temporelles, la langue russe possède son inventaire lexical en termes de salutations et souhaits. Ce type de formules votives est composé de l'adjectif antécédent « bon » et sert à ouvrir l'interaction et à la clore.

Prenons comme point de repère les parties de la journée communément perçues dans les trois cultures comme matinée (6–12 h), midi (12–14 h), après-midi (14–18 h), soirée (18–23 h) et nuit (23–6 h). L'ouverture de l'interaction tenue lors de ces périodes s'exprime, dans la plupart des cas (en excluant les particularités individuelles des individus), par les moyens linguistiques suivants :

Échanges votifs « bon + notion de temps » : ouverture de l'interaction					
Langue	Matinée (6–10 h)	Midi (10–14 h)	Après-midi (14–18 h)	Soirée (18–23 h)	Nuit (23–6 h)
Russe	Доброе утро! lit. « Bon matin ! »	Добрый день! « Bonjour ! »		Добрый вечер! « Bonsoir ! »	Добрый вечер! « Bonsoir ! » / Доброй ночи! lit. « Bonne nuit ! »
Français	Bonjour ! / (moins fréquemment) Bon (Bonne) après-midi !			Bonsoir !	
Espagnol	¡Buenos días!		¡Buenas tardes!	¡Buenas tardes! (jusqu'à 21 h) ¡Buenas noches! (à partir de 21 h)	

Face aux deux formules de la norme française et aux trois formules espagnoles, le russe présente un élément de plus qui peut être traduit littéralement « Bon matin ! ». Sa particularité consiste en ce qu'elle se prononce au moment où on vient de se lever et on est en train de se préparer à l'activité de la journée.

Dans ce sens, A. Chmelev (2003 : 67–68) contraste les représentations sur le temps chez les Russes et les Européens. Les premiers, selon le linguiste, relient les notions de base « matin, jour, soir, nuit » à des actions effectuées normalement par eux pendant ce temps : « matin » est conçu comme une période où on se lève, se lave, s'habille et prend le petit-déjeuner ; « jour » et « soir » sont pour travailler et s'occuper de différentes activités ; « nuit » est pour dormir. De la sorte, si l'individu ne dort pas à une ou deux heures du matin, il ne s'est pas encore donc couché ; et au lieu de « deux heures du matin », il dira « deux heures de la nuit » vu que « matin » pour lui est le temps où on se lève, se lave, etc. D'où la fragmentation du matin, qui chez les Russes ne commence qu'à partir de 4 heures : « quatre heures du matin ».

Face à la culture russe, l'inventaire des notions du temps de base chez les Européens n'est non seulement plus varié, mais aussi différent : « matin, midi, après-midi, soir, nuit ». Leur usage, pour A. Chmelev, dépend du temps objectif : en regardant l'heure, l'individu sait ce qu'il doit faire. Ainsi, de 9 heures à 14 heures on travaille et on s'occupe de différentes activités ; de 14 heures à 17 heures on mange et on se repose ; jusqu'à 20 heures on travaille et on s'occupe de différentes activités ; à partir de 23 heures on va au lit.

En matière des formules « bon + notion de temps » exprimant le souhait lors de la clôture de l'interaction, nous optons pour la voie indirecte vu que le système de la langue française et celui de l'espagnole est très riche. Ces échanges se produisent dans les discours ordinaires en vue de n'importe quelle distance envers le locuteur : intime, personnelle, sociale ou publique. L'énoncé produit par les Européens dans ces cas dépend du moment de la parole et du fragment temporel postérieur. Tandis que le dispositif des moyens russes est moins varié et moins spécifique :

Échanges votifs « bon + notion de temps » : clôture de l'interaction

Moment de la parole (la fragmentation est relative)	Français	Espagnol	Russe
8 h	Bonne matinée !	¡Que tenga(s) / pase(s) une buena (feliz) mañana!	
10-11 h	Bonne fin de matinée !	¡Que termine(s) bien la mañana! / A seguir bien la mañana!	
À partir de midi	Bonne journée !	¡Buen día! / Que tenga(s) / pase(s) un buen día!	Хорошего дня! « Bonne journée ! »
15-16 h	Bon après-midi !	¡Que tenga(s) / pase(s) una buena tarde!	
17 h	Bonne fin d'après-midi !	¡Que termine(s) bien la tarde! / A seguir bien la tarde!	
18-19 h	Bonne soirée !		Хорошего вечера! « Bonne soirée ! »
20-21 h	Bonne fin de soirée !	¡Que termine(s) bien la noche! / A seguir bien la noche!	
L'heure d'aller au lit	Bonne nuit !	¡Buenas noches!	Спокойной / Доброй ночи! « Bonne nuit ! »

Par rapport aux cultures européennes, la langue russe possède une fragmentation moins abondante de formules de souhaits. Celles-ci ne se rapportent qu'aux trois principales périodes de la journée (jour, soir, nuit), et aucune d'entre elles ne couvre spécifiquement la matinée. Par ailleurs, la langue espagnole dispose d'un échange de plus qui s'émet à partir de 4 heures du matin et est « ¡Buenas madrugadas! ».

Les Russes n'émettent pas non plus de formules du type « bonne fin de + notion de temps » comme le tendent à préciser, par exemple, les Français en suivant le moment de la parole où ils se trouvent :

Début de la matinée / de l'après-midi	Moitié de la matinée / de l'après-midi	Fin de la matinée / de l'après-midi
	Le Français est ici	

Outre les formules de souhaits quotidiennes, la langue russe, de même que le français et l'espagnol, dispose de moyens qui se rapportent à des périodes de temps plus durables : « bon dimanche, bon week-end, bonne semaine, bon voyage, bon séjour », etc.

6.2.2. Formules d'adieux

Le rapport des Russes au temps se manifeste clairement dans leur manière de prendre congé avec l'interlocuteur. La fonction primaire des formules d'adieux est de clore l'interaction, tandis que la secondaire consiste à marquer le temps qui reste jusqu'à l'interaction postérieure. Ainsi, le panorama des formules russes les plus ordinaires selon leur gradation ascendante sera le suivant, face à celles de la langue française et espagnole :

Formules d'adieux			
Intervalle temporelle prévue pour l'interaction suivante	Russe	Français	Espagnol
Minimale	Сейчас увидимся. « On se voit tout de suite »	À tout de suite !	¡Hasta ahora! / ¡Hasta dentro de un rato!
Des heures ↑	Увидимся позже. « On se voit plus tard »	À plus tard !	Nos vemos más tarde.
	До скорого! « À bientôt ! »	À bientôt !	¡Hasta pronto!
↓ Un jour	До завтра! « À demain ! »	À demain !	¡Hasta mañana!

Formules d'adieux			
Des jours	*Увидимся на днях.* « On se verra un de ces jours »	À un de ces jours !	¡Hasta dentro de unos días!
Indéterminée	*До свидания!* « Au revoir! » *Пока!* « Salut ! »	Au revoir ! Salut !	¡Hasta luego! ¡Ciao!
	До следующего раза! « À la prochaine ! »	À la prochaine !	¡Hasta la próxima!
	Прощай (те)! « Adieu ! »	Adieu !	¡Adiós!

Le panorama des formules d'adieux met en relief, avant tout, l'absence d'équivalents russes directs qui marqueraient le temps immédiat de l'interaction « À tout de suite ! ». Le russe ne peut le couvrir que moyennant des éléments de phrase ; le même cas s'observe dans les formules « À un de ces jours ! » et « À plus tard ! ».

De manière générale, la proportion directe observée entre les formules d'adieux et les marqueurs de l'intervalle postérieur dans la langue française et espagnole n'est pas respectée en russe. Le choix des énoncés de ce dernier dépend également du temps prévu à passer jusqu'à la rencontre suivante, mais il est beaucoup moins varié.

Concluons ce point par l'affirmation de F. Moreno Fernández (1998 : 166) qui pourrait s'appliquer à l'inventaire lexical de chacune des trois langues : « *cuanto más tiempo vaya a mediar, más larga y completa será la terminación* ». Cela explique que l'affect lexical (négatif) de la dernière formule française « Adieu ! » et de son équivalent russe : le temps de la séparation va être très longue ou voire infini.

L'analyse des échanges votifs « bon + notion de temps » et des formules d'adieux russes dans la perspective interculturelle nous incline à supposer que les représentations des Russes sur les réalités temporelles sont moins mathématiques que celles de leurs opposants.

6.3. Particularités proxémiques

En reprenant les idées d'E. Hall (1973), la langue et la culture russe, comme toutes autres, peuvent être décrites, observées et apprises selon l'analyse du rapport de leurs individus à l'espace.

La territorialité, en tant que critère de communication primaire, commence à se manifester dans la culture russe au niveau fixe qui correspond à l'organisation urbaine.

Selon les données de *Wikipédia*, la Russie est le pays le plus étendu du monde dont la superficie totale est d'un peu plus de 17 millions de kilomètres carrés et dont les distances sont gigantesques : 150° de latitude, 9 fuseaux horaires, 9 000 km d'ouest en est et 3 000 km du nord au sud. Ainsi, les Russes perçoivent, vivent et utilisent l'espace au maximum. L'extension d'une ville russe à population de plus d'un million d'habitants (considérée comme moyenne dans le pays) peut varier de 20-30 km à 110-120 km[18]. D'où la fragmentation correspondante de l'espace urbain en rues, secteurs d'habitat et zones vertes.

Outre les raisons purement territoriales, nous soulignons aussi l'importance du facteur climatique. Le maximum des heures de soleil en Russie ne dépasse pas le nombre de 2500, face aux 260-285 jours de soleil en Espagne (*Cf. Wikipédia*). Ainsi, les rues des villes russes sont exposées « exprès » aux rayons de soleil, tandis que les bâtiments espagnols sont chevauchés et superposés pour créer l'ombre dans les rues.

La technique d'aménagement des rues en Russie suppose de laisser une distance considérable entre les immeubles. C'est la cause du grand étonnement des Russes qui, en visitant les villes européennes, observent des structures beaucoup plus rapprochées que chez eux. D'ailleurs, ils arrivent à se considérer un peu coincés et à avoir la sensation de tomber dans une ville de construction Lego. Pour être plus explicite, face à la réalité espagnole, une ville russe conventionnelle serait celle qui se composerait des rues centrales de Barcelone et des zones vertes de Madrid.

Le déplacement à l'intérieur d'une ville russe est, selon nos survivances, plus facile que dans une ville européenne : la direction des rues est plus droite, la déviation et la bifurcation y sont moins caractéristiques. Pourtant, un grand défaut de l'organisation des villes russes est l'absence de signalisation des rues et des endroits en caractères latins, ce qui rend impossible la connaissance de la toponymie russe chez les Étrangers. L'exception en sont Moscou et Saint-Pétersbourg qui sont plus adaptées pour les visiteurs d'autres pays.

Les aspects proxémiques du niveau semi-fixe renvoient aux bâtiments, aux appartements, aux meubles et permettent de juger comment les Russes conçoivent et utilisent ces espaces.

---

18 Selon les données de la revue des amateurs des automobiles *Za rouliom*, <http://bit.ly/2m2aG25>. [Consulté : 6/01/2018].

Le secteur de logement russe se caractérise pour la persistance des édifices de l'époque soviétique et la construction de nouveaux immeubles à la manière européenne. Parmi les premiers, citons les *jrushchovkas*[19] (terme emprunté espagnol, employé sur *Wikipédia*) qui forment jusqu'à nos jours des quartiers entiers. Il s'agit d'un type d'immeuble créé sous N. Khrouchtchev, d'où son nom, afin d'améliorer la situation critique de logement régnant à l'époque dans le pays : diminuer les coûts de la construction et couvrir les énormes nécessités d'habitat des citoyens. Les immeubles représentaient des édifices de 2 à 5 étages, au maximum, construits de structures de panneaux préfabriquées, ou en brique. Les cuisines y sont si minuscules (5 mètres carrés) que dans la langue populaire russe et de manière péjorative on appelle ces immeubles par le mot-valise « *khroushchoba* » (Khrouchtchev + taudis)[20].

Bien qu'actuellement les *jrushchovkas* continuent à être démolis et remplacés par des bâtiments modernes, auparavant ils constituaient un vrai exemple de logement typique, standard et traditionnel. Dans presque chaque ville soviétique, on construisait les mêmes immeubles, on y planifiait les mêmes appartements et, voire, on y mettait les mêmes portes. Cette technique de construction si répétitive a déterminé le sujet du film classique russe *L'ironie du sort* (1975) dont le personnage principal, à cause de son ébriété, prend pour le sien un immeuble pareil dans une autre ville. Par hasard (un peu exagéré dans ce cas), la disposition de la demeure (y compris les clés), de ses pièces et de ses meubles était identique à la sienne, mais dans sa ville.

Enfin, la charge culturelle de *jrushchovkas* est si forte et particulière que certains Russes, en blaguant, affirment que c'est une authentique marque soviétique.

L'organisation des demeures et des locaux par étages dans la culture russe prend comme point de repère « le premier étage » après lequel suivent consécutivement les autres. Cette réalité proxémique équivaut à « rez-de-chaussée » en français, et à « *bajo* » en espagnol ; mais à la différence de ces derniers, « le premier étage » russe remplit toujours sa fonction principale (celle d'habitat y comprise) de même que le deuxième, le troisième, … étages.

---

19 Au niveau des réalités sociales typiques le concurrent de *jrushchovka* peut être *kommunalka* (terme calqué français, figurant sur *Wikipédia*), « l'appartement en commun ». Ce type de logement doit son origine à l'époque d'après-guerre et se présente comme une mesure forcée prise par le Gouvernement face à l'industrialisation. Ce logement entasse autant de foyers que la demeure compte de chambres, la cuisine et les sanitaires étant partagés. À ce propos est célèbre le documentaire *Kommunalka* de Françoise Huguier (2008).

20 *Cf.* le décodage du mot-valise dans le § 7.1.2.1.

Pour des raisons de sécurité, les Russes tâchent d'éviter de vivre aussi bien au rez-de-chaussée des immeubles, qu'à leur dernier étage, d'où la prédominance des remarques suivantes dans les annonces du secteur immobilier : « Ne pas proposer de rez-de-chaussée, ni de dernier étage ». *A contrario*, soulignons l'aspiration des Espagnols à vivre au dernier étage ayant l'accès à une terrasse. Enfin, rappelons le statut social du premier étage en Europe, notamment en France, préféré pour la meilleure vue et la protection de l'humidité du sol. Naguère, il était destiné à la population noble ce qui a abouti aux lexies « l'étage noble » ou « le bel étage ». Désormais, dans les grandes villes de France, le privilège du premier étage continue à se reconnaître.

Il en est ainsi qu'au niveau linguistique, la numérotation des étages russes ne coïncide pas avec l'européenne : le rez-de-chaussée européen correspond au premier étage russe, tandis que le premier étage européen, *i.e.* le premier niveau élevé, équivaut au deuxième étage en Russie, etc. successivement. Les Russes qui demeurent en Europe ont l'habitude de parler du « premier étage (à la) russe », « premier étage (à l') espagnole », etc.

Dans les lieux publics de la réalité russe fonctionnent les mêmes marqueurs du territoire qu'en France et en Espagne. Les restrictions de l'accès comme « Zone VIP », « Réservé au personnel », « Défense de stationner », « Accès interdit (à toute personne étrangère au bâtiment / non autorisée) » y sont fréquents au même point et remplissent les mêmes fonctions.

Dans les propriétés privées russes il est d'usage de voir le panonceau « Attention ! Chien méchant ! » qui fait le même rappel que celui en France et en Espagne. Dans les trois cultures l'énoncé correspond à son vrai sens s'il y a un chien dangereux dans la cour. La particularité des Russes est, parfois, de ne pas retirer le panneau bien que le chien soit sage ou qu'il n'y en ait guère dans la cour.

Enfin, un marqueur de territoire très significatif dans la réalité russe est la queue ou fil d'attente. Les Russes qui détestent les queues les créent eux-mêmes. Parfois, à bout de nerfs, ils terminent par se disputer. Le système de numéros qui ne commence qu'à remplacer la queue directe semble être une bonne solution de la part des institutions pour éviter les contacts malveillants.

L'observation des aspects proxémiques du niveau semi-fixe nous mène également à une vaste étude de la sémiotique de l'architecture russe. Dans les § 10.3.1–10.3.3.3, nous aborderons les codes sémantiques articulés en éléments architecturaux et en genres typologiques qui se manifestent en termes de pièces, habitats sociaux, établissements médicaux et scolaires, ainsi que d'autres éléments représentatifs. Enfin, le niveau proxémique informel correspondant aux quatre distances interpersonnelles sera traité dans le § 11.5 de notre livre.

6.4. Continuum lexical russe

L'exposé théorique des considérations anthropologiques et sociolinguistiques à propos du lien de la langue avec la réalité sociale et la culture fait ressortir que le linguistique reflète, plutôt qu'il ne crée, des régularités socioculturelles. En appliquant cette conclusion au cadre pratique, nous tenons à présenter un corpus de lexies russes qui permettent de juger de la diversité, aussi bien linguistique que socioculturelle.

6.4.1. Les empreintes du facteur géographique

Un des facteurs de première importance qui a défini la formation et l'évolution de la culture et de la nation russe est la géographie. Le grand historien russe S. Soloviov (1820-1879) y indique le rôle important du bois et de la steppe (1988 : 56-73). L'autre historien russe V. Klioutchevski (1841-1911) y ajoute encore une stychée, la rivière (1995 : 10).

En Russie la réalité géographique « bois », occupant plus de 800 millions d'hectares du territoire, existe sous trois formes lexicales : *лес, бор* et *роща* qui se distinguent selon le type de peuplements boisés. La première, au signifié de grande étendue de terrain couverte d'arbres, d'arbustes et d'arbrisseaux (résineux et feuillus) serait équivalente à « forêt » en français. La deuxième, au signifié de réunion d'arbres de la même race (surtout, de pins) qui couvre un certain espace de terrain équivaudrait en français à « bois ». Enfin, la troisième, qui signifie « petit bois composé d'arbres feuillus (chênes, bouleaux, cèdres, érables, aunes, trembles, peupliers, ornes) » correspondrait en français à « boqueteau ». La présence de ces dénominations dans la langue française témoigne de la présence de ces zones boisées dans la géographie nationale.

Observons un cas contraire à propos de « rivière ». Dans la langue russe il existe une seule lexie *река* /Ri 'ka/ qui englobe deux signifiés : « rivière » et « fleuve ». Ceux-ci dépendent en français de la dimension, de l'importance du cours d'eau et de l'embouchure, en fonction des quatre fleuves principaux et de leurs affluents. D'ailleurs, la Russie est un pays avec le plus grand nombre de rivières et de fleuves, puisqu'elle en compte plus de 2,5 millions ; si on les étendait tous, ils formeraient un ruban d'extension de trois millions kilomètres. Le réseau des eaux y est constitué de petites rivières et de grands fleuves, comme en France. Mais c'est le cas où la réalité ne détermine pas la langue, ni influence le nombre de lexies non plus.

Le vaste territoire de la Russie est célèbre pour la variété des conditions climatiques. Ces dernières, liées aux particularités du relief, définissent inévitablement la production des cultures végétales. Avant tout, le pays est connu comme culture de seigle et de blé (sans oublier celle de maïs à l'époque de N. Khrouchtchev).

Ces cultures végétales ont déterminé les repas et les boissons qui sont devenus typiques et traditionnelles dans la gastronomie nationale : bouillie, *blini*[21], *kvas*[22], vodka.

Le territoire de la Russie est une aire naturelle de baies dont chaque type botanique dépend de son terroir. La variété des baies reflète le découpage de la réalité en tranches et mène finalement à la pluralité des termes. La langue russe en rassemble plusieurs d'eux moyennant hyperonyme particulier *ягоды* dont l'équivalent direct serait « baies/ *bayas* ». On les perçoit comme les formations végétales des arbrisseaux fruitiers cultivés dans la forêt et le bois (nommées « baies sauvages » ou « baies de forêt ») ou dans le jardin (nommées « baies de jardin »). La lexie russe « baie » n'est pas comparable à « fruit », puisque les natifs associent cette dernière à des formations d'un grand format issues de plus grands arbres : abricot, poire, pêche, prune, pomme, orange, citron, etc.[23]

La diversité biologique des baies détermine la diversité linguistique correspondante en russe. Nous présentons à la suite le continuum lexical composé de dénominations des baies de plus grand usage en Russie, face à leurs équivalents dans la langue française et espagnole. La liste des dénominations s'appuie sur des sources électroniques comme le *Dictionnaire plurilingue Multitran* (www.multitran.ru), le *Dictionnaire bilingue russe-espagnol Diccionario* (www.diccionario.ru) et *Encyclopédie libre Wikipédia*.

La dénomination de la baie en russe	La dénomination de la baie en français	La dénomination de la baie en espagnol
Черника	*Multitran* : Myrtille, Airelle myrtille	*Diccionario* et *Multitran* : Arándano, Mirtilo, Mirtillo

---

21 « Petite crêpe épaisse servie chaude pour accompagner caviar ou poisson fumé » (*Larousse* en ligne).
22 La lexie est recensée dans les guides touristiques espagnols :
   – Une des boissons les plus populaires en Russie connue depuis 1056 et fabriquée moyennant la fermentation de la levure et de la farine de seigle en y ajoutant de la menthe, du sucre et des raisins secs (Peña, 2004 : 91).
   – *Agua de centeno fermentada, parecida en sabor a la cerveza de jengibre* (Richmond, 2006 : 119).
   – *Una bebida tradicional no alcohólica a base de cereales, que recuerda a la cerveza* (Daubenton, 2001 : 51).
23 À ce propos mentionnons la prescription non adéquate de hyperonyme généralisé « *frutas* » aux produits végétaux suivants : *albaricoque, ciruela, frambuesa, fresa, fresón, limón, mandarina, manzana, melocotón, melón, naranja, piña, plátano, sandía, uvas* (Richmond, 2006 : 122 ; Peña, 2004 : 106).

La dénomination de la baie en russe	La dénomination de la baie en français	La dénomination de la baie en espagnol
Голубика	Wikipédia : Myrtille des marais	Diccionario et Multitran : Arándano azul
Малина	Multitran : Framboise	Multitran : Frambuesa Diccionario : [un des termes] Mora
Ежевика	Multitran : Mûre	Diccionario et Multitran : Mora, Zarzamora
Клубника	Multitran : Fraise	Diccionario : Fresa, fresón Multitran : Fresa, Fresón, Madroncillo
Земляника	Multitran : Capron, Fraise des bois	Diccionario : Fresa (fruit des bois), Madroncillo, Mayueta (fruit des bois) Multitran : Fresa, Maluquio, Mayueto
Смородина	Multitran : Groseille (blanche et rouge), Cassis (groseille noire)	Diccionario et Multitran : Grosella (rouge), Casis (groseille noire)
Крыжовник	Multitran : Groseille à maquereau	Diccionario et Multitran : Grosella espinosa
Паслён	Multitran et Wikipédia : Morelle noire	Diccionario et Wikipédia : Solano (negro)
Калина	Multitran et Wikipédia : Obier, viorne	Diccionario et Wikipédia : Viburno (rojo)
Рябина	Multitran et Wikipédia : Sorbier	Diccionario et Wikipédia : Serba
Клюква	Wikipédia : Canneberge	Diccionario et Wikipédia : Arándano rojo
Мушмула	Wikipédia : Nèfle	Wikipédia : Níspero
Черимойя	Wikipédia : Chérimole	Wikipédia : Chirimoya

La perspective interculturelle laisse voir que certains termes se multiplient, s'entremêlent et s'emboîtent. La langue espagnole ne précise pas la différence entre deux termes russes : *земляника* et *клубника* – *madroncillo* et *fresa*, et vice-versa. Un terme espagnol peut équivaloir à deux noms de baies russes distincts : tel est le cas de *mora* pour малина et ежевика. De même, un terme espagnol peut s'appliquer, par extension, à plusieurs dénominations, comme « *arándano* » à « черника », « ежевика », « клюква » ; dans ce cas il est accompagné d'un adjectif : « *azul* » ou « *rouge* ». Cependant, la distinction entre les noms des baies en russe est strictement établie dans la culture slave courante.

D'un autre côté, il existe une série de baies qui ne sont pas cultivées, ni répandues en Russie, ce qui non seulement mène les natifs à les méconnaître, mais contribue aussi à emprunter leurs noms (*chirimoya* – черимойя).

Afin d'élargir la compétence culturelle des non natifs, notons que certaines baies russes jouissent de l'amour populaire particulier et deviennent protagonistes du folklore oral national.

Ainsi, le nom d'obier est à l'origine du célèbre film russe *L'obier rouge* (1974) et des chansons connues jusqu'à nos jours comme *Ой, цветет калина*, « C'est l'obier qui fleurit » (M. Issakovski, 1949), et *Калинка / Kalinka*, « Petit obier » (I. Larionov, 1860). La première chanson narre l'histoire d'une jeune fille qui n'ose pas déclarer son amour envers un jeune homme, mais son amour persiste malgré la fin du fleurissement de l'obier.

La deuxième chanson est très coquine et symbolise l'élan d'un jeune homme, qui fait toujours appel à son petit obier cultivé dans le jardin, pour être aimé d'une belle fille. Le nom complet de la chanson est *Kalinka-malinka*, où l'intercalation du suffixe –k donne une nuance hypocoristique dans les deux cas : « petit obier » et « petite framboise ». L'utilisation de ces deux baies traditionnelles sert à transmettre l'appréciation de l'opposition « amer – sucré », étant donné que les fruits de l'obier ont un goût amer, tandis que la framboise est douce et sucrée.

En Espagne, l'air de la chanson *Kalinka* se rapporte à tout ce qui est russe : mentionnons l'hymne actuel non officiel de l'équipe nationale d'Espagne « *Yo soy español, español, español…* ». La chanson a eu un succès foudroyant lors de la Coupe de l'Europe de football en 2008 dans un match contre la sélection russe. Postérieurement, les fans ont commencé à la chanter toujours qu'il s'agissait d'un match de leur équipe contre n'importe quel adversaire. L'air et les mots initiaux de la chanson ont été repris pendant la célébration du Championnat d'Europe de football 2012 en Pologne et en Ukraine. C'étaient déjà les fans polonais et ukrainiens de la sélection espagnole qui ont laissé filmer aux journalistes et cameramen espagnols leur exécution de la chanson.

De même, l'amour des Russes envers le sorbier a fait naître la chanson populaire nommée *Тонкая рябина*, « Un sorbier fin ». Elle raconte symboliquement l'impossibilité qu'un sorbier soit avec un chêne qui pousse à l'autre bout de la rivière.

6.4.2. Les empreintes du facteur climatique

6.4.2.1. Généralités

Le climat en Russie est dit continental, et dans pratiquement tout le pays, il n'existe que deux grandes saisons : l'hiver et l'été ; le printemps et l'automne sont généralement de très courte durée et s'appellent « périodes de demi-saison ».

Le passage des températures les plus chaudes aux plus froides est extrêmement élevé. L'hiver se caractérise par la neige, presque dans toutes les régions du pays ; le mois le plus froid est janvier dont la température peut varier, en fonction de la zone, de -19 à -46 °C. Les grands fleuves sont généralement pris par les gelées d'octobre/ novembre à avril/ mai, bloquant toute circulation fluviale. Le mois le plus chaud est juillet dont la température peut varier, en fonction de la zone, de +15 à +45 °C. On relève ainsi une température moyenne annuelle du pays : -5.5 °C[24].

La durée de l'hiver, le froid intense et les variations brutales de température ont un énorme impact sur le mode de vie des Russes. En particulier, le Département municipal d'enseignement établit une restriction au sujet du calendrier scolaire dans les écoles secondaires. Ces normes dépendent de la température ainsi que de la force du vent qui fait toujours baisser la température à 2–3 degrés. La décision définitive est délibérée par la direction de chaque établissement scolaire et varie d'une région à l'autre. Par exemple, en Sibérie l'échelle de l'annulation des cours est la suivante :

- Moins de 30 °C – la suppression des cours à l'école primaire ;
- Moins de 35 °C – la suppression des cours au collège ;
- Moins de 40 °C – la suppression des cours au lycée.

Les jardins d'enfants ne ferment pas malgré les rigueurs de la météo.

Si la température d'hiver influence la durée de l'année académique, la glace et la gelée déterminent le choix des pneus. Le type de pneus, dit « chauves » est indiqué pour les saisons chaudes et pour la période d'hiver sans glace. Dans les discours ordinaires on les appelle aussi « ordinaires, sans épines, d'été ». Les gelées russes obligent les conducteurs à changer de pneus pour toute la période d'hiver et mettre les pneus « d'hiver, épinés » ou tout simplement « les épines ».

Le climat sévère d'hiver n'empreigne que la réalité russe, puisque ni en espagnol, ni en français nous ne pourrions constater d'usage linguistiquement similaire. En Europe on attache aux roues des chaînes spéciales qui servent à circuler sans difficultés, notamment dans les montagnes. Leur utilisation est très ponctuelle et ne peut pas être efficace dans la réalité russe où l'hiver dure, au moins, quatre mois.

---

24 Les données prises sur *Wikipédia* (entrées russes et françaises).

Pour ces raisons climatiques, la langue russe est capable de transmettre tout aspect lié au concept du froid. En particulier, un continuum des verbes peut exprimer l'état que peut produire le froid selon la température de l'air. Leur échelle ascendante se présenterait et s'interprèterait en français et en espagnol de la manière suivante :

Я дрожу – Je tremble ou J'ai des frissons / *Tengo escalofríos* ;
(Мне) прохладно – Il fait frais (pour moi) / *Hace fresco (para mí)* ;
Мне холодно – J'ai froid / *Tengo frío* ;
Я замерз – Je suis gelé. / *Estoy helado.*

La présence des équivalents directs en français et en espagnol nous fait penser aux situations assez familières dans les réalités de ces langues. Si nous continuons l'échelle des sensations thermiques, le système de verbes russes en comptera un de plus : *отморозить* au signifié de congeler extrêmement une partie du corps (une oreille, une joue, une main, un pied) jusqu'à la couleur blanche ou hyper rouge. Dans la langue française et espagnole, cet état est interprété comme « gelure / *congelamiento* » ; il est surtout connu dans le langage des alpinistes, alors qu'il est tout courant dans le registre courant du russe.

Les grands décalages de températures liés au climat russe déterminent de la sorte les sensations thermiques chez les natifs. Les Russes ne portent jamais de chapeau de fourrure, de manteau de fourrure, de moufles, ni de grosses bottes s'il fait une température douce (-10 ºC). *A contrario*, ils savent qu'ils auront froid sous -40 ºC en bonnet de laine, dans un simple manteau, en gants et en bottines. Selon les sensations thermiques acquises, les Russes tâchent de tenir au chaud les pieds en sachant que les extrémités se congèlent les premières. Finesse incompréhensible pour la plupart des Européens qui, pendant l'hiver européen, soit portent des doudounes et à la fois des *baskets* (voire des *tongs*[25]), jambes nues, soit croient que le principal vêtement d'hiver des Russes est le manteau de fourrure.

---

25 Je fais ici allusion aux observations faites à Valence (France), où un jour d'hiver, sous -5 ºC, un professeur du lycée portait des *tongs* et une doudoune en étant sûr qu'il était bien protégé.

Or, en automne, en France et en Espagne, les filles commencent à mettre des bottes (voire en fourrure) quand il fait encore une température douce. Probablement, menées par la mode, elles ont hâte de profiter au maximum du temps « frais », vu que la plupart des jours sont chauds. De même que les touristes russes, enchantés de la température européenne de mai, se plongent dans la mer. Se précipitent-ils ainsi à profiter au maximum du temps qui est beau, selon leurs sensations thermiques, sous +20ºC ?

6.4.2.2. Grille sémique des dénominations de vêtements de dessus d'hiver

D'après les représentations des non natifs, les Russes portent de gros manteaux, des chapeaux et de grosses bottes. Cette image exotique est propre non seulement des discours ordinaires chez les Européens, mais aussi des langages plus spécifiques. Les catalogues européens de la mode féminine à l'approche de l'hiver ne cessent pas de s'orienter vers une « héroïne russe » et de promouvoir « le style russe ». Il se manifeste pour eux sous forme de *gran abrigo, gorro* et *botas*[26].

De même, les cas de généralisation figurent dans les dictionnaires européens. Ainsi, un habit gros, chaud et épais s'associe au lexème *ruso (m)*, dégagé par *DRAE* au signifié de « *un gabán de paño grueso* ».

Nous nous ajoutons à la considération de W. von Humboldt (1991 : 56) d'après laquelle dans la vie de chaque nation il existe une interaction des trois versants : du social, du culturel et du linguistique. Les conditions climatiques extérieures ont abouti à concevoir et à créer une ample variation de vêtements, de couvre-chefs et de chaussures dans la culture russe. La diversité des concepts, par conséquence, correspond à la diversité des appellations que nous croyons important de partager.

C'est dans cette optique que nous entreprenons une analyse sémique ou componentielle dont les principes ont été établis par Bernard Pottier (1963 : 11-17). Elle concerne les unités lexicales que le linguiste appelle « sémèmes » qui ont pour correspondant formel les lexèmes. Chacun d'entre eux est constitué d'un ensemble de traits sémantiques minimaux appelés « sèmes ». Ces derniers peuvent être (i) génériques, *i.e.* consister en une particule de sens fondamental, général, commun, et (ii) spécifiques, *i.e.* exprimer des composants différentiels.

La distribution componentielle nous permettra également de parler (i) des hyperonymes qui sont traditionnellement conçus comme des termes au sens le plus général qui englobent une catégoriew de différents termes de base, et (ii) des hyponymes qui sont des termes plus spécifiques qui partagent les traits distinctifs des termes généraux (hyperonymes), mais qui en ajoutent un qu'ils possèdent en propre.

Ainsi donc, dans la matrice *ut infra* nous opposerons, à l'aide de quatre sèmes spécifiques, les sémèmes des dénominations russes de vêtements de dessus d'hiver, de couvre-chefs d'hiver et de chaussures d'hiver.

---

26 *Cf. Redoute*, automne-hiver 2006, p. 8-9.

La base sémique commune est indiquée dans les grilles en gris clair ; le symbole « X » marque la présence du sème spécifique du sémème du mot russe ; la glose explicative vient expliquer et préciser la conception du terme dans la culture courante.

L'analyse pratique est réalisée à l'aide des dictionnaires monolingues et bilingues, des dictionnaires culturels (cités dans la bibliographie finale) et de l'encyclopédie électronique *Wikipédia*.

GRILLE SÉMIQUE DES DÉNOMINATIONS DE VÊTEMENTS DE DESSUS D'HIVER RUSSES

Sémème	Sème générique	Sèmes spécifiques				Glose explicative
		Modèle		Température		
	Vêtement de dessus d'hiver	S1 Féminin	S2 Masculin	S3 Moyenne	S4 Sévère	
Пальто /pal'to/ « manteau / abrigo »		X	X	X		C'est un article dont les principaux indices sont la longueur, le modèle droit, un gros tissu et une couche solide de revers. Son col peut être est décoré de fourrure, ses manches, parfois aussi. L'article fait partie de l'uniforme d'hiver des forces armées.
Манто /man'to/ « manteau / abrigo »		X		X		L'article diffère par sa longueur courte (jusqu'aux genoux) et par sa forme de trapèze élégante. Les manches (parfois en forme de chauve-souris) et le col peuvent aussi être décorés de fourrure, par exemple, de bison.

GRILLE SÉMIQUE DES DÉNOMINATIONS DE VÊTEMENTS DE DESSUS D'HIVER RUSSES

Sémème	Sème générique	Sèmes spécifiques				Glose explicative
		Modèle		Température		
	Vêtement de dessus d'hiver	S1 Féminin	S2 Masculin	S3 Moyenne	S4 Sévère	
Шуба /'ʃu ba/ « manteau de fourrure / *abrigo de piel* »		X	R[27]		X	C'est un article assez cher si la fourrure est naturelle. Il se caractérise pour un revers et un équipement extérieur complet de fourrure : mouton, loutre, renard, bison, marte, chinchilla, etc. Exclusif naguère de la garde-robe de la couche sociale supérieure à l'époque des tsars, il est devenu l'article d'hiver de la femme russe conventionnelle.
Полушубок /pa lu 'ʃu bak/		X	R	X	X	C'est un modèle court de l'article précédent. La lexie russe se traduit *verbatim* comme « demi-manteau de fourrure » et correspond au concept du manteau de fourrure traditionnellement long.
Дубленка /du 'bljon ka/ « manteau à peau renversée »		X	X		X	Cet article pourrait être comparé au manteau de fourrure pour sa destination aux froids sévères. Le vêtement est fabriqué en peau spécialement élaborée dont la partie fourrée est renversée.

---

27 R – rarement

GRILLE SÉMIQUE DES DÉNOMINATIONS DE VÊTEMENTS DE DESSUS D'HIVER RUSSES

Sémème	Sème générique	Sèmes spécifiques				Glose explicative
		Modèle		Température		
	Vêtement de dessus d'hiver	S1 Féminin	S2 Masculin	S3 Moyenne	S4 Sévère	
Куртка зимняя /'kuRtka 'zimnaja/ lit. « veste d'hiver »		X	X	R		Cet article est fabriqué d'habitude en cuir avec un gros revers intérieur.
Пуховик /pu kha 'vik/ « doudoune »		X	X	X	X	Il est fait d'une double couche de tissu léger, rembourré généralement de duvet (d'oie ou artificiel), matelassé et cousu en long et en travers. C'est le premier article choisi par les Russes vu son coût modéré, sa commodité et le degré de protection du froid.
Аляска /a 'las ka/ ou парка /'paR ka/ « parka / parka »			X	R	X	C'est un article d'hiver en forme de veste de duvet, en tissu imperméable, matelassé et distingué par son capuchon, décoré de fourrure. Son but essentiel est de protéger du froid.
Анорак /a na 'Rak/ « anorak / anorak »		R	X	X		C'est une veste (qui peut être aussi de sport) en tissu imperméable à capuchon dont l'utilité essentielle est de protéger du vent et non du froid.

Bien que le composant commun des termes présentés soit l'adaptation aux températures d'hiver, chacun d'eux diffère des autres au moins par un trait. Le sémème « manteau de fourrure » a un contenu sémantique de S1, S2, S4, de même que le « manteau à peau renversée ». Cependant, si nous y ajoutons le S3, nous aboutirions au sémème « doudoune ». Un S5 possible pour le sémème « manteau de fourrure » serait aussi « exposition de la fourrure à l'extérieur », face à tous les autres.

Simultanément, le trait différentiel d'un article ressort clairement de l'opposition binaire. Dans l'opposition des sémèmes « veste – doudoune », le principal sème de distinction est « modèle masculin » ; un S5 possible y serait « garni de duvet ». Dans la paire minimale « anorak – parka », le sème spécifique est « protection du froid ».

Relevons qu'il n'y a qu'un seul sémème qui a le contenu de tous les sèmes spécifiques, « doudoune ». La prise en compte de ce fait pourrait aider à modifier le stéréotype des non natifs sur les manteaux de fourrure, par présomption, les seuls portés en Russie. D'après la matrice, le sémème « manteau de fourrure » exclut le sème « température moyenne ».

Rappelons que ces hyponymes circulent dans les discours ordinaires des Russes et ne se confondent presque jamais. L'analyse sémique permet aux non natifs de mettre en évidence les relations sémantiques existant entre les hyponymes. Chaque sémème correspond à son lexème, diffère des autres, et possède un ou des composants dont les autres sont privés. Outre cela, ces dénominations lexicales russes, toujours dans le cadre de la culture courante des autochtones, sont accompagnées de contenu culturel. À la surprise des Européens, les Russes font plus attention non pas au fait de porter un manteau de fourrure, mais à sa qualité. Par rapport à n'importe quel article d'hiver contenant de la fourrure (manteau, bottes, chapeau, moufles, gants, etc.), la mentalité russe tient à distinguer son caractère : authentique ou imité. Cette coutume culturelle mène à la présence de deux adjectifs épithètes accompagnant n'importe quel article de vêtement de fourrure : « naturel » et « artificiel » (« un manteau de fourrure naturel », « un chapeau artificiel », etc.). L'emploi des adjectifs s'étend aussi jusqu'à tout article fabriqué en cuir.

Le concept des vêtements d'hiver est tellement présent dans la culture russe qu'on peut constater la polysémie de leur vocabulaire. Ainsi, dans la gastronomie russe avec le mot *шуба* /'ʃu ba/, « manteau de fourrure », on désigne une salade qui a plusieurs couches de légumes cuites et râpées (pommes de terre, carottes, oignons, œufs) assaisonnées de mayonnaise. La couche supérieure est présentée avec de la betterave cuite, râpée et de même assaisonnée, tandis que l'inférieure est occupée par le hareng salé coupé en petits morceaux. Dans la technique de la

Continuum lexical russe 129

salade nous voyons à nouveau le sème de la dénomination, « manteau de fourrure exposée à l'extérieur, qui protège le corps humain sous les températures sévères » : le hareng reste au-dessous de grosses couches.

Enfin, il est aussi intéressant de noter que la manière de porter plusieurs couches d'habits renvoie dans la langue russe à la connotation du mot « chou », tandis qu'en France et en Espagne elle est différente, « oignon ».

6.4.2.3. Grille sémique des dénominations de couvre-chefs d'hiver

Le recours à l'analyse sémique des couvre-chefs d'hiver russes s'explique de notre côté par la persistance des représentations des Européens liées au « chapeau russe », nommée également *chapka*.

Le concept « chapeau/ bonnet/ *chapka* » est largement présent dans la culture russe courante et s'avère être un hyperonyme qui sous-entend plusieurs termes. Ces hyponymes sont bien distincts dans les discours ordinaires des natifs et ne s'entremêlent presque jamais.

GRILLE SÉMIQUE DES DÉNOMINATIONS DE COUVRE-CHEFS D'HIVER RUSSES						
Sémème	Sème générique	Sèmes spécifiques				Glose explicative
		Modèle		Température		
	Couvre-chef d'hiver	S1 Féminin	S2 Masculin	S3 Moyenne	S4 Sévère	
Ушанка /u 'ʃan ka/ « ouchanka, chapka / ushanka, gorro con orejeras »		R	X	X	X	C'est un chapeau de fourrure (ou combiné, en fourrure et en cuir) avec oreillettes rabattables. En fonction des températures et de vent, ces dernières peuvent être dénouées et de la sorte couvrir la nuque et les oreilles, ou se maintenir nouées sur le haut du chapeau, la nuque, elle-même, ou sous le menton (pour protéger les joues). L'article fait partie de l'uniforme d'hiver des forces armées et des polices russes ; dans ce cas il est fabriqué en fourrure synthétique.

GRILLE SÉMIQUE DES DÉNOMINATIONS DE COUVRE-CHEFS D'HIVER RUSSES

Sémème	Sème générique	Sèmes spécifiques				Glose explicative
		Modèle		Température		
	Couvre-chef d'hiver	S1 Féminin	S2 Masculin	S3 Moyenne	S4 Sévère	
Шапка /'ʃap ka/ « bonnet, chapeau / gorro » – спортивная /spaR 'ti vna ja/ lit. « bonnet sportif »		X	X	X	X	C'est un chapeau à une ou double couche de laine qui sert à supporter les températures fraîches, aussi bien que les froids les plus sévères. Les derniers temps, l'article jouit d'une popularité croissante dû à son usage pratique et son coût modéré.
– меховая /mi kha 'va ja/ lit. « chapeau de fourrure »		X	X	X	X	Ce terme comprend tous les chapeaux ayant de la fourrure (y compris, *ouchanka*). Il est habituellement fait en fourrure de lapin, de rat musqué, de mouton de qualité ; cependant, les articles de luxe se fabriquent en renard, marte ou bison. Comme l'*ouchanka*, il diffère par sa forme spéciale et ses parties rabattables, ce qui le rend très populaire et répandu parmi les Russes.
Формовка /faR 'mof ka/		X	X	X	X	La dénomination vient du lexème russe « forme » et désigne un chapeau de fourrure dont les oreillettes ne sont pas rabattables. C'est pour cette raison que dans le langage courant on l'appelle également обманка /ab 'man ka/, « chapeau faux ». L'article est demandé par les Russes pour un coût moins élevé que celui de chapeau à parties rabattues. La fourrure la plus employée est le bison.

GRILLE SÉMIQUE DES DÉNOMINATIONS DE COUVRE-CHEFS D'HIVER RUSSES

Sémème	Sème générique	Sèmes spécifiques				Glose explicative
		Modèle		Température		
	Couvre-chef d'hiver	S1 Féminin	S2 Masculin	S3 Moyenne	S4 Sévère	
Берет /bi 'Ret/, « béret / boina »		X	R	X	R	L'idée du terme correspond exactement à la représentation française et espagnole. C'est un couvre-chef circulaire et plat, souple, qui peut être en laine, tricoté ou feutré. Les femmes russes le préfèrent aussi en angora et en fourrure. L'article fait partie de l'uniforme de certaines forces armées russes. La lexie complexe russe « bérets bleus » renvoie par métonymie aux soldats de la troupe à destination spéciale.
Капор /'ka paR/ lit. « capuche »		X		X		C'est un article, fait souvent en angora, qui peut être comparé à une capuche désunie d'un vêtement de dessus. Démodé chez les jeunes à cause de la nécessité de l'enlever par la tête (les cheveux se dépeignent), il est devenu populaire chez les petits : il protège les oreilles, les joues et il sert d'écharpe, en plus.

Les hyponymes du mot « chapeau » dans la langue russe sont multiples. Ils présentent non seulement une diversité linguistique, mais aussi conceptuelle. Ainsi, le sémème « bonnet sportif » a un contenu de S1, S2, S3 et S4 et se distingue donc des autres par son caractère universel. Nous ne pouvons pas l'affirmer en ce qui concerne le sémème « *ouchanka* » ; selon la matrice, l'article n'a pas le sème « féminin » et, de plus, un S5 possible y serait « article de l'uniforme des forces armées ». De la sorte, le stéréotype sur son usage absolu en Russie est peu adéquat.

Chaque dénomination couvre une désignation spécifique. Le sémème « béret » diffère par son sème spécifique « article féminin » à moins qu'il ne soit porté par les soldats. Dans la paire minimale « chapeau de fourrure » et « *формовка,* "chapeau faux" », malgré les quatre sèmes spécifiques communs, un S5 possible serait « oreillettes rabattables ».

Le dispositif lexical français et espagnol n'est pas suffisant pour couvrir tous les concepts de couvre-chefs russes. Les usagers non natifs qui ne vivent pas sous le froid, soit doux, soit extrême, n'ont pas besoin de diviser cette réalité en tranches. C'est possiblement une des raisons de la présence des représentations stéréotypées chez eux. Quant à la réalité de l'Autre, ils vont évidemment tendre plutôt à la généralisation, d'où provient « *chapka* » ou « chapeau russe » en français, et « *shapka* » (Daubenton, 2001 :52) en espagnol.

6.4.2.4. Grille sémique des dénominations de chaussures d'hiver

Afin de compléter notre analyse componentielle, nous considérons nécessaire de présenter la grille sémique des dénominations de chaussures d'hiver russes. De même que dans les champs lexicaux de vêtements de dessus et de couvre-chefs, l'inventaire de termes composant l'hyperonyme « chaussures d'hiver » est très riche en russe. Les hyponymes, à leur tour, font partie des discours ordinaires des natifs et ne se confondent pas entre eux.

Sémème	Sème générique	Sèmes spécifiques				Glose explicative
		Modèle		Température		
	Chaussures d'hiver	S1 Féminin	S2 Masculin	S3 Moyenne	S4 Sévère	
GRILLE SÉMIQUE DES DÉNOMINATIONS DE CHAUSSURES D'HIVER RUSSES						
Сапоги /sa pa 'gi/ « bottes / *botas* »						
– Демисезонные /di 'mi si 'zo ny je/ lit. « de demi-saison »		X	X	X		Une variété de bottes destinées aux températures hivernales très douces. Assez fines, elles sont fabriquées en cuir et légèrement garnies de fourrure dans leur intérieur.

GRILLE SÉMIQUE DES DÉNOMINATIONS DE CHAUSSURES D'HIVER RUSSES

Sémème	Sème générique	Sèmes spécifiques				Glose explicative
		Modèle		Température		
	Chaussures d'hiver	S1 Féminin	S2 Masculin	S3 Moyenne	S4 Sévère	
- Зимние /'zim ni je/ lit. « d'hiver »		X	X	X	X	À la différence de la dénomination antérieure, c'est un type de chaussures bien fourrées dans leur intérieur, soit de fourrure de mouton ou de fourrure artificielle. Elles sont donc réservées aux froids sévères.
- Кирзовые /'kirzavy je/		X	X		X	Ces bottes sont faites en coursier, matériel à base de tissu à plusieurs couches mouillé de substances spéciales. Par dérision, elles sont surnommées « bottes à peau de diable ». Elles font partie de l'uniforme des soldats de l'armée russe.
- Яловые /'ja la vy je/			X	X	X	Un type de bottes anciennes fabriquées en peau de veau. Elles font aussi partie de l'uniforme des soldats de l'armée russe et des militaires.
Сапоги-чулки /sa pa 'gi tʃul 'ki/ lit. « bottes bas »		X		X		Des bottes si fines et moulantes comme si c'étaient des bas ou des collants. Vu leur épaisseur, elles ne sont destinées qu'aux températures douces.

GRILLE SÉMIQUE DES DÉNOMINATIONS DE CHAUSSURES D'HIVER RUSSES

Sémème	Sème générique	Sèmes spécifiques				Glose explicative
		Modèle		Température		
	Chaussures d'hiver	S1 Féminin	S2 Masculin	S3 Moyenne	S4 Sévère	
Ботинки /ba 'tin ki/ « bottines / botines »		X	X	X	X	C'est un type de chaussures dont la longueur ne dépasse pas la cheville. Elles sont bien fourrées comme des « bottes d'hiver » pour affronter le froid.
Ботфорты /bat 'foR ty/ lit. « bottes fortes »		X			X	Le lexème emprunté au français désigne de hautes bottes féminines qui arrivent jusqu'à couvrir les genoux. Comme toutes « bottes d'hiver » elles sont fabriquées en cuir et fourrées dedans.
Унты /'un ty/ « mukluk, kamik / untis »		X	X		X	C'est une variété de bottes en fourrure prévues pour les froids extrêmes. Elles sont composées de semelles résinières, de feutre ou de peau, de fourrure aussi bien à l'intérieur qu'à l'extérieur, qui peut être de chien et de renne - pour la zone des pieds, et de mouton - pour la zone des jambes. Elles peuvent être ornées de morceaux de peau de lièvre ou de renard polaire.

GRILLE SÉMIQUE DES DÉNOMINATIONS DE CHAUSSURES D'HIVER RUSSES

Sémème	Sème générique	Sèmes spécifiques				Glose explicative
		Modèle		Température		
	Chaussures d'hiver	S1 Féminin	S2 Masculin	S3 Moyenne	S4 Sévère	
Валенки /'va lin ki/ « bottes de feutre / botas de fieltro, *válenki* »		X	X		X	C'est un type de chaussures nationales. Elles sont reconnues pour être de grosses bottes de feutre de couleur grise, noire et blanche, propres du froid sec. Le plus grand problème de ce type de chaussures est l'usure rapide de leurs semelles. C'est pourquoi, les semelles sont superposées en forme de peau, de résine ou d'un autre matériel solide. Le plus souvent on les porte avec des galoches au-dessus. Cet article est démodé en Russie vu que le froid est devenu plus humide que sec. La connotation des *valenki* est liée à la vie campagnarde ; en ville ce ne sont que les petits enfants qui les portent.

GRILLE SÉMIQUE DES DÉNOMINATIONS DE CHAUSSURES D'HIVER RUSSES						
Sémème	Sème générique	Sèmes spécifiques				Glose explicative
		Modèle		Température		
	Chaussures d'hiver	S1 Féminin	S2 Masculin	S3 Moyenne	S4 Sévère	
Ugg /'u gi/ « bottes UGG botas UGG »		X		X	X	Cet article est entré récemment dans la mode russe et est devenu tout un phénomène culturel. La peau de mouton est imperméable et a une double-face : peau retournée à l'extérieur et laine à l'intérieur ; elle tient les pieds au chaud.

Le continuum lexical limité par l'hyperonyme « chaussures d'hivers russes » témoigne d'une grande variété due aux décalages constants du climat. Les seuls sémèmes correspondant au contenu du faisceau des quatre sèmes sont « bottes d'hiver » et « bottines ». Par contre, l'unité lexicale « bottes de feutre » si associée chez les non natifs à la manière de se vêtir à la russe n'a pas le sème « température moyenne ». Ainsi donc, les préjugés sur leur usage par les Russes durant tout l'hiver sont précipités ; de plus, un S5 possible du sémème serait « usage à la campagne ».

Chaque terme ôte à l'autre ce qui ne lui est pas approprié : les sèmes spécifiques du sémème de « bottes-bas » est en « température très douce » et « modèle féminin » ; un des sèmes de « bottes fortes » consiste aussi en « modèle féminin », mais y diffère en « température sévère ».

Comme dans les cas antérieurs, nous pouvons décrire les sémèmes par la méthode binaire. Un S5 possible du sémème « bottes d'hiver » par rapport à « bottines » serait « hauteur » ; un S5 possible pour le sémème *mukluk* s'avérerait être « destination au froid extrême », face à « bottes d'hiver », un S5 possible pour le sémème « bottes en coursier » et le sémème « bottes en peau de vache » consisterait en « chaussures des militaires » ; un S5 possible pour le sémème « bottes UGG » serait « article ultra moderne » ; *a contrario*, un S5 de « *válenki* » serait « article démodé », etc.

Or, les *válenki*, étant des chaussures d'hiver typiquement russes, elles font partie du folklore national. En particulier, la chanson du même nom Валенки occupe une place importante parmi les chansons populaires en Russie.

Outre les dénominations de vêtements de dessus, de couvre-chefs et de chaussures d'hiver russes l'analyse sémique pourrait également s'étendre jusqu'aux termes relatifs aux bas. Les hyponymes russes en sont « bas de capron », « bas de laine » et « *jodhpurs* ». Ces derniers sont réservés aux températures sévères et sont des *leggings* moulants, fabriqués en laine bien épaisse, sans talons et ajustés à la cheville.

Le parcours conclusif des dénominations de vêtements de dessus, de couvre-chefs et de chaussures d'hiver russes montre que les termes sont déterminés par la réalité sociale, ici par le facteur géographique et climatique. La langue française et la langue espagnole non seulement n'ont pas à distinguer leurs réalités, mais n'arrivent pas à couvrir avec précision les concepts de la réalité russe. De la sorte, il est impossible d'arriver à l'équivalence des dénominations de ces champs lexicaux dans les systèmes des trois langues. Relevons la reprise répétitive des mots « manteau / *abrigo* ; chapeau / *gorro* ; bottes / *botas* », tandis qu'en russe ce ne sont que des hyperonymes.

6.4.3. Les empreintes du facteur culturel

Indépendamment du vecteur de l'interaction entre la langue, la mentalité et la culture du peuple, déterminé dans les célèbres travaux de W. von Humboldt, E. Sapir et B.L. Whorf (*Cf.* § 1.2), l'idée du lien du culturel, du mental et du social reste plus qu'évidente. La langue est un ingrédient majeur de la culture, un outil pour son assimilation ainsi que la réalité de l'esprit de la nation. La langue manifeste les traits spécifiques de la mentalité nationale. De même, la culture est incluse dans la langue et modelée dans ses éléments lexicaux.

Une grande importance dans l'organisation sociale de la nation est attribuée à la connaissance des réalités culturelles qui est nécessaire pour bien comprendre les faits et les phénomènes de la vie quotidienne des représentants de cette langue. Une des réalités clés dans la culture russe s'avère être l'expression des liens de parenté.

Au niveau temporel, dans le système des liens de parenté russe, la pratique sociale millénaire des individus est recensée dans le lexique. Au niveau synchronique, c'est l'organisation de leurs statuts génétiques et hiérarchiques ; au niveau culturel, l'inventaire des liens de parenté russes permet de juger des règles de communication et de vie en commun établies parmi les autochtones.

L'idée de parenté en russe se réalise moyennant une grande quantité d'unités lexicales, et cette chaîne nominative est supérieure, face aux systèmes de la langue française et espagnole :

Noms de liens de parenté

Russe	Français		Espagnol
Свекровь /svik 'Rov'/ « la mère du conjoint »	Belle-mère		*Suegra*
Тёща /'tjo tʃa/ « la mère de la conjointe »			
Мачеха /'ma tʃi kha/ « par rapport aux enfants, une nouvelle conjointe de leur père »	Marâtre		*Madrastra*
Свекор /'svjo kaR/ « le père du conjoint »	Beau-père		*Suegro*
Тесть /'tjest'/ « le père de la conjointe »			
Отчим /'ot tʃim/ « par rapport aux enfants, un nouveau conjoint de leur mère »	Parâtre		*Padrastro*
Сноха /sna 'kha/ « la femme du fils »	Belle-fille	Bru	*Nuera*
Падчерица /'pa tʃi Ri tsa/ « la fille apportée par un conjoint de son mariage antérieur »		Belle-fille	*Hijastra*
Зять /'zjat'/ « le conjoint de la fille ou de la sœur »	Beau-fils	Gendre	*Yerno*
Пасынок /'pa si nak/ « le garçon apporté par un conjoint de son mariage antérieur »		Beau-fils	*Hijastro*
Золовка /za 'lof ka/ « la sœur du conjoint »	Belle-soeur		*Cuñada*
Свояченица /sva 'ja tʃi ni tsa/ « la sœur de la conjointe »			
Невестка /ni 'vest ka/ « la conjointe du frère »			

Noms de liens de parenté		
Деверь /'dje viR'/ « le frère du conjoint »	Beau-frère	Cuñado
Шурин /'ʃu Rin/ « le frère de la conjointe »		
Свояк /sva 'jak/ « le conjoint de la sœur de la femme »		
Сватья /'sva tja/ « la mère d'un conjoint par rapport aux parents de l'autre »		Consuegra
Сват /'svat/ « le père d'un conjoint par rapport aux parents de l'autre »		Consuegro

Dans la culture russe, la quantité des termes de parenté laisse juger de l'importance des relations entre les membres des deux familles différentes. Les noms russes sont consécutivement distingués d'après la personne en question, ce qui ne se fait pas dans le système français et espagnol. Les termes russes sont dépourvus d'ambiguïté et chacun d'entre eux couvre son propre concept. Ils n'ont pas de signification étendue comme l'ont les termes français : « beau-père », par exemple, réfère au compagnon de la mère, au père du compagnon et au père de la compagne.

Les quatre grandeurs sémantiques, « belle-mère », « beau-père », « belle-fille » et « beau-fils », sont plus commutables entre le russe et l'espagnol face au français. La langue française aurait pu y avoir deux équivalents de plus (« bru » et « gendre ») si les derniers étaient employés malgré le fait de la sonorité peu plaisante.

Les termes français et espagnols « beau-frère » et « belle-sœur » désignent indistinctement les conjoints des frères et sœurs, les frères et sœurs des conjoints et les conjoints des frères et sœurs des conjoints, de la sorte qu'une seule lexie couvre trois réalités différentes. Tandis que le russe a un terme spécifique pour chacun de ces types de relation (au total, six).

La distinction des termes russes est très importante, vu leur connotation particulière. Disons que dans l'opposition binaire « la sœur du conjoint » et « le frère du conjoint » la connotation du premier est beaucoup plus négative. La figure de la sœur du mari est associée dans la culture russe courante à la malveillance par rapport à la nouvelle-venue de la famille. À ce propos, il existe un proverbe représentatif dont la traduction littérale est : « Il vaut mieux avoir douze frères du conjoint qu'une sœur du conjoint ».

La comparaison des trois langues au niveau de la commutation devient impressionnante dans le cas de manque de toute congruence. Ainsi, une réalité sociale telle que la relation entre les parents des conjoints ne se manifeste point lexicalement en français.

Les noms de liens de la parenté russes sont des matériaux particulièrement instructifs. Grâce à leur définition précise, la comparaison entre les langues devient plus facile à opérer et la compréhension de la culture russe se présente plus accessible. La connaissance de cette diversité lexicale permettrait aux non natifs de s'y connaître en poids culturel de chaque terme, ce qui, finalement, mènerait à enrichir leur compétence culturelle.

> *Récapitulons*
>
> L'analyse sémique nous a permis de revisiter la théorie de W. von Humboldt reprise postérieurement dans l'« Hypothèse Sapir-Whorf ». En tenant compte des opinions des linguistes qui examinaient le problème de rapport entre la langue et la nation, la langue et la culture, la langue et la mentalité, il nous reste à conclure qu'il existe assez de liens entre elles pour le nier. Le fait d'affirmer mécaniquement que la langue fait la nation ou que la nation fait la langue nous paraît très osé dans notre cas. Nous sommes tenue à soutenir que d'une manière indirecte la langue représente le monde extérieur et la vie sociale, aussi que d'une manière indirecte la langue reflète le monde et la culture dans les inventaires lexicaux.
>
> Les termes russes étudiés *ut supra* (dénominations des articles d'hiver, les verbes d'action, les types de roues, les noms de baies, les noms de liens de parenté) reflètent les particularités de l'organisation sociale et de la culture courante. Tandis que leurs signifiés sont profondément ancrés dans la mentalité des Russes, leur usage, en revanche, est strictement restreint chez les Européens et, probablement, propre d'une catégorie spécifique des individus : couturiers, cordonniers, alpinistes, géographes, agriculteurs, anthropologues et d'autres spécialistes des domaines correspondants.
>
> L'analyse componentielle fait aussi ressortir le rôle des représentations partagées chez les non natifs. Leur origine s'explique avant tout par l'absence d'un concept, mais par la présence de son percept. Disons, que les non natifs ne conceptualisent pas les multiples types de chapeau / *gorro* ou de manteau / *abrigo* russes, mais, toutefois, ils les perçoivent à leur manière. Leur percept, dans ce cas, est plus généralisé que précis, et quand les perceptions deviennent les mêmes et propres à tous les individus du même groupe, ils donnent naissance aux stéréotypes : « chapeau russe », « manteau de fourrure que portent les Russes », etc.
>
> Le lien entre la réalité, la culture et le langage se manifeste par le fait que la langue fait partie d'un système culturel complexe et qu'elle maintient une étroite relation avec l'organisation sociale, les valeurs, les croyances et les règles de comportement. Si l'observation et l'explication de tous ces faits mènent à la compréhension de la culture cible, son incompréhension sera due justement à l'inverse, l'inobservation ou l'observation superficielle.

CHAPITRE 7 LES ÉCARTS CULTURELS

7.1. Les révélateurs de la culture russe pour le public étranger

L'étude de la notion « culture » nous a permis d'analyser sa nature complexe et de nous référer à son sens assez large. Nous nous pencherons sur les mœurs des autochtones, *i.e.* leurs modes de vie et de pensées collectivement partagés, qui conduisent les individus à agir dans certaines situations sociales d'une façon commune.

D'un autre côté, suite à la typologie des cultures mobilisées établie par R. Galisson, nous tiendrons surtout compte du niveau culturel, ordinaire, expérientiel et courant plutôt que cultivé, institutionnel et savant. Les pratiques et les réactions individuelles des sujets producteurs seront également prises en considération.

Quant aux démarches d'investigation des sites lexiculturels proposés par R. Galisson, notre attention sera prêtée à deux perspectives : (i) interculturelle et pluriculturelle, qui prétend mettre en contact les cultures cible(s) et source et repérer dans les espaces culturels l'analogue dans le différent et le différent dans l'analogue ; (ii) intra-culturelle, qui explicitera exhaustivement les phénomènes d'une seule culture-cible.

Ainsi, le corpus d'une soixantaine de sites lexiculturels proposé ci-dessous est le fruit des observations les plus représentatives parmi la culture russe, française et espagnole. Il est également une continuation de mon analyse réalisée en 2010 (*Cf.* Sandakova, 2010) qui a alors permis de faire partager aux Russes le mode de réception de leur lexiculture aux yeux des individus des cultures européennes mises en question.

7.1.1. Lexique à charge culturelle partagée russe

Le système du lexique culturel russe, comme de toute autre langue, sert de monnaie interculturelle. Il permet d'ajouter de la valeur aux mots de la langue russe et de la comparer, dans notre cas, avec le code du français et de l'espagnol. La connaissance des implicites culturels aide les Étrangers à enrichir leur compétence culturelle et communicative ainsi qu'à ne pas tomber dans le piège des préjugés et des stéréotypes.

Nous trouvons des cas où la charge culturelle d'un mot russe est de la même façon partagée que celle de son équivalent étranger. En guise d'exemple, l'implicite culturel du mot français « blague », de l'espagnol *chiste* et du russe анекдот /a nik'dot/ est commun dans les représentations collectives de chacune des trois langues. Le concept couvre ainsi un genre de littérature orale étant une courte histoire amusante qui se transmet de bouche en bouche.

L'indice commun s'observe également dans le choix des protagonistes des anecdotes. Les figures principales dont on se moque sont, d'habitude, la belle-mère, le beau-fils, les hommes politiques ou les ivrognes. Au niveau anthroponymique, un garçon peu intelligent, assez pervers ou tout élève espiègle dans les anecdotes russes est Vovochka (le diminutif de Vladimir), qui en Espagne est l'équivalent de Jaimito et en France, de Toto. De même, tandis que les Russes ridiculisent les Tchouktches (habitants paléo-sibériens de l'Extrême-Orient du pays, région d'origine de la race du husky sibérien), les Espagnols se moquent des originaires de Lepe.

Dans les trois pays, les anecdotes ont toujours eu un développement exceptionnel au gré des événements historiques, politiques et sociaux. En particulier, en Russie depuis la perspective historique, cette forme de folklore urbain s'avérait unique pour se moquer du pouvoir soviétique (sous I. Staline on risquait de tomber en prison pour 10 ans) et son apogée a daté de l'époque stagnante sous N. Khrouchtchev. De nos jours, l'anecdote jouit en Russie d'une grande liberté et d'une popularité insuperable : les histoires tournent en dérision les hommes politiques, les personnages de l'art, de l'histoire, de la culture et de la presse jaune, les membres de la famille (époux, amants, belle-mère, beau-frère), etc.

Un autre exemple des discours ordinaires marquant le partage de la même charge au niveau pluriculturel est le verbe « arroser ». Son implicite dans la culture russe et française garde la célébration d'un achat important (télé, voiture, appartement, etc.) ou d'une grande réussite (obtention d'un diplôme, d'une médaille ou d'une bonne note à un examen). Cette charge, d'ailleurs, ne sera saisissable dans aucun moyen linguistique espagnol. De plus, face à la française, la charge culturelle du verbe russe est plus riche vu que les Russes accomplissent littéralement l'action d'arroser : ils placent les clés de la nouvelle voiture, du nouvel appartement (ou la médaille) dans un verre d'alcool et le boivent à sec.

De même, les utilisateurs des dictionnaires bilingues russes-espagnols et français-espagnols ne trouveront pas de traduction pour le mot *новоселье*, « crémaillère ». Ils n'apprendront que d'un encadré explicatif qu'il s'agit d'une fête ou un repas pour célébrer un emménagement, où les invités apportent des cadeaux.

Dans la perspective intra-culturelle, les mots à CCP russes supposent également une association automatique, une coutume ou un rituel social. Par exemple, le mot « moniteur », ne désigne pas seulement un pédagogue travaillant avec un groupe d'enfants, il est aussi associé dans les représentations des Russes à celui qui le fait, surtout, dans une colonie de vacances d'été.

De même, le mot « septembre » n'est pas seulement conçu pour le Russe comme le neuvième mois de l'année, mais il construirait le couple indissoluble avec l'idée d'école. Les natifs, surtout, les élèves, les étudiants et le personnel enseignant associent fortement ce mois à la rentrée. Les opérations comportementales qui accompagneraient la charge culturelle du concept de rentrée sont : offrir un bouquet de fleurs à son professeur (surtout, de lilas) et porter des rubans blancs, pour les petites écolières.

La charge culturelle du mot russe « soulier » (féminin) évoquera dans la culture courante, outre l'idée d'un article de chaussure, l'action d'en voler un chez la fiancée pendant une cérémonie de la noce. Cette action, très typique de la noce russe, traduit sur le plan du contenu les intentions des invités à s'amuser et à blaguer.

Enfin, au gré d'évolution de la langue-culture russe on peut observer la naissance de nouveaux sites lexiculturels. Citons-en le mot « stylo » comme nouveau symbole du pouvoir. Son histoire remonte à l'année 2009 où, lors d'une réunion l'oligarque russe Oleg Deripaska n'avait pas de stylo et a signé un contrat avec un stylo prêté par V. Poutine, Président actuel de la Russie. Ce dernier lui a demandé de le lui rendre. On dit que ce stylo avait été offert à V. Poutine par B. Eltsine lui-même au moment de la démission. C'est la raison pour laquelle V. Poutine y tient jusqu'à présent et l'utilise pour signer tout papier important. Cet outil d'écriture a trouvé son éco non seulement dans la presse nationale, mais aussi internationale dont les journalistes ont raillé l'incident dans les titres des articles : « Stylo de Poutine » (*Le Monde*, 10/05/2008), « Vision du blog : Le stylo magique de Poutine » (*Deutsche Welle*, 13/06/2009). Le mot a même commencé à faire partie de l'expression figée « Rendez-moi le stylo ! » qui, à son tour, a acquis une manifestation folklorique. Rappelons la même symbolique des objets comme chaussure, attribué naguère à N. Khrouchtchev (qui, dit-on, en frappait violemment le pupitre de l'Assemblée Générale de l'ONU en octobre 1960), et cravate, attribuée à M. Saakashvili (qui la mangeait lors de l'intervention sur la BBC pendant la guerre dans le Caucase en août 2008).

7.1.1.1. *Mots à une CCP d'une langue pour des équivalents différents nécessitant un éclaircissement dans les autres langues*

Comme nous l'avons vu *ut supra*, la charge culturelle des mots n'est pas transmise dans les dictionnaires bilingues habituels. Ces derniers se limitent à donner la traduction de leurs lemmes et à les doter de définitions. Reconnaissons que pour comprendre un mot non culturel ces démarches sont plus que suffisantes. Cependant, en cas de mots culturels, elles doivent être complétées d'un encadré culturel ou d'une glose explicative. Observons quelques mots russes dont la CCP n'est pas saisissable dans les dictionnaires bilingues français et espagnols :

(1) Cyn /'sup/, « soupe, potage » / *sopa, potaje*

La conception originaire du mot russe est transmise dans le *Dictionnaire de la langue russe* de S.I. Ozhegov : « repas liquide constitué de bouillon de viande ou de poisson, de légumes, de pâtes et d'épices. Par exemple, soupe de viande, soupe à base de lait »[28].
La signification n'est pas, cependant, compatible avec la représentation espagnole :

[...] 2. Plato compuesto de caldo de la olla u otro análogo en que se han cocido trocitos de pan, arroz, verduras, fideos u otras pastas ;
3. Plato compuesto de un líquido alimenticio y de rebanadas de pan (Gran Enciclopedia del Mundo, 1964 : 1159).

La traduction de la lexie russe en français comme « potage » et en espagnol comme *potaje* ne s'avère pas être un analogue correct non plus, puisque la soupe russe n'a pas de structure crémeuse, veloutée, mais contient des ingrédients coupés en morceaux et non mixés.

Les dictionnaires font silence de la CCP du mot russe : c'est un repas quotidien, surtout, en hiver ; il existe des soupes chaudes et froides ; la cuisine russe est une des plus riches en types de soupes.

Néanmoins, les guides touristiques espagnols contemporains non seulement reconnaissent le statut gastronomique de la soupe en Russie comme plat qui complète toujours le repas, mais aussi ils en élaborent une classification (Richmond, 2006 : 114 ; Peña, 2004 : 30).

L'encadré culturel de la lexie simple russe « soupe » s'élargirait en y soulignant le chou en tant qu'ingrédient habituel. La raison en est la culture des légumes qui règne dans le pays suite aux conditions géographiques et climatiques. En particulier, le chou est un élément indispensable d'une des soupes les plus consommées en Russie dont le nom est *борщ* /'borʃ/. Le plat se translittère en français et en espagnol comme *bor(t)sch* et reçoit toute une glose explicative dans presque tous les guides touristiques que nous avons analysés. Soit les auteurs mettent en relief son statut de soupe classique (Richmond, 2006 : 289), soit ils soulignent son origine ukrainienne et donnent sa recette (*sopa de verduras, remolacha y carne* (Daubenton, 2001 : 54) ; soupe élaborée en guise d'estouffade de légumes : céleri, chou, tomates, oignon, betterave, carottes, pommes de terre et de la viande (Peña, 2004 : 84),

---

28 [Traduit par nos soins] *Dictionnaire de la langue russe*, (réd. S.I. Ozhegov), <http://bit.ly/2m9J9g5>.

soit ils lui attribuent l'énergie et la force qui aident à survivre le froid russe et à garder le confort du foyer (Peña, 2004 : 81).

En général, ce légume est fréquemment utilisé dans la gastronomie russe, aussi bien pour les plats liquides que consistants, et c'est la raison pour laquelle on y associe la Russie à l'étranger, peu importent les circonstances. Ainsi, le journaliste de *La Razón*, Alfonso Ussía (2011), a utilisé l'ingrédient en tant que leitmotiv pour se joindre à l'opinion européenne au sujet d'un possible truquage lors des élections parlementaires russes du 4 décembre 2011 :

> Mi primer viaje a Moscú fue en tiempos soviéticos. Invierno era y toda la ciudad olía a repollo. Un plan quinquenal de los "koljoses" y "komsomoles". Que se consuma repollo. [...] Llegué a Madrid oliendo a repollo. [...] Años más tarde, con Yeltsyn en el poder, [...] Moscú no olía a repollo. [...] Del olor a repollo, ya ni rastro. [...] Los rusos, sobrados de repollos, no han tenido derecho a voto jamás.

Or, la classification des soupes consommées en Russie ne se limite pas seulement aux variétés de ce plat chaud quant à ses ingrédients principaux, par exemple, soupe de lait, soupe de betterave, soupe d'oignon, etc. C'est un mot générique auquel correspondent divers hyponymes aussi ponctuels que *borsch*. La liste présentée *ut infra* recueille l'énumération des soupes russes établie dans le guide touristique espagnol rédigé par Peña (2004 : 105) et nous permet de juger le degré de coïncidence entre les représentations endogènes (*i.e.* opinions collectives produites en dehors de tout apport extérieur) et exogènes (*i.e.* attitudes provenant du dehors, de l'extérieur du phénomène).

Hyponymes du mot « soupe » et leur interprétation dans les discours ordinaires étrangers	La CCP de l'hyponyme transmise dans les représentations exogènes	Correspondance des représentations exogènes à la CCP endogène (+ positive, - négative, +- moyenne)
Консоме /kan sa 'me/ « Consommé / bouillon »	Bouillon préparé à base de viande ou poisson et des légumes (carotte, oignon, céleri) Les ingrédients facultatifs : orge, œufs durs, croûtons	+
Щи /'ʃ'i/ Shchi	Soupe de chou et viande. Soupe nationale russe. Les ingrédients principaux : viande, chou fermenté ou oseille, pommes de terre Les ingrédients facultatifs : crème fraîche, champignons, épices	+

Hyponymes du mot « soupe » et leur interprétation dans les discours ordinaires étrangers	La CCP de l'hyponyme transmise dans les représentations exogènes	Correspondance des représentations exogènes à la CCP endogène (+ positive, - négative, +- moyenne)
Свекольник /svi 'kol nik/ Svekolnik	Soupe froide avec de la betterave. Soupe nationale russe, froide. Les ingrédients principaux : kvas, betterave, oseille, raifort, persil, oignon vert, aneth Les ingrédients facultatifs : poisson rouge (frais et fumé), épices	+ Remarque : L'idée primaire de la soupe ne renvoie pas forcément à un plat froid. Elle peut être consommée également chaude. Le nom de la soupe provient de son ingrédient essentiel, la betterave, свекла /svi 'kla/.
Рассольник /Ra 'sol nik/ Rassolnik	Soupe de poulet, concombres et crème fraîche. Soupe nationale russe. Les ingrédients principaux : cornichons, pommes de terre, riz ou sarrasin ou orge perlé, persil, céleri Les ingrédients facultatifs : viande, carotte, oignon, épices, crème fraîche	- Remarque : La soupe ne peut pas être caractérisée comme soupe de poulet, vu qu'elle ne contient pas forcément de poulet. D'un autre côté, il est à noter la confusion entre tels ingrédients que concombres et cornichons. L'ingrédient principal de cette soupe est cornichon. Le nom de la soupe doit au mot рассол /Ra 'sol/б « saumure ». La saumure des cornichons élaborée à la maison s'ajoute dans le bouillon de la soupe pour y apporter une saveur plus concentrée.
Окрошка /a 'kRoʃ ka/ Okroshka	Soupe de kvas[29]. Soupe nationale russe. Les ingrédients principaux : kvas, épices, œufs durs, oignon vert, carotte, pommes de terre, concombre, poivre	+ L'encadré se complèterait à l'aide de la remarque « soupe froide », étant donné que cette soupe ne peut pas se consommer chaude ou chauffée.

---

29 Cf. l'interprétation du terme dans le § 6.4.1.

Les révélateurs de la culture russe pour le public étranger 147

Hyponymes du mot « soupe » et leur interprétation dans les discours ordinaires étrangers	La CCP de l'hyponyme transmise dans les représentations exogènes	Correspondance des représentations exogènes à la CCP endogène (+ positive, - négative, +- moyenne)
	Les ingrédients facultatifs : veau, porc ou poisson ou charcuterie, moutarde, crème fraîche, raifort	L'étymologie du nom de la soupe renvoie au verbe *крошить* /kRa'ʃit/, « couper en morceaux », vu que tous ses ingrédients doivent être comme de petits cubes.
Солянка /sa'ljan ka/ Solianka	Soupe de légumes avec du lard. Soupe nationale russe. Les ingrédients principaux : cornichons, olives, câpres, citron, *kvas*, champignons, chou, tomates, viande et charcuterie ou poisson rouge frais et fumé, crème fraîche, poivre, persil, aneth	+- Plus que les légumes et le lard, ce sont les ingrédients aigres et acides qui rendent la soupe distincte des autres. Grâce au fait d'y ajouter des cornichons, des olives, des câpres, de la charcuterie et du poisson fumé, on a à peine à saler la soupe. La dénomination de la soupe contient la racine -*сол* /sol/ qui porte sur le mot *соль* /'sol'/, « sel ».
Уха /u'kha/ Ucha	Soupe de poisson. Type de soupe nationale russe. Les ingrédients principaux : poisson, oignon, carotte, pommes de terre	+
Борщ /boRʃ'/ Borsch	Soupe de légumes. La soupe nationale polonaise, ukrainienne, russe, lituanienne et roumaine. Les ingrédients principaux : betterave, oignon, carotte, pommes de terre, chou, tomates ou sauce tomate. Les ingrédients facultatifs : crème fraîche, ail, persil, poivron rouge, vinaigre, laurier, haricots rouges ou blancs, viande, lard, épices.	+- La description de la soupe comme soupe de légumes peut ressembler, à première vue, à la *solianka*, dite aussi « soupe de légumes ». Néanmoins, le plat est impensable sans la betterave et sa couleur rouge qui rend la soupe si caractéristique. Une autre idée erronée peut consister à rapporter cette soupe à la cuisine, soit ukrainienne, soit russe. L'origine du plat trouve ses vestiges dans la gastronomie de tous les pays de l'Est.

(2) Подснежник /pats 'nʲeʒ nik/, « perce-neige » / *galanto*

Les traductions du mot en français et en espagnol transmettent bien la spécificité de la fleur et évitent que les utilisateurs la confondent avec d'autres. Le poids culturel qu'ils auraient pu présenter serait l'importance de la fleur pour les Russes le jour du premier mai, où elle symbolise la fin de l'hiver, la disparition de la neige, l'arrivée du printemps et l'éveil de la nature.

En France, la charge culturelle parallèle est attribuée au mot « muguet » qui renvoie au premier mai, à la Fête des travailleurs, au porte-bonheur. C'est-à-dire, l'interprétation exogène « perce-neige » sera bien adéquate à la représentation endogène russe.

(3) Икра /ik 'Ra/, « caviar » / *caviar*

D'après les dictionnaires, le mot se conçoit chez les Français et les Espagnols comme aliment délicieux et exclusif élaboré à base d'œufs d'esturgeon.

Au niveau linguistique, il convient également de mentionner les emprunts directs au russe, *ikrá/ ikra,* dont on se sert dans une série de guides touristiques espagnols (Richmond, 2006 : 784 ; Peña, 2004 : 87).

Pourtant, les dictionnaires bilingues font silence au sujet de la polysémie du mot. Le sens de ce dernier s'élargit et correspond au mélange de légumes, par exemple, кабачковая икра (une sorte de ragoût de courgettes, tomates, carottes, oignons, poivrons et ail), баклажанная икра d'aubergines (ragoût d'aubergines, tomates, carottes, oignons, poivrons et ail). Cette signification se transmettrait correctement en français comme « ragoût », et l'espagnol y assignerait le lexème *pisto*. Cependant, en espagnol on peut trouver des allusions à ce repas russe toujours moyennant le même mot *caviar* : *caviar de berenjena* (Daubenton, 2001 : 54).

Le poids culturel du mot russe est, en général, bien saisi dans les représentations européennes : c'est un vrai délice de la gastronomie russe. Nous y ajouterions que les Russes se le permettent lors des occasions spéciales. L'idée stéréotypée sur la consommation du caviar tous les déjeuners et à la louche s'avère être une exagération et une erreur.

(4) Ветеран /vi ti 'Ran/, « vétéran, ancien combattant » / *veterano*

La signification du mot sera commune dans les trois langues et renverra à une personne qui ait servi sous l'autorité de son pays lors d'une guerre.

La CCP du mot russe a une connotation supplémentaire : ainsi est conçue une personne âgée qui a pris une part active à la Seconde Guerre Mondiale, appelée aussi dans le pays « Grande Guerre Patriotique ». Les anciens combattants ont des liens particulièrement étroits avec la fête du 9 mai, fête de la Victoire de la Russie sur le fascisme hitlérien. Les héros qui continuent encore à vivre parmi nous assistent au principal et solennel défilé militaire tenu sur la Place Rouge sur l'invitation du président comme tous les autres hôtes nationaux et internationaux.

Les générations russes postérieures ont l'honneur de féliciter les anciens combattants, vu qu'il en reste de moins en moins. En particulier, un grand hommage a été rendu aux vétérans lors de la célébration du 70e anniversaire de la victoire en 2015. Les rues centrales de Moscou ont vu défiler jusqu'à la Place Rouge les membres des familles et leurs proches avec les portraits des anciens combattants. Ce défilé au nom de *Бессмертный полк* (« Régiment immortel ») a aussi compté sur la participation de V. Poutine, lui-même, et, désormais, promet de se répéter les années postérieures.

7.1.1.2. Cas d'emprunts

Dans certains cas, les mots à CCP russes ne trouveront pas de traduction dans les représentations française et espagnole, et ne seront donc transmis qu'à l'aide de la translittération en caractères latins. Tels sont les mots à CCP suivants :

(5) *Кулебяка* /ku li 'bja ka/, « kulebiaka » ou « koulibiak » / ---

On dénomme ainsi un grand gâteau allongé farci de viande ou de poisson, de chou ou de gruau[30]. L'étymologie du terme renvoie au verbe *кулебячить* /ku li 'bja tʃit'/, « faire la pâte dès le début jusqu'à l'avoir prête pour la farcir ». La différence principale des autres gâteaux russes consiste dans le nombre de couches intérieures de farce qui peut atteindre douze variétés, y compris champignons, œufs durs, oignon et riz. Pour que les farces ne se mélangent pas entre elles, la préparation exige de placer une sorte de crêpes très fines entre les couches.

(6) *Каравай* /ka Ra 'vaj/, --- / korovai

La CCP du mot fait penser au pain traditionnel servi surtout pendant les noces russes, et inclut sa grande valeur symbolique : le pain s'offre le jour des noces aux jeunes-mariés comme signe de bénédiction.

Or, l'implicite culturel de la lexie se découle de son étymologie : paraît-il, que le mot originaire *корова* /ka 'Ro va/, « vache », avait le sens de « fiancée » dans certains dialectes en Russie. Au fil des temps, le vocable a subi une modification

---

30 *Cf. Grand dictionnaire de la langue russe*, <http://bit.ly/2COYoFA>.

d'orthographe de la première syllabe de *ко* à *ка*, ce qui dans la langue contemporaine pose des difficultés, même pour les natifs, de reporter son étymologie à « vache » et moins encore, à « fiancée ».

Tout de même, l'équivalent espagnol *korovai* trouvé dans les discours ordinaires est une transposition plus fidèle.

(7) *Частушка* /tʃis 'tuʃ ka/, « tchastouchka » / *chastushka*

Appartenant au genre du folklore populaire russe, c'est un quatrain à sens humoristique, satirique et ironique, mis en musique et accompagné de *balalaïka*[31] ou d'accordéon. Un vaste choix de sujets de ce genre musical, tels qu'amour, politique, vie quotidienne, sont volontiers chantés à toute fête.

Le nom provient, probablement, du verbe *частить* /tʃis 'tit'/, « parler vite ».

7.1.1.3. Mots à CCP sans équivalent dans la langue-culture d'accueil

Nombreux seront les cas où les mots à CCP du cadre de la culture courante russe ne trouveront pas leur place dans les dictionnaires étrangers, ni, non plus, dans les représentations exogènes :

(8) *Выкуп* /'vy kup/

La traduction littérale de la lexie, « rançon », détermine toute sa charge culturelle. C'est un des éléments démodés du rituel de noce, qui a lieu le jour de la cérémonie du mariage, quand le fiancé vient chercher sa fiancée chez elle avant d'aller à *ЗАГС* russe (le registre des actes de l'état civil). Son but est de *выкупить* /'vy ku pit'/, « racheter, payer une rançon » pour sa future femme à la famille et aux amis de cette dernière. Cela se déroule sous forme de preuves et de concours humoristiques, préparés du côté de la fiancée. Si le fiancé ne passe pas le concours, on lui fait payer de l'argent.

Ce jeu peut se répéter durant le festin où l'un des invités « vole » la fiancée. Dans le but de « la délivrer » le fiancé doit payer au « voleur » un prix déterminé moyennant une somme d'argent ou des productions humoristiques.

Le rituel russe se maintient depuis l'Antiquité pour que le fiancé justifie en public la force de l'amour envers son aimée. De même, les mauvaises langues disent que de cette manière on peut sonder l'état de la fortune du fiancé et son degré de générosité ou d'avarice.

(9) *Тамада* /ta ma 'da/

---

31 *Cf.* l'analyse du stéréotype « *balalaïka* russe » dans le § 9.2.1.1 (b).

Une traduction approximative de la lexie russe serait « animateur de la fête ». La forme et le contenu du mot sont empruntés du russe au terme géorgien *tamadoba* qui signifie « maître de cérémonies ». En Géorgie l'art de mener une ripaille se transmettait d'une génération à l'autre, c'est pour cela que les habitants de ce pays se sont proclamés chez les Russes comme les meilleurs animateurs. Donc, le *тамада* est capable d'organiser une fête, principalement, les noces, en prenant en charge tout le protocole : il établit l'ordre consécutif des toasts, il en porte lui-même et il fait participer les protagonistes de la fête et leurs invités aux jeux d'animation, concours, danses, chansons, etc.

De nos jours, les services d'un *tamada*, bien que ce ne soit pas un Georgien natif, mais un simple professionnel chevronné, sont très demandés.

Les protagonistes d'un événement, surtout, nuptial, en engagent un pour avoir une fête joyeuse et inoubliable.

(10) *Смотрины* /sma 'tRi ny/

Ce substantif provient du verbe russe *смотреть* /sma 'tRet'/, « voir, regarder » et indique un rituel où les parents du fiancé sont invités chez les parents de la fiancée dans le but de la voir, de la connaître et de l'approuver pour leur fils.

(11) *Веник* /'ve nik/

La première transposition du mot russe pourrait se fixer en français au moyen de « balai » dont on se sert pour nettoyer le sol.

La langue russe constate d'ailleurs une autre signification du mot comme un faisceau de branches d'un jeune bouleau, de chêne ou d'eucalyptus, attachées entre elles pour l'utilisation dans le *bania*[32]. Le mot, étant de cette façon culturel, évoque sa CCP particulière : les Russes en recueillent (ou en achètent) afin de fustiger légèrement le corps sous une très haute température, à des fins médicales : purifier les pores et savourer l'odeur saine et fraîche des feuilles d'arbres.

7.1.1.4. Mots à CCP étrangers sans équivalent dans la langue-culture d'origine

(12) *Rasputín*

Le nom du célèbre paysan et moine sibérien qui a exercé une forte influence au sein de la cour impériale russe, jouit d'une grande popularité dans la langue-culture espagnole.

---

32 *Cf.* l'analyse du stéréotype « *bania* russe » dans le § 9.2.1.2 (a).

Premièrement, sa renommée turbulente fait de lui un des principaux personnages d'un film intitulé *La Daga de Rasputín* (2011) dirigé par Jesús Bonilla. D'un autre côté, le nom s'emploie dans la culture courante espagnole pour caractériser un petit enfant qui est habile, curieux et assez osé : « *Cierto día, Rasputín, un muchacho espabilado, curioso, y un tanto osado, quiso probar a subir al castillo* »[33].

De même, ce nom propre russe trouve son reflet dans le discours des journalistes espagnols. En mai 2011 le nom est entré dans le titre d'un article au caractère politique et s'est vu appliqué à la figure d'A. Pérez Rubalcaba :

> *Los españoles han hablado en las urnas y le han dicho al PSOE de José Luis Rodríguez Zapatero que se vaya. ZP no ha entendido que lo han BOTADO. Así que se aferra al sillón y se queda en la Moncloa, señalando a través de su dedo índice a "El pequeño Rasputín" como su sucesor*[34].

L'impossibilité de traductions directes, le recours à la translittération en caractères latins, et l'absence d'équivalents en français ou en espagnol pour les lexies russes mène à une interprétation partielle ou complète. Cela témoigne d'un grand implicite culturel des mots à CCP russes difficile à saisir dans les dictionnaires habituels et impossible d'appréhender de manière indirecte.

7.1.2. Mots-valises russes

Dans la culture courante de la langue russe il existe beaucoup de mots-valises qui sont des formations collectivement partagées dont le décodage ne présente pas de difficultés pour les non natifs.

7.1.2.1. Apocope + aphérèse

(1) *Хрущоба* /khRu ˈtʃo ba/ – <u>Хрущ</u>ев /<u>khRu</u> ˈtʃof/, N. Khrouchtchev + *тру<u>щоба</u>* /tru ˈtʃo ba/, « taudis »

On nomme ainsi les logements créés sous N. Khrouchtchev, déjà mentionnés *ut supra* dans le livre, dont les principales caractéristiques sont les panneaux préfabriqués et une petite superficie de l'habitat. Comment mieux transmettre l'attitude des natifs face aux faits de leur réalité, dans ce cas, leur critique envers ce type d'immeubles ? Le mot télescopé s'emploie dans le langage familier et sert de

---

33 Le conte espagnol pour enfants *El dragón y Rasputín*, <http://bit.ly/2m9PU1q>. [Consulté : 12/01/2018].
34 JIMÉNEZ, E., "El pequeño Rasputín", <http://bit.ly/2CCRmiY>. [Consulté : 22/07/2015].

marqueur de la variation diaphasique (*i.e.* situationnelle et selon les registres) au sein de la langue russe.

    (2) *Простыяло* /pRas ti 'ja la/ – *простынь* /'pRos tin'/, « drap » + *одеяло* /a di 'ja la/, « couverture »

Ce mot de production ludique et individuelle désigne une couverture aussi fine qu'un drap dont on peut se servir en été.

    (3) *Элегентный* /e li 'gen tni/ – *элегантный* /e li 'gan tni/, « élégant » + *интеллигентный* /in ti li 'gen tni/, « intelligent »

Le mot-gigogne renvoie à la créativité individuelle et amalgame deux qualités humaines, élégance et intelligence, en une seule unité.

    (4) *Квасика* /'kva si ka/ – *квасить* /'kva sit'/, « se bourrer » + *классика* /'kla si ka/, « classique »

Étant une production individuelle et ludique, le mot télescopé indique une chanson populaire et connue de tous, chantée à table lors de la consommation des boissons alcooliques.

7.1.2.2. Apocope simple

    (5) *Рунет* /Ru 'net/ – *русский* /Ru 'ski/, « russe » + (angl.) *net* /'net/, « réseau »

Dans l'usage commun, le mot-valise veut dire une partie d'Internet sur le territoire russe à laquelle sont liées différentes activités : politique, économique, sociale, entrepreneuse, etc.

7.1.2.3. Apocope + apocope

    (6) *Старожены* /sta Ra 'zo ni/ – *старые* /'sta Ri je/, « vieux » + *жениться* /zi 'nit sa/, « se marier »

Le mot-gigogne s'apparente formellement au mot composé *молодожены* /ma la da 'zo ni/, jeunes + mariés, « nouveaux-mariés ». Dans le cadre de la traduction, le mot inventé pourrait conserver l'équivalent graphique, de même que son prototype, dans la langue française : « vieux-mariés ».

    Sémantiquement, sa fabrication reflète, à notre avis, les cas fréquents des unions matrimoniales entre les personnes âgées.

    À part, ne dévalorisons pas l'impact culturel des mots-valises russes de construction fortement individuelle, dont la contraction pourrait présenter certaines difficultés lors du décodage, même chez les natifs.

7.1.2.4. Aphérèse simple

(7) *Путинизм* /pu ti 'nizm/ - <u>Путин</u> /'*pu tin*/, Poutine + *афоризм* /a fa 'Rizm/, « aphorisme »

Le mot-valise signifie un énoncé émis par V. Poutine lors de ses discours politiques et qui, en vertu de popularité, termine par devenir un aphorisme.

(8) *Окнопунь* /ak na 'puṇ'/ - <u>окно</u> /<u>ak</u> 'no/, « fenêtre » + *шампунь* /ʃam '*puṇ*'/, « champoing »

Le mot-valise signifie un produit de nettoyage pour les fenêtres et porte un caractère ludique : le suffixe *–пунь* (-poing) correspondant à la dernière syllabe du mot « champoing » s'étend à une autre solution d'entretien. À ces dernières ajoutons également *посудопунь* (vaisselle + -poing), *ковропунь* (tapis + -poing, *кафелепунь* (carreau + -poing).

(9) *Ломбарджини* /lam baRd 'ʒi ni/ - <u>ломбард</u> /<u>lam</u> '*baRt*/, « établissement de prêt sur gage (à son tour, de la région italienne Lombardia) » + Lambor<u>ghini</u> /lam baRd '<u>ʒi ni</u>/, Lamborghini (marque de voiture sportive) »

Par cette construction télescopique, certains appellent une voiture si vieille et cassée qu'il est mieux de la laisser en gage au lieu de la réparer.

(10) *Простибо* /pRas ti 'ba/ - <u>прости</u> /<u>pRas</u> 'ti/, « Pardon ! » + *спасибо* /spa 'si_ba/, « Merci ! »

S'avérant toute une formule de politesse, le mot-valise correspond à la réaction du sujet qui veut s'excuser et remercier à la fois, par exemple, quand il reçoit de son interlocuteur son dernier *chewing-gum*.

Outre les fabrications amalgamées, qui peuvent être partagées par la plupart des Russes ou à peine reconnaissables vu leur ingéniosité individuelle, nous trouvons également beaucoup de cas de contractions lexicales dans les livres enfantins. Ainsi, l'écrivain K. Tchoukovski (1882-1969) est célèbre pour introduire dans ses récits et poèmes, les mots-centaures entendus auprès des enfants : l'animal imagé *жукашечка* (coléoptère + petite bête), l'animal imagé *паукан* (araignée + blatte), le nom du docteur *Айболит* (Aïe ! + Ça me fait mal), l'adjectif *блистенькая* (brillante + propre), l'adverbe *безумительно* (à la folie + spectaculaire), etc.

La caractéristique majeure des mots-valises russes est la concision et la clarté graphique. Cependant, l'implicite de chaque unité télescopique est si spécifique qu'elle est difficile à décoder aussi bien par les natifs que par les non natifs.

7.1.3. Mots occultants russes

La charge culturelle de certains mots occultants peut être commune à travers les différentes communautés : par exemple, dans le langage courant du russe, français et espagnol « l'or noir » cache le concept de pétrole. Cependant, l'implicite culturel d'un mot occultant d'une culture ne pourra pas s'identifier par les non natifs : ainsi, « l'or liquide » occulte chez les Européens l'idée d'huile d'olive, tandis qu'en russe il ne la transmet pas.

Dans la perspective pluriculturelle, les cas de mots occultants du cadre des discours ordinaires russes seront curieux par rapport aux cultures européennes :

> (1) Бальзаковский возраст /bal 'za kafs kij 'voz Rast/, lit. « âge de Balzac » / lit. *edad de Balzac*

Sous l'influence du roman d'H. de Balzac *La femme de trente ans*, les femmes russes entre 30 et 40 ans n'osent pas parler de leur âge en chiffres et disent qu'elles sont « femmes de l'âge de Balzac ».

La lexie fait également partie du titre d'un feuilleton télévisé *L'âge de Balzac, ou Tous les mecs sont des sal…* (2002). Cette tragi-comédie narre la vie de quatre héroïnes charmantes célibataires qui ont dépassé leur trentaine et qui cherchent leur bonheur avec les hommes.

> (2) Живая вода /ʒy 'va ja va 'da/, lit. « l'eau vive » ; « l'eau-de-vie » / *aguardiente*

Dans la culture russe, le phrasème occulte le mot « *vodka* » qui possède une CCP plus forte. À notre avis, c'est le résultat des angoisses des Russes de passer constamment pour des ivrognes et des consommateurs de l'alcool.

De même, dans la culture courante russe l'idée d'alcool et de l'alcoolodépendance est aussi occultée à l'aide de la figure du serpent vert.

7.1.4. Noms de marques russes

L'exploration de ces sites lexiculturels russes initie aussi, à notre avis, à approfondir la compétence culturelle des non natifs. La prise en compte de ce qui se consomme par les Russes dans leur vie courante signifierait pour les
Étrangers l'acquisition de connaissances hautement représentatives de certaines valeurs actuelles de la société ciblée.

L'échelle des valeurs des Russes se reflète dans la classe de produits d'alimentation, de souvenirs symboliques, d'objets militaires et de services. Par souci de clarté et de précision, nous exposerons le corpus d'après deux catégories : produits (alimentation, objets, etc.) et services (locaux).

7.1.4.1. Noms d'appellation sous forme de produits (objets militaires) à CCP commune

(1) *Калашников* /ka ˈlaʃ ni kaf/, Kalachnikov / *Kaláshnikov*

On désigne sous ce patronyme un automate, un légendaire fusil d'assaut, mondialement connu et utilisé. Ce nom vient du nom de Mikhaïl Kalachnikov qui était un sergent soviétique et créateur d'armes durant la Seconde Guerre Mondiale. Désormais le nom sous-entend non seulement un automate, mais il fait aussi partie du fameux acronyme AK (Automate de Kalachnikov).

(2) *Молотов* /ˈmo la taf/, Molotov / *mólotov*

Le patronyme renvoie à une arme incendiaire artisanale dont le composant principal est une bouteille en verre remplie en partie de liquide inflammable, habituellement de l'essence ou de l'alcool. On dit que cette désignation relève d'un hommage ironique des soldats finlandais à Viatcheslav Molotov, ministre des affaires étrangères de l'Union soviétique durant la Seconde Guerre Mondiale.

Les lemmes des dictionnaires des langues-cultures d'accueil, ainsi que celles sur *Wikipédia*, sont habituellement accompagnées des mots « cocktail, *cóctel* ou *bomba* » et transmettent le sens originaire du nom d'appellation : *Explosivo de fabricación casera, generalmente una botella provista de mecha* (*DRAE* en ligne).

7.1.4.2. Noms d'appellation sous forme de produits (automobiles) à CCP propre

(3) *Запорожец* /za pa ˈRo ʒits/, --- / ---

C'est une marque de voiture russe et ukrainienne fabriquée depuis 1958 à l'usine de la ville de Zaporijia. Cette auto jouissait d'une énorme popularité à l'époque de l'URSS pour son coût accessible et ses caractéristiques simples.

De nos jours la charge culturelle du toponyme présente de grands changements. La conception de la voiture populaire si caractéristique naguère est devenue aujourd'hui assez négative en transmettant la connotation d'une voiture médiocre. Elle constitue l'objet d'un grand nombre de moqueries, de blagues et d'anecdotes où s'opposent toujours cette automobile à une marque de voiture de luxe. Le nom de voiture constitue donc un marqueur de la variation diastratique de la population (*i.e.* selon les couches sociales).

La CCP du mot d'appellation en Russie est absolument identique à celle de Seat en Espagne, en ce qui concerne les premiers pas dans le développement de l'industrie automobile et l'accès initial pour les consommateurs. Bien qu'en

Espagne de nos jours, la voiture ne transmet pas de connotation négative : sans aucune honte, les Espagnols conduisent une Seat sous ses différents modèles (Seat Ibiza, Seat Toledo, Seat León, etc.).

(4) *Лимузин* /li mu 'zin/, Limousine / *Limusina*

Chez les Russes la CCP de ce mot a été toujours rattachée à une voiture étrangère de longueur démesurée, de haute gamme. Peu de Russes reporteront son étymologie à une charrette à deux roues pour la livraison ou à une voiture pour transport des personnes (nommées « limousine ») qu'on utilisait dans la région du Limousin.

Au gré de l'évolution de la langue-culture russe, le nom s'est vu affecté d'un poids culturel supplémentaire : « voiture de luxe pour les noces ». La charge culturelle modifiée de ce toponyme n'est pas encore bien saisie par les observateurs européens, puisqu'à l'extérieur on associe la marque à des hauts dirigeants et fonctionnaires russes (Peña, 2004 : 125).

7.1.4.3. Noms d'appellation sous forme de produits (souvenirs symboliques) à CCP commune

(5) *Гжель* /'gʒel'/, Gjel / *Gzhel*

Ce toponyme réfère aux objets en céramique de couleur blanche et peints en bleu. Le mot tire son nom du village de Gjel, où ils sont produits de manière artisanale depuis le XIXe siècle. Les objets peuvent être de petits souvenirs (jouets, animaux, cloches, statues, horloges, candélabres, etc.) ainsi que des ensembles de thé et de café, ustensiles et vaisselle de cuisine (bols, pose-cuillère, récipient pour le caviar, salière, poivrière, etc.) utilisés volontiers dans le ménage.

Ce nom de marque est très peu connu au sein des cultures française et espagnole, surtout pour l'oreille. Tout de même, les promoteurs du catalogue électronique des produits russes « France-CEI »[35] proposent différents objets fabriqués d'après cette technique.

(6) *Хохлома* /khakh la 'ma/, Khokhloma / *Jojloma*

Ainsi est connue la vaisselle décorative laquée en bois et dotée de couleurs vives (rouge, vert et noir sur fond doré) produite dans le village du même nom depuis le XVIIe siècle. Les objets sont des carafes, des ensembles d'assiettes, de tasses

---

35 <http://www.france-cei.com>. [Consulté : 8/01/2018].

et de cuillères, des bols, des plateaux et des jouets. Le trait différentiel de cet art sont des motifs floraux, accompagnés de baies (surtout, de sorbier) et parfois d'oiseaux, de papillons et de poissons.

Remarquons que les deux toponymes russes, Gzhel et Jojloma, sont recueillis par les auteurs des guides touristiques édités en Espagne pour désigner les objets artisanaux de grande qualité (Richmond, 2006 : 785 ; Peña, 2004 : 37).

7.1.4.4. Noms d'appellation sous forme de produits (alimentation) à CCP commune

(7) Столичная /sta 'lich naja/, Stolichnaya

Sous ce nom russe qui provient du mot столица /sta 'li tsa/, « capitale », est connue une des marques de vodka les plus anciennes et les plus populaires. Produit sous deux formes de distillation, 37% et 40%, qui influencent aussi le prix, il est exporté en Europe, surtout en ce qui concerne le premier type. C'est la raison pour laquelle chez les Européens on l'utilise pour faire des cocktails au lieu d'en boire seul, sans mélange. Le goût amer, propre à toute vodka de 37%, disparaît sous les conditions d'une meilleure distillation montrée sur les étiquettes comme 40%.

Rappelons ici l'hypothèse de R. Galisson « Les marques nous marquent, en marquant ce que nous consommons » pour constater que cette marque de vodka n'est pas la plus répandue en Russie. Il en existe d'autres, mieux distillées, de plus haute qualité et, évidemment, plus chères. Si les Français et les Espagnols possédaient ces connaissances, ils cesseraient de poser la question « Comment les Russes pouvez-vous boire cette amertume ? ».

(8) Бефстроганов /bif stRa 'ga naf/, Bœuf Stroganov / filete Stróganov

C'est « un plat originaire russe, à base de viande de bœuf, de crème fraîche, de paprika, d'oignons et de champignons »[36]. L'origine la plus vraisemblable de ce plat date de l'année 1890 où le chef de cuisine qui travaillait pour le comte et le général Stroganov, a inventé la recette à la demande de ce dernier, et l'a présentée durant un concours de cuisine à Saint-Pétersbourg.

---

36 [Traduit par nos soins] Dictionnaire de la langue russe, (réd. S.I. Ozhegov), <http://bit.ly/2EhbMyz>.

La morphologie de la lexie renvoie aux deux formants : l'emprunt au français « bœuf » (ingrédient principal du plat) et le nom propre « Stroganov ». Le mot composé russe se transmet en français et espagnol par les différentes lexies qui témoignent de toute une variété de majuscules/ minuscules, de voyelles intermédiaires « o / a », de consonnes finales « v / ff » et d'élément simples et composés : le bœuf Stroganov, le steak Stroganoff, bœuf Stroganoff, *strogonov, stroganov, bifstroganov, filete strogonov, filete a la Stroganoff, el beef Stroganoff, buey strógonov, la carne strogonov, la ternera Stróganov, filete Stroganoff*.

La CCP du patronyme russe peut paraître déséquilibrée dans l'équvalent espagnol *filete Stróganov* et dans le français « le steak Stroganoff » : la recette du plat ne suppose pas la préparation d'une tranche de veau, mais d'un bon morceau de veau coupé en dés. Donc, le passage d'un sens à un autre permet de constater un glissement sémantique de la lexie russe par rapport à la culture française et à la culture espagnole.

7.1.4.5. Noms d'appellation commerciale sous forme de services (magasins) à CCP propre

(9) Берёзка /bi 'Rjos ka/

Formellement, ce nom signifie « bouleau » dont la CCP est très forte dans la langue-culture russe. C'est l'arbre le plus symbolique du pays et on tend même à l'humaniser et le personnifier. Les producteurs des films classiques russes introduisent volontiers des épisodes où le protagoniste s'adresse aux bouleaux (*L'Obier rouge*, 1974). De même, on lui dédie des poèmes (*Белая берёза*, « Le bouleau blanc », 1913, par S. Essénine), des chansons (*Во поле берёза стояла*, « Il y avait un bouleau dans les champs », XVIIIe siècle) et des danses nommées *khorovod*[37]. Les Russes qui vivent à l'étranger perçoivent le bouleau comme l'image de leur terre natale et comme leur compatriote. Le nom de cet arbre témoigne donc de l'utilisation esthétique et poétique de la langue russe, ce qui, à son tour, constitue un chaînon important dans le perfectionnement de la compétence culturelle.

---

37 Хоровод /kha Ra 'vot/, « khorovod » / *jorovod*. C'est un mot composé russe aux formants principaux *хор* /'khoR/, « chœur », et *водить* /va 'dit'/, « mener ». Le mot se rapporte à une danse traditionnelle slave accompagnée de chansons et constituée de plusieurs participants en un cercle ouvert ou fermé. La danse sert à transmettre la vision du monde et les valeurs esthétiques du peuple russe depuis des siècles. Il est à noter la mise en relief de la transmission du sens du formant russe « chœur » dans l'entrée espagnole *Jorovod* sur *Wikipédia*.

Le bouleau jouit non seulement de l'amour populaire spécialement grâce à sa beauté et sa finesse naturelle, mais il occupe aussi une grande place dans la vie des autochtones. On utilise son bois pour chauffer le logement, on se sert de ses rameaux pour se fustiger dans les *banias*[38] russes, on consomme son jus et son sirop au pouvoir curatif. Enfin, on l'utilise (y compris son écorce) pour fabriquer des coffrets, des cuillères décoratives, des bols et des jouets.

Le nom de l'arbre russe a enfin constitué le nom de la chaîne des magasins originairement soviétiques qui fabriquaient des articles importés et des objets artistiques de production nationale de grande qualité. Premièrement, la vente s'effectuait moyennant des devises étrangères et des chèques, postérieurement, en monnaie de compte nationale. Dans chaque ville des années quatre-vingt-dix, il y avait un *Берёзка*, quelques-uns demeurent même jusqu'à présent.

Le nom de cette marque ne figure que dans un guide touristique bien que ses auteurs y ajoutent une lettre de plus : *berioz(h)ka* (Peña, 2004 : 36), qui, d'après les normes de la translittération des caractères latins en russes, altérerait la prononciation correcte du /s/ au /ʒ/.

7.1.4.6. Noms d'appellation à signifié et à CCP propres à une langue-culture d'accueil

Dans la perspective inverse nous trouvons également des représentations étrangères sur les noms d'origine russe qui, d'ailleurs, n'existent pas dans la langue-culture russe.

(10) Astrakan / *Astracán* :
(de Astrajan, ciudad rusa del Caspio)
1. *m. Piel de cordero nonato o recién nacido, muy fina y con el pelo rizado.*
2. *m. Tejido de lana o de pelo de cabra, de mucho cuerpo y que forma rizos en la superficie exterior (DRAE en ligne)* ;

1. *Piel de cordero nonato o recién nacido, con pelo rizado, que se prepara en la ciudad rusa que le da nombre.*
2. *Terciopelo de lana con bucles parecidos o los de esta piel (Gran Enciclopedia del Mundo, 1964 : 143)* ;

Fourrure à poil bouclé d'agneau caracul[39].

---

38   *Cf.* l'analyse de ce stéréotype dans le § 9.2.1.2 (a).
39   <http://bit.ly/2m7o6Kv>. [Consulté : 7/01/2018].

En Russie sous le mot Astrakhan est connue une des villes russes situées sur la Volga qui est aussi le centre administratif du pays. Ce nom ne trouve guère son emploi dans le domaine de la pelleterie russe et ne s'utilise pas pour désigner la peau de l'agneau qui provient de la ville du même nom. Cette grande ville russe n'est pas du tout un centre de production de la peau ovine, mais se laisse seulement connaître comme le principal centre s'occupant naguère du commerce de la peau.

Dans la langue-culture russe la fourrure des agneaux nouveau-nés porte le nom каракуль /ka 'Ra kul/. Son équivalent « caracul » est, d'ailleurs, mentionné dans la définition du dictionnaire français *ut supra*. Ainsi, dans la cutlure russe courante on reconnaît un manteau de fourrure de caracul, mais pas celui d'« Astrakhan ».

Le terme russe « caracul » et sa définition sont des lemmes dans les grands dictionnaires russes[40] et se reflètent ainsi dans les dictionnaires européens :

Caracul
Mouton d'Asie Centrale, à la fourrure noire et ondulée[41] ;

(de Karakul, ciudad de Uzbekistán)
1. adj. *Se dice de una variedad de ganado ovino procedente del Asia central que se distingue por la cola ancha y el pelo rizado.*
2. m. *Piel de los corderos de esta raza, muy apreciada en peletería* (DRAE en ligne).

(11) Katiuskas

Ce nom d'appellation russe est attribué par les Espagnols à un type de bottes imperméables, le plus souvent fabriquées à partir de caoutchouc ou de polychlorure de vinyle, arrivant généralement juste en dessous du genou.

Il semble que la perception espagnole sur ces bottes est due à l'opérette espagnole de 1931, *Katiuska, la mujer rusa*, où le personnage féminin principal portait de hautes bottes qui semblaient à celles qu'on utilisait normalement pendant les jours pluvieux. Le prénom de l'héroïne Katiuska, qui est une forme diminutive d'Ekaterina (formes française et espagnole : Catherine et Catalina), est passé à nommer les bottes grâce à une grande demande de ces dernières de la part des spectatrices. Actuellement, la mode de les porter ne fait qu'accroître, dont la

---

40 *Dictionnaire de la langue russe*, (réd. S.I. Ozhegov), <www.ozhegov.org> ; *Grand dictionnaire de la langue russe*, <www.vedu.ru/expdic>.
41 <http://bit.ly/2FbDj5D>. [Consulté : 7/01/2018].

preuve est une offre variée dans plusieurs catalogues espagnols (en guise d'exemple, *Cosmopolitan*, février 2011, p. 25).

D'ailleurs, dans la langue-culture russe ce type de bottes n'a jamais porté ce nom et s'est toujours dénommé moyennant une lexie ordinaire complexe « bottes en caoutchouc ».

(12) Caran d'Ache

Tel est le nom d'appellation d'une entreprise de Genève qui vend des instruments d'écriture. Le point de repère pour ses fondateurs, semble-t-il, est le mot russe карандаш /ka Ran 'daʃ/, « crayon » qui s'est vu découpé en trois graphies « caran d'ache » dont la forme entière sonore est identique.

7.1.5. Palimpsestes verbo-culturels russes

Attention : Un énoncé peut en cacher un autre! (Galisson, 1995a : 104)

Les PVC russes constituent des moyens de la langue inscrits dans la mémoire collective. Ce sont de vrais révélateurs culturels et leur repérage, leur exploration et leur décodage permettrait à un non natif de mieux comprendre la réalité culturelle russe.

7.1.5.1. Délexicalisation sans déstructuration syntaxique

(1) С Днем | варенья!
        | рождения!

Le sous-énoncé de base provient de l'opération verbale russe *С Днем Рождения!* qui correspond, à son tour, aux phrasèmes « Bon/ Joyeux anniversaire ! » en français, et « *¡Feliz cumpleaños!* » en espagnol. Dans chacune des trois cultures, du point de vue langagier, c'est une structure figée tandis que, du point de vue sociolinguistique, c'est un des marqueurs des relations sociales dont la connaissance est importante pour l'apprenant.

La formule traditionnelle d'origine se traduit littéralement comme « Bon jour de naissance ! » Suite au chevauchement du sur-énoncé *варенья* /va 'Re nja/, « marmelade », sa traduction littérale s'interprète comme « Bon jour de marmelade ! ».

Dans la culture russe il n'y a aucun lien sémantique entre l'idée de la naissance de l'individu et la connotation de la marmelade, à moins que la marmelade ne soit aussi délicieuse que la fête d'anniversaire. De notre point de vue, la délexicalisation s'explique pour des raisons rimiques, étant donné que les dernières syllabes des énoncés sont phonétiquement identiques : /Raz 'de nja/ – /va 'Re nja/. Le phrasème témoigne donc de l'utilisation ludique de la langue russe, ce qui, à son tour, joue un rôle important dans le perfectionnement de la compétence culturelle.

(2) С лёгким | тазиком!
    | паром!

Le sur-énoncé se rapporte, par délexicalisation, au sous-énoncé de base *С лёгким паром!* /! s 'lokh kim 'pa Ram/, lit. « Vapeur légère ! ». La formule est la manière classique de féliciter la personne qui vient de sortir du *bania*[42] en indiquant que l'expéditeur du message veut bien espérer que la vapeur de *bania* se soit avérée légère au destinataire.

Le sur-énoncé, produit par le chevauchement de l'élément du même champ lexical, *тазиком* /'ta zi kam/, « bassine », se traduit littéralement comme « Bassine légère ! ». Au niveau langagier le regroupement des deux éléments « bassine » et « léger » n'est pas du tout le fait du hasard, puisque dans le *bania* on se lave en utilisant des bassines. Au niveau culturel, les natifs utilisent ce PCV pour s'adresser à la personne qui n'est pas sortie du *bania*, mais qui est en train de s'y diriger.

La délexicalisation du PCV débouche davantage sur un caractère ludique.

(3) Иди | в баню!
    | отсюда!
    | вон!

Le PCV supérieur fait mobiliser le sous-énoncé *Иди отсюда!* /! i 'di at 'sju da/ ou son synonyme *Иди вон!* /! i 'di 'von/, « Va-t'en ! ». L'idée de ce dernier est d'envoyer promener quelqu'un, au sein du registre familier, tandis qu'on compte dans le vocabulaire russe d'autres marqueurs diaphasiques.

Au niveau langagier le sur-énoncé *в баню* /vba 'nju/, lit. « au *bania* » sert à mieux préciser la direction de l'action exprimée. Le choix de l'endroit se base, à son tour, sur des raisons fortement culturelles. La sagesse populaire narre que le *bania* est un habitacle des esprits malsains dont les laveurs se libèrent et se purifient chaque fois grâce au mélange de l'eau, du feu et de la vapeur. De la sorte, toutes les énergies négatives et la saleté se concentrent dans le *bania*. Ainsi, au

---

42 *Cf.* l'analyse du stéréotype « *bania* russe » dans le § 9.2.1.2 (a).

niveau culturel, renvoyer quelqu'un au *bania* équivaut dans la tradition russe au fait d'envoyer au diable.

La délexicalisation du PCV s'explique davantage par les croyances populaires traditionnelles que par les raisons linguistiques.

7.1.5.2. Délexicalisation avec filiation phonique

(4) | Горько!
    | Горка!

Dans la culture courante le sur-énoncé russe marque une opération verbale, émise le jour de la célébration des noces pour faire que les fiancés s'embrassent. Son équivalent direct trouve sa place en espagnol et se transmet comme « ¡Que se besen! »

Au niveau langagier, par délexicalisation, nous avons affaire à une déstructuration syntaxique du substantif *горка* en l'adverbe *горько*. Par conséquent, au niveau sémantique le plan du contenu se modifie : *toboggan* → *amer*, respectivement.

De même, le sous-énoncé est maquillé par substitution du phonème /R/. Les deux mots possèdent une forme phonologique presque similaire : /'goR ka/ et /'goR' ka/. La seule distinction en est le /R/ dur et le /R'/ mou ou palatalisé, qui s'explique par l'emploi de la lettre russe « ь, signe mou »[43] servant à adoucir la consonne précédente.

Enfin, au niveau culturel, le PCV russe nous mène à un soupçon de culture partagée, possiblement, tombée dans l'oubli. Naguère, en Russie les noces se célébraient en hiver, la saison libre de tracas liés aux récoltes. Quand le fiancé, ses marieurs et ses amis venaient chercher la fiancée chez elle, ils se heurtaient à un *toboggan* construit en neige et glacé par les proches et les amis de cette dernière. De la sorte, le fiancé et ses sujets avaient à édifier « un pont vivant » pour atteindre la fiancée qui se plaçait tout en haut. Accompagné des cris répétitifs *Горка!* /! 'goR ka/, « *toboggan* », le fiancé avait la mission de surmonter le *toboggan* pour atteindre sa fiancée en haut et l'embrasser.

---

43 Le signe mou est une lettre de l'alphabet cyrillique. Le signe a une fonction purement orthographique et indique la palatalisation de la consonne précédente. Dans les cas de la transcription en caractères latins, le signe est transcrit par une apostrophe ou tout simplement il peut être ignoré.

Bien que le rituel soit vieilli, la culture se rajeunit désormais par le cri modifié *Горько! /! 'goR ka/*, « amer ». Les opinions populaires contemporaines à ce propos ont toujours été bien différentes : soit on suppose une vie conjugale difficile et amère, soit les invités du repas des noces émettent ce cri en exigeant que les fiancés s'embrassent pour que le goût de la vodka ne s'avère pas amer pour eux.

Les PCV russes sont des productions économiques, cryptiques et ludiques. Au niveau intra-culturel, ils servent de véritable moteur de la révision des connaissances culturelles patrimoniales et sont d'excellents révélateurs culturels. Dans la perspective pluriculturelle, les PCV russes sont des outils d'acculturation puisque le repérage non dans les mots, mais par les mots, dans ce type de locutions d'usage courant, donne l'accès à la réalité culturelle de la langue méconnue jusqu'à un moment donné.

7.1.6. Opérations comportementales et verbales

Le vocabulaire culturel russe lié à la culture comportementale de ses locuteurs est très riche. Présenté en forme d'énoncés figés (mots simples et phrasèmes), c'est un indicateur des fonctions langagières et un marqueur des relations sociales. Les contextes incontournables dans le cadre des discours ordinaires russes peuvent s'avérer curieuses et complexes pour tout sujet interprétant non natif. De la sorte, la connaissance de ces outils, à notre avis, pourrait constituer un corpus de support pour améliorer sa compétence situationnelle et stratégique.

En particulier, les non natifs seront plus proches de la langue-culture russe s'ils apprennent qu'il convient de maîtriser la série de mots et de phrasèmes suivants et de les corréler avec leurs situations :

> (1) *Спасибо! /! spa 'si ba/*, « merci » – le dire chaque fois en se levant de table après manger ;
> (2) *С легким паром! /! s 'lokh kim 'pa Ram/*, « Que la vapeur soit légère ! » – le dire à la personne qui sort du *bania* ;
> (3) *Христос воскрес! /! khRis 'tos vas 'kR'es/*, « Le Christ est ressuscité ! » – le dire à quiconque à Pâques ;
> (4) *Воистину воскрес! /! va 'is ti nu vas 'kR'es/*, « En réalité, il est ressuscité ! » – le répondre à l'énoncé antérieur.

De même, à l'attention des Étrangers, les gestes les plus représentatifs et les plus courants dans l'usage russe sont :

> (5) de ne pas faire la bise lors de la première rencontre, mais de serrer la main, bien que ce soit une fille ou une femme ;
> (6) de céder la place aux personnes âgées et aux femmes enceintes, surtout dans les transports en commun ;

(7) d'offrir des fleurs aux femmes pour toute occasion, notamment, le 8 mars (une des manifestations de la politesse positive dans la culture russe) ;
(8) à Pâques, de se faire trois bises et de s'échanger des œufs peints. Le rite des trois bises, dans la tradition orthodoxe, remonte à l'Épitre de l'apôtre Paul aux Romains : « Saluez-vous les uns les autres par un saint baiser. Toutes les Églises de Christ vous saluent » (ch. 16 ; 16)[44].
(9) (OC religieuse) d'ôter le chapeau ou une autre coiffe, pour les hommes, et, au contraire, de couvrir la tête, pour les femmes. Le fait de porter pour une femme une jupe courte et des pantalons peut aussi transgresser les normes religieuses orthodoxes. Ce mode de comportement est, par exemple, mis en relief dans un guide touristique espagnol (Richmond, 2006 : 84).

7.1.6.1. Opérations verbales au poids culturel propre

(10) Танцуй! /! tan 'tsuj/, lit. « Danse ! (Il y a une lettre pour toi.) » / lit. ¡Baila! (Hay una carta para ti.)

Ce mot de situation est prononcé par le locuteur qui veut remettre une lettre ordinaire (ou une nouvelle), surtout très attendue, au destinataire, à condition que ce dernier danse un peu.

Il existe plus d'une légende liée à la pratique de cette tradition. La plus représentative (Chubakha, 2006) remonte à l'époque de Pierre le Grand. La version narre qu'un groupe de boyards, i.e. de nobles, envoyés par le tzar russe en Hollande afin d'apprendre un métier, eurent à remettre une dépêche à un grand seigneur. Les multiples révérences de ce dernier, en recevant la dépêche, firent penser aux boyards qu'il s'agissait de bonnes manières hollandaises face à la réception de la nouvelle. À leur retour, ces mouvements de corps commençaient à se répandre d'un destinataire à l'autre, en ressemblant, avec du temps, à une danse.

Jadis, le facteur faisait danser le destinataire, mais à l'époque actuelle n'importe quelle personne de l'entourage du destinataire peut s'approprier le premier de l'enveloppe et lui demander de danser.

L'OCV liée à la danse à ce propos trouve également son reflet dans les sphères commerciales russes. « Danse, tu as un texto ! » – c'est ainsi que l'on peut entendre en Russie une sonnerie de portable pour recevoir un message court. Ou bien, observons le slogan publicitaire d'un service de courrier « City Express » : « Nous livrons, mais vous dansez ! » Enfin, sans toujours oublier les facteurs qui continuent à émettre avec joie « Dansez, il y a une lettre pour vous ! ». L'OCV

---

44 Épitre de Paul aux Romains, <http://bit.ly/2DlmNPY>. [Consulté : 10/01/2018].

russe porte un caractère ludique et ne veut pas dire que tout étranger qui reçoive une lettre en Russie ait à danser. Tout de même, la connaissance de ce contexte situationnel peut enrichir considérablement sa compétence de communication.

(11) *Загадай желание!* /! za ga 'daj ʒi 'la nje/, lit. « Fais un vœu ! » / lit. ¡*Pide un deseo!*

En Russie ce phrasème s'applique dans deux cas. Premièrement, l'énoncé est émis quand on voit un cil tombé sur le visage de son interlocuteur. Deuxièmement, quand on se trouve placé (assis ou debout) entre deux personnes portant un même prénom, par exemple, entre deux Vladimirs, deux Elenas, etc. Si la personne ne se rend pas compte qu'il est entre deux homonymes, on lui rappelle qu'il doit faire un voeu avant que les homonymes ne se séparent de lui.

(12) *Будь здоров!* /! 'bud' zda 'Rof/, lit. « Sois saint ! » / lit. ¡*Sé sano!*

Cette OV n'est pas exclusivement russe et son sens discursif équivaut à « À tes souhaits/ amours ! » en français, et à « ¡*Jesús!* » en espagnol.

La seule remarque distinctive entre les trois OCV consiste en ce que dans la cullture russe il est de mauvaise éducation de ne pas émettre le souhait une fois qu'une personne éternue. De la même manière, la politesse implique de répondre « Merci » à l'interlocuteur. Selon nos observations empiriques, le remerciement de retour, par exemple, n'est pas si fréquent dans l'interaction des Espagnols.

D'un autre côté, dans la culture russe il peut y avoir une autre expression relative à l'antérieure : *Точно!* /! 'totʃ na/, « Effectivement ! ». Le mot a lieu quand l'éternuement se produit juste après avoir prononcé quelque chose. Le geste fait croire en la réalisation sans faute de ce qui vient d'être déclaré avant d'éternuer. Par exemple, la phrase « Tu ne me crois pas, mais moi je t'aime à la folie ! » suivie d'éternuement sera moins douteuse que celle prononcée sans le geste.

(13) *На здоровье!* /! na zda 'Ro vje/ vs. *За здоровье!* /! za zda 'Ro vje/, lit. « À la santé ! » / lit. ¡*Por la salud!*

La première opération verbale est très connue par les Étrangers et, selon nos observations empiriques, bien appliquée à chaque moment de boire un verre à la russe. Le mythe absolu consiste à interpréter le geste comme « boire à la santé », tandis que la traduction de la formule signifierait en russe « Grand bien vous/ te fasse ! » en français, ou « *You are welcome!* » en anglais.

Dans la langue russe l'action de porter un toast à un vœu, à quelqu'un ou à quelque chose ne requiert pas l'emploi de la préposition « на », mais de « за » qui est bien justifiée dans le second exemple de notre entrée. Cette formule peut aussi inclure un des adjectifs possessifs, de la sorte que les Russes boivent pour ta, votre, notre ou leur santé.

Le rituel de boire à la santé joue un rôle important dans la culture du festin russe. Son origine est plutôt mythologique et s'explique par l'intention de souhaiter de la santé à la force supérieure en signe de remerciement d'avoir les repas et les boissons sur la table. Cette croyance a donné lieu à l'habitude de boire à la santé de celui avec qui on partage tout ce qui est placé sur la table.

(14) *На брудершафт! /! na bRu deR ʃaft/*, lit. « À la fraternité ! » / lit. *¡Por la fraternidad!*

La nature de l'OCV russe vient de l'allemand *Brüderschaft*, « fraternité » et son sens renvoie au fait de boire à la fraternité et à des relations plus cordiales.

La coutume russe a lieu à table quand deux personnes boivent en même temps, leurs bras entrereliés, et après s'embrassent (le dernier point est facultatif). À partir de ce moment, elles se considèrent plus proches et peuvent passer du vouvoiement au tutoiement. Prononcer cet énoncé à table ne relève que de bonnes intentions.

Par ailleurs, la coutume de boire à la fraternité a généré une expression courante « ne pas avoir encore bu à *Brüderschaft* » qui désigne ne pas avoir vécu ensemble une expérience telle qu'on puisse se permettre des familiarités, comme celle de se tutoyer. La traduction de cette phrase en français et en espagnol pourrait se transmettre au moyen des locutions verbales comme « ne pas avoir gardé les cochons ensemble » et *no haber comido del mismo plato*.

Enfin, l'emploi de cette OCV atteste de la variation diaphasique de la langue russe et peut être utile pour les représentations exogènes (*i.e.* formées ailleurs du système d'origine).

(15) *Ни пуха, ни пера! /ni 'pu kha ni pi 'Ra/*, lit. « Ni poil, ni plume ! » / lit. *¡Ni pelo, ni pluma!*

Le phrasème russe trouve son équivalent en français « Merde ! », et en espagnol « *¡Mierda!* »

Dotée de sens beaucoup moins vulgaire, la formule a son origine dans le cercle des chasseurs de l'époque. Avant d'aller à la chasse, on leur disait « Ni poil, ni plume ! » pour souhaiter de la chance et rejeter un mauvais sort. Le poil se référait aux animaux, et la plume aux oiseaux. Toujours pour éviter le mauvais oeil, les chasseurs répondaient à cette réplique « Au diable ! » au lieu de « Merci ! ».

Le dicton est passé du domaine de la chasse à celui de la vie quotidienne et est devenu extrêmement populaire. Les Russes émettent cette formule chaque fois qu'ils se heurtent à des événements importants (par exemple, examen, entretien de travail, activités publiques, démarches, etc.).

La contre-OV prévue est de réagir, comme les chasseurs, avec « Au diable ! ». Il est évident qu'on peut éprouver beaucoup de gêne d'avoir à envoyer l'interlocuteur au diable au lieu de le remercier. La formule peut être adoucie et alors élargie jusqu'à « Excuse-moi, mais va au diable ! ».

(16) Блин! /! 'blin/, lit. « blin, crêpe » / lit. ¡Crepe!

Étant un des marqueurs de la variation diaphasique, ce mot de situation s'emploie au registre très familier, Dû à sa nature exclamative, il est utilisé par les Russes afin d'exprimer n'importe quelle réaction.

L'OV provient de son équivalence semblable Черт! /! 'tʃoRt/, « Diable ! ». Au XIXe siècle, cette dernière était appréciée comme une réaction ou une insulte assez forte dans le cadre de la norme communicative russe. Bien que l'usage de l'énoncé fût très fréquent, il était déconseillé pour des critères religieux. La croyance populaire de vieille date continue toujours à être en vigueur actuellement : il suffit simplement de prononcer « diable » pour que le diable, lui-même, l'entende, s'approche et fasse du mal à la personne qui le mentionne.

Désormais, la formule au sens blasphémateur s'est transformée en mot de situation au sens gastronomique et renferme moins de nuances négatives et péjoratives. Par Блин! /! 'blin/, lit. « blin, crêpe » les Russes ont l'habitude d'exprimer la même gamme d'émotions, même très ample (indignation, peine, déception, mais aussi joie et surprise).

7.1.6.2. Opérations comportementales

(17) Échanger les alliances

La culture russe, étant chrétienne et orthodoxe, prévoit que les fiancés mettent les alliances à l'annulaire de la main droite. La tradition russe veut également qu'on porte l'alliance à l'annulaire gauche au cas où on est fiancé, divorcé ou veuf.

(18) Tirer les oreilles le jour d'anniversaire

Cette OC est partagée par les locuteurs de la culture russe, française et espagnole et s'avère une sorte de félicitation. On procède à tirer les oreilles de la personne qui fête son anniversaire en fonction des ans accomplis.

À la différence des cultures européennes, la russe possède une nuance comportementale : le dernier geste de tirer s'effectue avec plus de force et veut exprimer le souhait que la personne grandisse.

(19) Offrir des fleurs ou un cadeau

Il est de mise que quand on est invité chez quelqu'un en Russie on n'arrive pas les mains vides et on porte soit des fleurs ou un petit détail, soit un dessert ou du vin.

Il est curieux que les auteurs des guides touristiques espagnols préviennent aussi de cette politesse positive : « *Si os invitan conviene presentarse con unas flores y una o unas botellas de vodka o vino* » (Peña, 2004 : 60 ; *Cf.* aussi Richmond, 2006 : 46) ou bien « *Si un ruso le invita a su casa, llévele un pequeño regalo* » (Daubenton, 2001 : 56).

De même, on peut y trouver un avis sur une autre OC possiblement inattendue pour les Étrangers : « *No se extrañe si no lo abre [el regalo] ; lo hará cuando usted se haya ido* » (Daubenton, 2001 : 56). Donc, dans la culture russe cela n'exprime pas la politesse négative.

Une autre recommandation, non moins pratique, consiste à prévenir de porter un nombre pair de fleurs, en signalant que le nombre impair se réserve pour les funérailles, selon les normes de l'hospitalité russe (Richmond, 2006 : 75).

(20) Se déchausser à l'entrée chez quelqu'un

À cause des conditions climatiques, en Russie il est d'usage d'enlever les chaussures à l'intérieur de la maison.

Cette OC est strictement mentionnée dans les guides touristiques étudiés : « *Os ofrecerán unas zapatillas* » (Peña, 2004 : 60) ; « *Cálcese los tapkis (una especie de babuchas) al llegar y admire el piso de sus huéspedes* » (Daubenton, 2001 : 56).

(21) Ne pas se saluer, ni s'embrasser au seuil de la maison

Cette OC qui est très respectée chez les Russes s'explique par la superstition populaire. Cette dernière est déterminée par le mot « seuil », lui-même, en tant que notion de la proxémique russe. Le seuil possède un symbolisme spatial très fort qui est considéré comme une frontière entre deux mondes différents : le chez soi, qui est sûr, et l'extérieur, qui est hostile.

Une interprétation approximative du geste figure bien dans quelques guides espagnols dont les auteurs recommandent d'attendre jusqu'à franchir le seuil : « *No estreche la mano de su anfitrión en el dintel de la puerta, ya que allí se considera que este gesto da mala suerte* » (Daubenton, 2001 : 56 ; *Cf.* aussi Richmond, 2006 : 75).

(22) Monter et descendre par n'importe quelle porte dans les transports en commun

Cette OC est une des peu nombreuses qui ont subi des changements avec le temps. Autrefois en Russie les passagers montaient dans les transports en commun (autobus, trolleybus, tramway) par la porte de devant et descendaient par les autres, ce qui continue toujours, en fait, à se faire en France et en Espagne. L'OC a changé de nos jours : on monte et on descend par n'importe quelle porte.

La langue-culture russe est riche en procédés verbaux (mots de situations) aussi qu'en rituels comportementaux (OC). C'est tout un vocabulaire fonctionnel et un modèle comportemental qui, en l'observant de plus près, livre accès au non natif à se sentir comme parmi ses semblables. De même, la connaissance et la maîtrise de ce site lexiculturel lui permettrait d'améliorer sa compétence stratégique, situationnel, culturelle et communicative, en général.

> *Récapitulons*
>
> En suivant R. Galisson, nous insistons sur l'importance de continuer à explorer la culture dans la langue. L'interprétation de la culture par la langue et de la langue par la culture contribue, à notre avis, à avoir une perspective plus ample, plus objective et plus positive dans la compétence culturelle de l'Étranger. En se rendant compte des implicites culturels des moyens purement langagiers, il serait fort possible que l'Étranger tomberait moins souvent dans le piège de ses préjugés sentimentaux.
>
> Les sites lexiculturels russes, recueillis dans un corpus au nombre d'une soixantaine, en matière de mots à CCP, OC(V), PVC, noms de marques ou d'appellation, mots-valises et mots occultants sont un exemple d'excellents outils d'acculturation fiables pour les non natifs. Leur acquisition peut être aussi institutionnelle (avec le concours d'un agent) qu'autodidactique directe (par observations individuelles) ou autodidactique indirecte (non présentielle).
>
> Le dernier cas qui nous paraît plus fréquent de nos jours peut déboucher sur la formation en la langue-culture russe en ligne. La connaissance du poids culturel des mots russes témoigne d'une telle grande importance qu'on peut trouver de multiples faits de la culture partagée sur les dictionnaires et encyclopédies électroniques, dont *Wikipédia*. Sans recourir au terme de R. Galisson, les créateurs des lemmes électroniques partagent avec les lecteurs des faits curieux qui ne sont pas l'objet de la description principale. Ils se présentent sous forme de rubriques qui normalement closent l'entrée, comme par exemple « Dans la culture », « Dans l'art », « Dans le cinéma », etc.

CHAPITRE 8 LE COMPORTEMENT COMMUNICATIF DES PORTEURS DE LA CULTURE RUSSE

8.1. Préliminaires

Le comportement communicatif fait partie indispensable de la vie de la nation et de sa culture endogène (*i.e.* constituée dès l'intérieur sans l'action des facteurs d'ailleurs). Dans le cadre pratique et la démarche pluriculturelle, nous nous intéressons davantage à la culture courante sous-tendant les mœurs quotidiennes des individus qui se transmettent d'une génération à l'autre.

Comme toute autre, la culture nationale russe est constituée de valeurs, entourées, à leur tour, de principes, qui se mettent en œuvre en tant que normes communicatives. Ce sont des habitudes, des opinions, des idées, des représentations et des convictions partagées, aussi bien que des stéréotypes mentaux et comportementaux concrets, qui déterminent le rapport de l'endogroupe à la réalité extérieure et à sa vision du monde.

La culture courante ou populaire russe se trouve dans tous les champs sémantiques et se met en évidence, plus particulièrement, dans les secteurs des traditions, des rituels, des fêtes, des jeux et des spectacles.

8.2. Le concept « fête »

Une des notions qui contribue à la compréhension de la nation russe, de sa culture courante et de la mentalité de ses membres est celui de « fête ».

Depuis toujours la Russie a été un pays plus agraire que conquérant où la vie se déroulait autour du calendrier agricole prescrivant les semaines de travail et les périodes festives. Ces dernières étaient destinées à un patron ou à la célébration d'un des types de labeur (par exemple, une récolte).

Le concept[45] « fête » est donc une des bases de la mémoire historique collective du peuple russe. Chez les natifs, il s'associe au temps libre, au temps sans travail,

---

45 En traitant la notion « concept » nous nous rattachons à la définition du linguiste russe Vladimir Karasik (2005 : 8), d'après lequel c'est un ensemble de « formations mentales qui représentent les fragments de l'expérience, typiques et significatifs, gardés dans la mémoire des sujets parlants » ; et à celle du linguiste israélien Abram Solomonik

à la réception des hôtes ou *a contrario* à l'invitation chez quelqu'un accompagnée d'un bon repas. Ces connotations sont recueillies dans le célèbre *Dictionnaire de la langue russe* de S.I. Ozhegov :

1. jour de célébration fixé en mémoire de quelqu'un ou de quelque chose ;
2. jour ou période célébrés par l'Église en mémoire d'un événement religieux ou d'un patron ;
3. jour non ouvrable ;
4. célébration ou prétexte de joie ;
5. jour plein de divertissements et de jeux[46].

Le concept « fête » existe sous la même force sémantique dans la langue française et, selon l'analyse des articles de dictionnaire, la base de notions générales y est identique à la russe. La connotation de la fête s'y détermine à l'aide des noyaux tels que fête, foire, jour du Saint, vie de plaisir, bringue et jour spécial. Cependant, les éléments du concept peuvent varier d'un dictionnaire français à l'autre. Ainsi, dans le *Dictionnaire de français « Littré »*[47], les acceptions religieuses sont abondantes. Les autres acceptions de la fête sont liées à l'anniversaire et aux réjouissances publiques et en famille.

La version électronique de *Larousse* présente le panorama suivant :

1. Solennité religieuse ou cérémonie commémorative.
2. Jour consacré à la mémoire d'un saint considéré comme le patron d'un pays, d'un groupe, d'une profession ou dont une personne a reçu le nom comme prénom.
3. Réjouissances publiques destinées à commémorer périodiquement un fait mémorable, un événement, un héros, etc.
4. Réjouissances, festin, bal offerts par quelqu'un en l'honneur de quelque chose.
5. Partie de plaisir.
6. Toute cause de vif plaisir.

Les auteures du *Diccionario de términos del turismo* (Aragón *et al.*, 2009 : 133–134, 471) proposent depuis la perspective interculturelle (français-espagnol) les significations suivantes pour le lemme « fête » dans les deux parties : « festivité, festival, fête nationale, foire, fête patronale » et renvoient les utilisateurs aux

---

(1995 : 246) : « une notion abstraite scientifique, élaborée à base d'une notion concrète vitale » [Traduit par nos soins].

46 [Traduit par nos soins] *Dictionnaire de la langue russe*, (réd. S.I. Ozhegov), <http://bit.ly/2ExelwJ>.
47 *Cf. Dictionnaire de français « Littré »* [en ligne], <http://bit.ly/2AQvLSC>.

concepts de « réjouissances, gala, jour férié, tenue de soirée, banquet, réception, festin, religion, parc d'attractions ».

Le lemme espagnol *fiesta* dans le *DRAE* (en ligne) acquiert les significations suivantes :

1. *f. Día en que se celebra alguna solemnidad nacional, y en el que están cerradas las oficinas y otros establecimientos públicos.*
2. *f. Día que la Iglesia celebra con mayor solemnidad que otros.*
3. *f. Solemnidad con que se celebra la memoria de un santo.*
4. *f. Diversión o regocijo.*
5. *f. Regocijo dispuesto para que el pueblo se recree.*
6. *f. Reunión de gente para celebrar algún suceso, o simplemente para divertirse.*
7. *f. Agasajo, caricia u obsequio que se hace para ganar la voluntad de alguien, o como expresión de cariño.*
8. *f. coloq. Chanza, broma.*
9. *f. pl. Vacaciones que se guardan en la fiesta de Pascua y otras solemnes.*

Le parcours des dictionnaires des trois langues laisse voir que les champs sémantiques du concept « fête » ne sont pas seulement « jours destinés à commémorer » ou « jours non ouvrables », mais aussi « plaisir, réjouissance, bonne humeur ». C'est-à-dire, même pendant les jours ouvrables, les Russes, les Français et les Espagnols ont la fête dans leur cœur.

Cependant, face aux cultures européennes, la notion russe omet la signification du jour du Saint, vu que pour cette occasion il existe un terme à part : *именины* /i mi 'ni ny/, lit. « le jour du prénom ».

Nous adhérons également aux considérations de V.P. Berkov *et al.* (2003 : 19) d'après lesquelles le synonyme absolu du terme russe « fête » est *застолье* /za 'sto lje/, « festin ». Dans la réalité russe, ce mot est plus culturel que les mots « festin / *festín* » des cultures correspondantes. Il est formé à partir de la racine *стол* /'stol/, « table », et veut dire passer le temps en compagnie autour d'une table copieuse, tout cela accompagné de toasts, d'anecdotes et de chansons populaires.

8.2.1. L'aspect quantitatif de la notion « fête »

La culture russe diffère des autres cultures en regard par le nombre des fêtes qui sont classées en nationales, populaires, religieuses et professionnelles. D'après les natifs, en Russie presque chaque jour est une fête : bien que celle-ci ne soit pas une occasion festive, ni un jour férié, elle peut se célébrer selon un prétexte particulier comme, par exemple, « la Journée des Amis », « la Journée de la Jeunesse », « la Journée du Bisou », etc.

En suivant les données de *Wikipédia*, dans le cadre officiel des occasions festives et des jours commémoratifs, annuellement, dans le pays on célèbre, approximativement, 150 fêtes, *i.e.* 12 fêtes par mois. Le plus petit nombre de fêtes tombe en février (7–8 occasions), le plus grand – en septembre et en octobre (15–17 occasions).

La grande importance de la fête dans la culture russe est également prouvée par la création de nouvelles dates.

En 1994, « la Journée du Professeur », fixée dès 1965 et célébrée le premier dimanche d'octobre, a acquis sa date précise, le 5 octobre.

En 1996, la date du 7 novembre, connue dans la mentalité collective des Russes comme l'Anniversaire de la Grande Révolution Socialiste d'Octobre de 1917, a cessé d'être fériée et est passée à s'appeler « Journée de l'Accord et de la Réconciliation ».

En 2005, le 4 novembre a été proclamé comme la date qui compense la célébration de l'Anniversaire de la Grande Révolution Socialiste d'Octobre de 1917, mais sous un nom différent : « Journée de l'Unité nationale ».

En 2008, le Conseil de la Fédération de la Russie a reconnu comme fériée la date du 8 juillet. La fête porte le nom « la Journée de la Famille, de l'Amour Conjugal et du Bonheur Familial », commémorant celle des protecteurs de la vie conjugale Saint-Pierre et Sainte-Phèdre. Selon Valentina Petrenko, chef de la politique sociale, elle fait réfléchir les gens sur le modèle de la famille et la fait devenir la « fête de la moralité, de l'âme, de la pensée humaine et de la foi »[48]. D'autre part, la femme de l'ex président de la Russie, Svetlana Medvedeva, a trouvé logique de considérer la marguerite en tant que symbole et emblème de cette fête, vu que cette fleur est « véritablement russe »[49]. La marguerite possède une forte valeur culturelle en Russie et, comme tout autre fleur, exprime sa propre signification, ce qui sera traité *ut infra* dans notre livre.

L'inauguration de la fête la plus récente, approuvée par le gouvernement russe a eu lieu en 2010. Désormais, la date du 28 juillet commémore la conversion du peuple russe au christianisme et porte le nom « la Journée du Baptême de la Russie et de la mémoire du Grand-Prince Vladimir "le Soleil Rouge" ». Ce dernier a renoncé au paganisme et a imposé à son peuple la religion chrétienne de rite byzantin en 988.

---

48 <http://bit.ly/2CQMlDK>. [Consulté : 7/01/2018].
49 <http://bit.ly/2CYUfyj>. [Consulté : 7/01/2018].

Le concept « fête », supposant une gamme d'occasions très riche et variée dans la culture russe, est présent dans l'étude de nombreux linguistes nationaux. Ainsi, Yuri Stepanov (1997 : 44), le créateur du *Dictionnaire de la culture russe,* a élaboré une étude sur la structure de trois niveaux du concept de la fête russe dans laquelle il dégage :

1. un indice actuel général ;
2. un indice supplémentaire nommé passif ;
3. une forme intérieure, d'habitude impensable mais reflétée dans la forme extérieure verbale.

L'auteur illustre son hypothèse sur le modèle des fêtes du 8 mars et du 23 février. Selon l'indice actuel général, la première date correspond à « la Fête des Femmes » et la seconde, à « la Fête des Hommes ».

Selon l'indice supplémentaire ou passif, « la Fête des Hommes » correspond aussi à « la Journée du Défenseur de la Patrie », ainsi qu'à « la Journée de l'Armée Soviétique et de la Flotte Militaire de la Marine ».

Selon la forme intérieure, le 23 février est la date de la formation de l'Armée Rouge pour se confronter aux troupes allemandes en 1918 sur la Narva. Le 8 mars, à son tour, commémore le jour du *meeting* des femmes à New-York de 1908 dont la célébration postérieure s'est étendue jusqu'en Europe et en Russie.

Nous adhérons au schéma de la solidarité sociale par l'équilibre des forces de G.-D. de Salins (1992 : 96) et dans le domaine des fêtes russes, nous voudrions souligner l'action de deux principes :

1. Principe du jeu d'équilibre des forces sociales, selon lequel les rituels festifs laissent un impact sur la solidarité du groupe.

   Chaque fête en Russie s'avère être un phénomène social et cérémonial et sert à rééquilibrer le système aussi bien qu'à oublier la différenciation établie dans la communauté. Si la femme russe « passe son temps » dans la cuisine pour nourrir sa famille, une cérémonie de rééquilibrage dans la culture est le 8 mars, « la Fête des Femmes ».

   Les élèves, d'habitude socialement soumis à l'autorité des professeurs, ont les rituels de rééquilibrage suivants :
   – « La Dernière Sonnerie », la fête qui se célèbre entre le 20 et le 25 mai et signifie la fin de l'année scolaire. À cette date, les élèves de terminale, qui sont les acteurs principaux, se produisent devant le corps enseignant au moyen de mises en scène, de chansons, de parodies et d'autres productions humoristiques. D'une part, ils tournent en dérision les « défauts » des professeurs et leurs manières individuelles d'enseigner ; d'autre part, c'est une façon de les remercier du travail fait le long des années à leur égard.

– « La Journée de l'Autogestion », un rituel scolaire qui porte un caractère régional et qui a lieu pour que les élèves se mettent dans la peau des professeurs et fassent des cours à des classes plus petites.
2. Principe de la variation
S'avérant une catégorie non seulement sociale, mais aussi linguistique, le concept « fête » est subordonné aux changements extérieurs. Ainsi, la fête encore célébrée le 23 février a vu modifier sa dénomination au cours des années : « la Journée de l'Armée Rouge et de la Flotte » (1922) → « la Journée de l'Armée Soviétique et de la Flotte Militaire de la Marine » (1946) → « la Journée du Défenseur de la Patrie » (2002) → « la Fête des Hommes » (dénomination courante actuelle).

8.2.2. Fêtes aux dates et aux signifiés communs

Du découpage de la dimension russe en jours, semaines, mois, saisons et années, vu antérieurement dans le § 6.2, émergent les repères valables pour la collectivité culturelle : l'alternance des jours fériés et des jours de travail. Le rythme annuel s'articule en Russie autour des dates rituelles les plus célébrées comme le Nouvel An, Noël, le jour d'anniversaire, Pâques, les vacances, le 8 mars, etc.

Les fêtes s'intègrent dans la culture ordinaire de la communauté russe en dépit de leurs dates. En comparant l'aspect temporel des fêtes, notons avant tout que les trois cultures (russe, française et espagnole) coïncident en une série d'occasions :

Le 31 décembre – la Saint-Sylvestre ;
Le premier janvier – le Nouvel An ;
Le 14 février – la Saint-Valentin ;
Le 8 mars – en Russie, « la Journée Internationale des Femmes » / en France, la Journée Internationale de la Femme / en Espagne, *el Día de la Mujer (Trabajadora)* ;
Le premier mai – en Russie, « la Fête du Printemps et du Travail » / en France, la Fête du Travail / en Espagne, *el Día Internacional de los Trabajadores*.

8.2.3. Fêtes aux signifiés communs, mais aux dates différentes

Il arrive que les communautés russe, française et espagnole célèbrent les mêmes occasions festives, mais à des dates différentes. Ce manque de coïncidences, appelé par Rosa Rabadán « *inequivalencias interlingüísticas* » (1991 : 109–173), peut être illustré dans l'étude des fêtes des trois cultures dont la plupart renvoie aux prétextes religieux.

Après être passée du calendrier julien, introduit par Jules César en 46 av. J.-C. au calendrier grégorien approuvé le 15 octobre 1582, l'Europe célèbre une série de fêtes chrétiennes treize jours avant la Russie. L'église orthodoxe de la Russie, à son tour, continue à fêter d'après « l'ancien/ le vieux style » toutes célébrations ayant lieu avant 1582, bien que le calendrier grégorien soit entré en vigueur dans le pays en 1918, à la suite du décret de V. Lénine.

Le panorama général des différences plurilinguistiques entre les fêtes célébrées en Russie, en France et en Espagne se présente de manière suivante (en premier lieu figure la date fixée en Russie, en second – en France et Espagne) :

Noël – le 6–7 janvier / le 24–25 décembre ;
Le Baptême du Christ – le 19 janvier / le dimanche qui suit l'Épiphanie[50] ;
La Chandeleur – quarante jours après Noël : le 15 février / le 2 février ;
Pâques – le premier dimanche après la pleine lune suivant le 21 mars : entre le 4 avril et le 8 mai / entre le 22 mars et le 25 avril ;
Le dimanche des Rameaux – le dimanche avant Pâques ;
« La Journée de l'Idiot » ou « la Journée du Rire » – le premier avril / en France, le premier avril, « le poisson d'avril » / en Espagne (*Los Santos Inocentes*), le 28 décembre ;
L'Ascension – le quarantième jour à compter à partir du dimanche de Pâques ;
La Pentecôte – le cinquantième jour à compter à partir du dimanche de Pâques ;
La Toussaint – le dimanche suivant la Pentecôte / le premier novembre ;
« La Journée de la Mère » – le dernier dimanche du mois de novembre en France (la Fête des Mères), le dernier dimanche de mai / en Espagne (*el Día de la Madre*), le premier dimanche de mai ;
« La Journée du Défenseur de la Patrie/ la Fête des Hommes » – le 23 février / en Espagne, *el Día Internacional del Hombre,* le 19 novembre ;
« La Journée de la Victoire » – le 9 mai / en France, la Fête de la Victoire (en Europe), le 8 mai ;
« La Journée de la Défense des Enfants » – le premier juin / en France, la Journée Internationales des Droits de l'Enfant / en Espagne, *el Día del Niño,* le 15 avril (sauf Madrid qui célèbre le deuxième dimanche de mai) ;
La rentrée scolaire et universitaires – le premier septembre / début ou mi-septembre ;
La fin des cours scolaires – fin mai / fin juin.

---

50 La valeur religieuse de L'Épiphanie française, ni la coutume des *Los Reyes Magos* ne reçoivent aucun reflet dans le panorama des fêtes russes.

À la suite, nous essayons de contraster le manque d'équivalences pluriculturelles en ce qui concerne les vacances scolaires.

D'après le règlement du Ministère de l'Éducation Nationale de la Fédération de Russie, les élèves disposent de, au minimum, 30 jours pendant les mois scolaires et de 8 semaines pendant l'été. La durée de l'année scolaire en Espagne inclut, impérativement, plus ou moins 180 jours et est établie en France à 36 semaines.

Les noms et les dates des vacances ne coïncident jamais dans le domaine académique des trois pays :

Russie[51]	France[52]	Espagne[53]
Vacances d'automne Fin octobre – début novembre	Vacances de la Toussaint Du 17 octobre au 2 novembre	
Vacances d'hiver (« Vacances de Nouvel An ») Fin décembre – début janvier	Vacances de Noël Du 19 décembre au 4 janvier	Vacances de Noël Du 23 décembre au 7 janvier
	Vacances d'hiver Entre février et mars (les dates varient selon les zones)	
Vacances de printemps La dernière semaine de mars	Vacances de printemps Entre avril et début mai	Vacances de Pâques Du 24 mars au 4 avril
Vacances d'été De juin à août (3 mois)	Vacances d'été À partir du début de juillet	Vacances d'été À partir du 22 juin

En Russie, le plus long trimestre académique tombe sur la période entre le début du mois de janvier et la fin mars, tandis qu'en France, les élèves dans cette période ont le droit, de plus, à des vacances d'hiver. En revanche, les grandes vacances en Russie sont les plus longues par rapport aux normes européennes.

Or, la France diffère des autres pays en regard par ses cinq périodes de vacances pendant l'année académique.

---

51 Les dates à titre indicatif, en fonction des établissements scolaires limités par les délais fixés par le Ministère d'Éducation de la Fédération de Russie et les départements régionaux d'enseignement.

52 Le calendrier de l'année scolaire 2015–2016 approuvé par le Ministère de l'Éducation Nationale du pays, <http://bit.ly/1lyAuPD>. [Consulté : 10/01/2018].

53 Les dates pour l'année scolaire 2015–2016 à titre indicatif, en fonction des établissements scolaires limités par les délais fixés par le Ministère de l'Éducation, de la Culture et des Sports (Espagne) et les départements régionaux d'enseignement, <http://bit.ly/2EyB5fH>. [Consulté : 9/01/2018].

Enfin, dans la répartition de l'année scolaire en Espagne, nous constatons la plus longue durée des semestres académiques.

En nous situant dans la démarche linguistique du cadre pratique, profitons-en pour dire que, du point de vue étymologique, le mot russe « vacances », *каникулы* /ka 'ni ku li/, provient du mot latin *canicula*, « petite chienne ». Le terme référait à Sirius, l'étoile principale de la constellation du Grand Chien, également appelée Alpha Canis Majoris qui se levait pendant la période la plus chaude de l'été et présageait le repos du travail continu.

8.2.4 Fêtes aux dates et aux signifiés propres

8.2.4.1. Occasions nationales communes

Certaines fêtes russes n'ont pas d'équivalences en français, ni en espagnol puisqu'elles ne sont propres qu'à la culture endogène. Le panorama général des fêtes en Russie inclut sans faute :

> Le 20–25 mai, « La dernière sonnerie » – la fête de la fin de l'année scolaire ;
> Le 22 juin – « la Journée commémorative du commencement de la Seconde Guerre Mondiale » ;
> Le 8 juillet – « la Journée de la Famille, de l'Amour Conjugal et du Bonheur Familial » ;
> Le premier octobre – « la Journée des Personnes Âgées » ;
> Le 7 novembre – « la Journée de l'Accord et de la Réconciliation » ;
> « La Journée de la Ville » – elle se célèbre en fonction de la date accordée par le pouvoir municipal de chaque ville en Russie. On peut l'apprendre sur la page de la ville correspondante sur *Wikipédia* (par exemple, à Moscou, c'est le premier dimanche de septembre ; à Omsk, le premier dimanche d'août).

Nonobstant, au sein de la culture française et espagnole, on célèbre de plus en plus les fêtes qui n'ont pas lieu en Russie :

> La Fête des Pères – le troisième dimanche de juin / *el Día del Padre*, le 19 mars ;
> La Fête des Grands-mères (le premier dimanche de mars) + la Fête des Grands-pères (le premier dimanche d'octobre) / *el Día de los Abuelos*, le 26 juillet.

8.2.4.2. Occasions professionnelles

L'histoire de l'acceptation de nombreuses fêtes russes au caractère professionnel date de l'époque soviétique où le nombre restreint des jours officiellement fériés se compensait au fur et à mesure par les fêtes professionnelles. Dans le but de la propagande, l'État a proclamé presque chaque dimanche dédié à un corps de métier, et il n'en restait aucune qui n'ait sa propre fête. Après la dislocation de l'URSS, la tradition de cette catégorie des fêtes ne s'est pas interrompue, puisque l'amour aux fêtes en Russie est éternel. Le parcours des fêtes professionnelles les plus célébrées en Russie nous renvoie aux dates suivantes :

> Le 25 janvier – « la Journée des Étudiants » ou « la Journée de Tatiana » ;
> Le 12 avril – « la Journée de la Cosmonautique » ;
> Le dernier dimanche de juillet – « la Journée de la Jeunesse », etc. ;
> Le premier dimanche d'août – « la Journée du Cheminot » ;
> Le deuxième dimanche d'août – « la Journée du Constructeur » ;
> Le 5 octobre – « la Journée du Professeur » ;
> Le 10 novembre – « la Journée de la Milice ».

Les autres fêtes professionnelles restent moins connues, mais elles se célèbrent beaucoup, au moins, parmi les spécialistes du domaine (« la Journée du Publiciste », « la Journée du Philologue », etc.).

8.2.4.3. Occasions politiques

Le panorama festif russe des célébrations religieuses, nationales communes et professionnelles est complété par les fêtes au caractère politique :

> Le 12 juin – « la Journée de l'Indépendance de la Russie » ;
> Le 4 novembre – « la Journée de l'Unité nationale » ou « la Journée de la Fédération de Russie » ;
> Le 12 décembre – « la Journée de la Constitution de la Fédération de Russie ».

Remarquons à ce propos que les guides touristiques espagnols coïncident pour recueillir presque toute la chronologie des fêtes russes, non sans ajouter à la liste d'autres occasions festives. En particulier, le 7 octobre y est nommé comme « Fête de la Constitution », bien qu'elle ne se célèbre pas depuis l'époque de l'URSS ; ou le 21 août qui est proclamé comme date commémorative du coup d'État de l'année 1991, bien qu'elle ne se fête point en Russie (Peña, 2004 : 81).

8.2.5. L'encadré culturel des fêtes russes

En tenant compte d'une gamme variée des fêtes célébrées en Russie, nous estimons nécessaire d'en dégager celles qui passent chez les natifs pour les plus typiques et les plus célébrées. Dans ce classement, nous suivons les recommandations des auteurs des brochures sur l'adaptation culturelle au sein du contexte russe (Volskaya, 2001 : 27-28 ; Berkova, 2003 : 16-19) :

(1) Le Nouvel An (le premier janvier)

La date de la fête du Nouvel An a subi des changements : jusqu'au XIVe siècle on la célébrait le premier mars ; sa tradition essentielle était de verser du blé sur le plancher ce qui symbolisait une bonne récolte. Au XIVe siècle, la Cathédrale de Moscou a accordé la date du premier septembre selon le calendrier grec. Ce n'est qu'en 1699 que Pierre le Grand, revenu du voyage en Europe, a émis l'ordre de célébrer le Nouvel An le premier janvier. Il a encouragé le peuple russe à mettre un sapin décoré chez eux, à s'amuser et à faire de la luge ce jourlà. Désormais, le premier jour de l'année depuis 1700 commence par un défilé spectaculaire sur la Place Rouge à Moscou ; dans la nuit, le ciel de chaque ville russe s'illumine par des feux d'artifice.

Au niveau culturel, le Nouvel An est la fête la plus grandiose et la plus aimée en Russie et la plus curieuse pour les Étrangers. Premièrement, c'est une fête ayant la durée de la célébration de presque vingt jours. Les Russes commencent à le fêter le jour du Noël Catholique pour se montrer solidaires avec les Européens, ils continuent la festivité du 31 décembre au premier janvier ; après, ils célèbrent le Noël Orthodoxe du 6 au 7 janvier et ils achèvent le marathon festif du 13 au 14 janvier en rendant hommage au « Vieux Nouvel An ».

L'importance de la célébration du Nouvel An pour les natifs s'explique par l'aphorisme populaire russe « Ta célébration du Nouvel An conditionnera ton année entière ». Les Russes célèbrent le plus souvent cette fête en famille, sauf les jeunes gens qui, étant encore célibataires, peuvent se réunir en grandes compagnies d'amis.

En Russie, il est de mise de féliciter non seulement ses familles et ses proches, mais aussi les passants dans la rue, les vendeurs dans les magasins, les employés dans les secteurs publics, etc. Au moment des vœux, il est très important de prendre en compte si minuit a déjà sonné ou va encore sonner. Cette nuance chronémique influence exclusivement les formules communicatives de félicitation. La première se prononce avant minuit et pourrait être traduite comme « Bonne Année qui vient ! » Et l'autre s'entend après minuit et s'interprète comme « Bonne Année qui est déjà venue ! » Notons que les deux vœux n'ont pas d'équivalences en français, ni en espagnol, et attestent donc d'une créativité bien adaptée des Russes aux circonstances données.

Pour règle générale, les Russes se réunissent à table le soir du 31 décembre et commencent le réveillon par se souvenir de toutes les bonnes choses qui leur sont arrivées durant l'année courante, nommée « vieille année ». De la sorte, ils remercient « la vieille année » de tous les apports personnels et professionnels et lui « font leurs adieux » avant de « laisser entrer » chez eux la nouvelle année.

En guise de cadeaux pour le Nouvel An, il est très courant de faire et de recevoir des symboles de l'année « qui vient » en fonction du calendrier oriental d'animaux. De ce point de vue, la mentalité russe se dégage par son caractère subliminal : par exemple, pour l'Année de Chien, tout le monde s'échange des jouets ou des souvenirs de chien.

L'attribut principal de la fête est le sapin. La légende raconte qu'auparavant, au lieu d'un sapin, on décorait d'autres arbres, par exemple, des cerisiers, vu que les arbres avaient de bons esprits et portaient une force positive dans la culture russe ancienne. Cependant, le sapin y occupait un lieu plus important, étant considéré un élément sacré symbolisant la vie, elle-même, et la renaissance dès l'obscurité. Décorer le sapin signifiait alors faire de la lèche aux bons esprits.

L'interprétation linguistique du lexème « sapin » *елка* /'jol ka/ est principalement liée en Russie à deux indices transmis par les adjectifs « artificiel » et « naturel ». Il n'est pas aussi fréquent en Russie qu'en Europe d'installer et de décorer un sapin artificiel. Les Russes attribuent une grande importance à l'arôme naturel du sapin (qui est surtout le plus fort quand on l'introduit à la maison depuis la gelée extérieure). On associe la fragrance du sapin à celle de la fête, elle-même : « La maison doit sentir le sapin ». Donc, on met et on décore le sapin quelques jours avant le 31 décembre, on place sous l'arbre des cadeaux et on le garde chez soi pendant les fêtes de Noël orthodoxe et de Vieux Nouvel An, ce qui fait, au total, une vingtaine de jours. Selon nous, la différence de l'habitude de préférer un sapin naturel à l'artificiel est déterminée, entre autres, par la faune végétale de la Russie où prédominent les forêts.

Le personnage typique de la fête du Nouvel An est une figure équivalente au père Noël ou à Santa Claus. Il est nommé en russe *Дед Мороз* /'djet ma 'Ros/, lit. « grand-père qui gèle » dont la résidence est située dans la ville russe de Veliki Oustioug. En se déguisant en ce personnage, les adultes (parents ou amis de la famille) tâchent de maintenir la foi dans les miracles chez les petits.

Le père Noël russe est toujours accompagné d'un personnage féminin nommé *Снегурочка* /sni 'gu Ratʃ ka/, « petite-fille faite de neige ».

(2) Noël (le 7 janvier)

Le fait d'avoir conservé le calendrier julien par les orthodoxes explique l'écart de 13 jours par rapport au 25 décembre selon le calendrier grégorien.

C'est une fête moins populaire et moins largement célébrée que le Nouvel An ou Pâques. En Russie il n'y pas de règles obligatoires et communes pour tout ce qui concerne sa festivité. Le trait distinctif de cette fête chrétienne est une messe nocturne qui dure des heures à l'église et qui se transmet en direct.

(3) Le Vieux Nouvel An (le 14 janvier)

Pour les mêmes raisons de différence entre les deux calendriers, les Russes célèbrent le Nouvel An une fois de plus. La fête est apparue en 1918 et reprend la célébration du Nouvel An dite « au vieux style ».

(4) Le Baptême du Christ (le 19 janvier)

La fête commémore un des épisodes de la vie du Christ, notamment son baptême dans le Jourdain. En imitant le geste de l'immersion du Jésus-Christ dans l'eau bénite, les Russes prennent aussi en charge leurs péchés. Le calendrier populaire lie cette occasion à une gelée sévère (dite « gelée de baptême » qui peut atteindre -40°C) qui a l'habitude de régner dans le pays à ces dates-là.

(5) « La Journée du Défenseur de la Patrie/ la Journée de la Flotte Militaire de la Marine/ la Fête des Hommes » (le 23 février)

La fête a cessé d'être exclusive pour les militaires, étant célébrée actuellement en tant que fête de tous les hommes. Comme nous l'avons noté *ut supra*, la date remonte à 1918, l'année de la naissance de l'Armée Rouge (Soviétique) qui, ce jour-là, a remporté sa première grande victoire.

(6) Масленица /'mas li ni tsa/, Maslenitsa / Maslenitsa

C'est une festivité religieuse et folklorique connue dans la culture locale comme « la Fête du Beurre », d'où, en fait, son nom. Elle précède la Grande Semaine du Carême, dure sept jours et termine le Dimanche du Pardon, qui symbolise la fin de l'hiver et l'approche du printemps. L'attribut principal de cette festivité sont les *blini*, crêpes fines et de grand diamètre, qu'on associe populairement au soleil[54].

Il n'existe pas de date précise, et la fête tombe vers la fin février – début mars. Dans les cultures européennes on la compare au Carnaval[55] ; mais à la différence de ce dernier, la fête russe commence dès lundi au lieu de mercredi.

(7) La Journée Internationale des Femmes (le 8 mars)

---

54   Le fait de l'offrande symbolique de l'or faite au Dieu slave du soleil est particulièrement mentionné dans *op. cit.*, Peña (2004 : 87).

55   *Festival de la Mantequilla, equivalente al Martes de Carnaval en otros países* (Richmond, 2006 : 114).

Nous dirions que c'est la deuxième fête la plus célébrée en Russie après le Nouvel An. La décision de la fêter a été prise en 1910 suite à l'initiative de Klara Zetkin (1857-1933), une politique du mouvement communiste international qui revendiquait les droits des femmes. Au fur et à mesure, la nuance politique, féministe et propagandiste est passée à une charmante célébration en famille ou avec des amis.

Toutes les représentantes du sexe féminin, des petites filles aux femmes âgées, se sentent spéciales ce jour-là. La fête diffère de toutes les autres par le fait que les hommes se chargent de la plus grande partie du travail à la maison, ils préparent la table et ils offrent aussi des cadeaux, en remerciant de cette façon les femmes de toutes les tâches ménagères.

Du point de vue sociolinguistique, cette occasion rééquilibre les forces sociales (femmes *vs.* hommes), bien qu'elle n'ait lieu qu'une fois par an.

(8) La Semaine Sainte et Pâques

Comme nous l'avons vu *ut supra*, il n'existe pas de date précise pour cette fête, et, généralement, elle tombe vers avril – mai.

C'est la fête la plus religieuse pour les orthodoxes et, voire, plus attendue que la Noël.

(9) « La Fête du Printemps et du Travail » (le premier mai)

Cette fête a été inaugurée par le pouvoir soviétique pour célébrer la solidarité internationale des travailleurs et la force du prolétariat. De nos jours, elle maintient la date, mais celle-ci est déjà liée à un autre prétexte. En conséquence des changements politiques vécus en Russie, elle est connue comme fête du printemps et de la renaissance de la nature dont le symbole est le perce-neige.

(10) « La Journée de la Victoire » (le 9 mai)

La fête est largement célébrée dans le pays et liée à la fin de la Seconde Guerre Mondiale en 1945, appelée à l'échelle nationale « Grande Guerre Patriotique ».

(11) « La Dernière Sonnerie »

La date varie entre le 20 et le 25 mai et permet de célébrer la fin de l'année scolaire pour les collégiens et lycéens. Elle est surtout importante pour les classes terminales qui disent adieu à l'école pour toujours. Elles préparent alors une représentation (au caractère théâtral et humoristique) pour leurs professeurs, après laquelle une petite cloche dans la main d'une petite élève de primaire, assise sur une épaule d'un des terminales, annonce la fin des études scolaires. On associe également la fête aux larmes et à la tristesse d'abandonner les murs de l'école.

(12) « La Journée de la Russie » ou « la Journée de l'Indépendance » (le 12 juin)

Cette occasion festive se caractérise pour son apparition récente. En 1991 l'État a adopté la Déclaration sur la souveraineté du pays. Désormais, c'est une occasion chômée de plus, largement célébrée à l'échelle nationale, y compris les événements festifs organisés dans d'autres pays (France, Espagne, etc.) par les diasporas russes locales.

(13) « La Journée des Connaissances » (le premier septembre) ou « la Première Sonnerie »

A *contrario* que « la Dernière Sonnerie », c'est la fête qui symbolise la rentrée scolaire. Particulièrement, dans les collèges et les lycées, elle s'identifie par une tenue élégante des élèves et des professeurs, par la présence de beaucoup de fleurs et par la « première » cloche qui sonne. Ce geste est surtout symbolique pour les écoliers (et leurs parents) qui entrent pour la première fois à l'école.

(14) « La Journée de l'Accord et de la Réconciliation » (le 7 novembre)

Elle remonte à la date de l'anniversaire de la Révolution Socialiste d'Octobre, célébrée de 1917 à 1996 et connue en Russie comme « journée rouge du calendrier ». Vu les changements politiques sur l'arène russe, le prétexte révolutionnaire n'est plus pris en compte et, désormais, ce même jour, le peuple russe célèbre « la Journée de l'Accord et de la Réconciliation ». La décision du gouvernement d'attribuer un nouveau concept à la date habituelle s'explique, probablement, par l'intention de maintenir l'importance des événements politiques et sociaux si enracinés dans la mémoire des générations antérieures.

(15) « La Journée de la Constitution de la Fédération de Russie » (le 12 décembre)

Selon N.P. Volskaya (2001 : 27-28), cette fête n'est pas trop célébrée au niveau populaire, mais national, et malgré tout, chaque Russe la considère comme un jour férié.

Sauf les fêtes mentionnées *ut supra*, qui unissent tous les Russes en une nation et identifient leur identité collective, dans chaque famille il est de mise de célébrer les occasions personnelles et familiales : l'anniversaire, les noces et la Crémaillère.

(16) L'anniversaire

Les anniversaires en Russie se célèbrent régulièrement, et on les fête davantage chez soi avec des invités ou, rarement, dans les espaces de restauration.

La chanson typique russe d'anniversaire ne correspond pas aux versions française *Joyeux anniversaire !* et espagnole *¡Cumpleaños feliz!* du refrain américain fameux *Happy Birthday* : soit on ne chante rien du tout, soit on chantonne une partie d'un dessin animé russe *Tcheburashka et Crocodile Guéna*.

Selon la norme culturelle, il n'est pas admis de célébrer, ni de prononcer la formule *Bon anniversaire !* d'avance, même la veille. La superstition russe associe toutes célébrations fêtées à l'avance comme un mauvais présage lié aux funérailles et à l'anniversaire de la mort de quelqu'un.

Rappelons à ce propos que la célébration de l'anniversaire chez les Russes prédomine considérablement par rapport à l'habitude de fêter les jours des Saints.

(17) La Crémaillère

L'occasion se célèbre lors de l'emménagement dans un nouvel endroit. Ce dernier peut être un logement ou un bureau, neuf ou ancien, acheté ou restauré après les travaux.

(18) Les noces

De nos jours, il n'existe pas de règles uniformes, ni de rituels obligatoires pour fêter les noces. Dans la plupart des cas, on respecte les traditions folkloriques : « acheter » la fiancée, « voler » la fiancée ou son soulier, émettre le cri *Горько! /! 'goR' ka/*[56], « *¡Que se besen!* ».

Outre le jour de la cérémonie des noces, les couples russes ont l'habitude de célébrer l'anniversaire des noces. Parmi les dates les plus fêtées citons : 1 an, appelé « noces de tissu », 5 ans – « noces de bois », 10 ans – « noces des roses », 25 ans – « noces d'argent », 50 ans – « noces d'or », 75 ans – « noces de diamant ». La politesse positive pour ce type de fête serait d'offrir des cadeaux en fonction du nom de l'anniversaire.

En prenant en compte les paramètres quantitatifs et le poids culturel de la fête nous voyons que la valeur du concept « fête » dans la culture russe est immense. Les multiples occasions que les Russes ont l'habitude de célébrer : nationales, religieuses, professionnelles, personnelles, attestent du caractère national. Ce dernier se manifeste dans la joie, le plaisir de vivre, les réjouissances et la bonne humeur.

Les fêtes russes remplissent une fonction de régulation des liens sociaux entre les générations. En guise d'exemple, la signification culturelle des noces russes renvoie à la maintenance des traditions anciennes. Ces dernières comblent cette fête personnelle de valeurs symboliques et permettent de la concevoir non comme un fait simple, mais comme un rituel important.

De même, les Russes continuent à personnifier les saisons de l'année comme le faisaient leurs ancêtres et en font toute une fête : avec une régularité

---

56 *Cf.* l'analyse du palimpseste dans le § 7.1.5.2.

extraordinaire, ils célèbrent l'approche du printemps, la naissance de la nature et ils font leurs adieux à l'hiver.

La connaissance des rituels endogènes russes contribuera à mieux comprendre les valeurs communes de la culture. Ainsi, le fait que la femme russe ait l'habitude de recevoir un cadeau pour la fête du 8 mars et des fleurs pour toute occasion personnelle, la rend différente des femmes européennes. Dans la perspective pluriculturelle, elle veut recevoir plus de témoignages d'attention, de soin et d'appui.

À part les facteurs historiques et politiques, l'organisation sociale de la réalité russe détermine aussi le choix des fêtes locales. Ainsi, l'élément national représenté par le *bania* a donné le jour à une fête particulière nommée Банный День /'ba ni 'den'/, lit. « la Journée du *bania*[57] »). C'est une occasion personnelle ou familiale dont la préparation est prévue d'avance : on prépare du bois et des faisceaux de branches d'arbres, nommés веник[58], on remplit les récipients d'eau (et de neige, en hiver), on chauffe le poêle pendant des heures, on s'équipe de boissons fraîches, etc. À la fin, on se jouit du séjour dans ce type de bain qui, outre le plaisir, garantit un grand bien médical.

L'implicite sémantique des fêtes russes et le comportement communicatif des autochtones lors de leur célébration constituent des phénomènes sociaux qui, à leur tour, sont une forme d'expression identitaire de la culture populaire endogène. Le domaine des fêtes russes témoigne d'un matériau très riche dont l'acquisition pourrait élargir la compétence culturelle des non natifs.

Dans le but de présenter en détail le concept « fête », inhérente de la culture russe, nous nous pencherons sur une série de mini-concepts *ut infra*.

8.2.6. Le concept « célébration »

S'agissant d'un phénomène social, la fête mobilise la composante socioculturelle de la compétence communicative de l'individu. En suivant les postulats du *Cadre de référence* (2001 : 87, 93-94), nous estimons nécessaire d'accentuer le rôle (i) du comportement communicatif (comment se comporter lors de telle ou telle fête), (ii) des indicateurs des fonctions langagières, nommés également marqueurs des relations sociales (quelles expressions toutes faites ou quelles structures figées appliquer à telle ou telle occasion), (iii) de la politesse (positive et convenable *vs.* négative) et (iv) des attributs (sans quel(s) objet(s) et acteur(s) est impensable telle ou telle fête).

---

57 *Cf.* l'analyse du stéréotype « *bania* russe » dans le § 9.2.1.2 (a).
58 *Cf.* l'analyse de la CCP du mot dans le § 7.1.1.3.

Dans la mentalité des Russes, le concept « célébration » est présent sous sa forme la plus générale en ce qui concerne les fêtes politiques, professionnelles et quelques occasions communes nationales : « la Fête du Printemps et du Travail », « la Journée de la Défense des Enfants » et « la Journée des Personnes Âgées ». Ce type de fêtes ne prévoit aucune particularité culturelle et se limite à célébrer l'occasion en fonction des préférences individuelles. Quant aux indicateurs de la fonction langagière, l'expression figée qui se prononce est commune : « Bonne fête ! » ou « Félicitations ! »

En revanche, la célébration d'autres fêtes russes prend une manifestation spécifique et suit des normes comportementales bien déterminées. Simultanément, on associe systématiquement chacune de ces fêtes à un mot ou à plusieurs mots concrets. De la sorte, celui qui ne corrèle pas les composantes du noyau syntagmatique, sera très facilement induit en erreur.

Les nuances liées à la célébration des fêtes russes les plus régulières sont les suivantes :

(1) « La Fête des Femmes »
Association : le mimosa
Politesse positive : offrir un cadeau et/ou des fleurs aux femmes.
(2) « La Fête des Hommes » ou « la Journée de la Flotte Militaire de la Marine »
Association : l'œillet
Politesse positive : offrir un cadeau aux hommes.
(3) « La Fête du Printemps et du Travail »
Association : le perce-neige
Comportement : participer aux défilés ; en famille ou entre amis, organiser en plein air le repos qui inclut une grillade.
(4) « La Journée de la Victoire »
Acteurs : les vétérans, c'est-à-dire, les anciens combattants du siège de Léningrad et de la Seconde Guerre Mondiale
Attribut indispensable : le ruban de Saint-Georges ; des orchestres ; le feu d'artifice dans la nuit
Politesse positive : féliciter les vétérans
Comportement : participer aux défilés[59].

---

59 La recommandation dans un guide touristique espagnol : « *presenciar un desfile del Día de la Victoria para recordar el indómito espíritu luchador de los rusos y el tumultuoso pasado del país en estas marchas callejeras de principios de mayo* » (Richmond, 2006 : 21).
    La célébration n'échappe pas non plus aux journalistes des médias espagnols : « *El año pasado, pese a la crisis económica, el desfile conmemorativo del 64 aniversario de la victoria sobre los alemanes fue el más espectacular que se recuerda desde los tiempos del dirigente comunista Leonid Brézhnev, con exhibición de misiles nucleares y con un gasto organizativo superior a los 35 millones de euros* » (Mañueco, 2010).

(5) *Maslenitsa* – lit. « la fête du beurre »
Attributs indispensables :
- des *blini*, crêpes fines et de grand diamètre[60] ;
- des épouvantails (personnages faits en paille et à l'aide de torchons, brûlés à la suite comme symbole des adieux à l'hiver et de la bienvenue au printemps).

(6) La Saint-Valentin
Attribut indispensable : валентинка /va lin 'tin ka/ qui est un petit cœur fait en papier et amoureusement signé ; il peut aussi être anonyme.
Politesse positive : s'offrir un cadeau entre amoureux.

(7) Pâques
Attributs indispensables :
- des œufs peints et bénits ;
- un *koulitch* qui est un pain rond et haut contenant des fruits confits et des raisins secs, peint ; de mélange de blancs d'œuf et de sucre)[61] ;
- *пасха* /'pas kha/ qui est un entremets à base de *tvorog* (fromage blanc à pâte fraîche de texture granuleuse) en forme de pyramide[62] ;
Indicateurs de la fonction langagière : la formule « Le Christ est ressuscité ! » et la réponse « En vérité, il est ressuscité ! »

(8) Noël
Attribut fréquent : les cartes qu'on tire au sort
Indicateurs de la fonction langagière : la formule « Bon/ Joyeux Noël ! »

(9) Le Nouvel An
Attributs indispensables : le sapin, la salade « Olivier »[63], la salade « Manteau de fourrure »[64]
Acteurs indispensables :
- *Дед Мороз* /'det ma 'Ros/ qui est le père Noël russe[65] ;
- *Снегурочка* /sni 'gu Ratʃ ka/ qui est sa petite-fille faite de neige[66] ;

---

60 Ou suivre l'interprétation suivante : « *tortitas acompañados de alimentos dulces o salados, típicos durante la Maslenitsa* » (Richmond, 2006 : 114). On reconnaît aussi les ingrédients dont on les farcit : pommes, fromage blanc, caviar, saumon, hareng, aussi bien ceux dont on les couvre : beurre fondu, crème fouettée (Daubenton, 2001 : 50, 54).

61 Les autres interprétations : « *pan con sabor a azafrán y mantequilla* » (Richmond, 2006 : 119) ; « *especie de bollo de forma cilíndrica que se prepara en cantidades impresionantes para consumirlo durante los cuarenta días que dura el tiempo pascual (hasta la fiesta de la Ascensión)* » (Daubenton, 2001 : 168).

62 Les autres interprétations : « *tarta de queso* » ; « *de forma piramidal, a base de requesón, crema de leche, mantequilla, fruta confitada y pasas* » (Daubenton, 2001 : 168).

63 *Cf.* l'analyse du stéréotype « salade russe » dans le § 9.2.1.3 (b).

64 *Cf.* le traitement des dénominations des vêtements de dessus d'hiver dans le § 6.4.2.2.

65 *El Padreito Hielo* (Daubenton, 2001 : 58).

66 *La Hija de las Nieves* (Daubenton, 2001 : 58).

Indicateurs de la fonction langagière : la formule C *Новым Годом!* /! s 'no vim 'go dam/, lit. « Nouvelle Année ! », et la réponse C *Новым Счастьем!* /! s 'no vim 'tʃas t'jim/, lit. « Nouveau Bonheur ! »

(10) Le Vieux Nouvel An
Attribut fréquent : différents objets pour invoquer les esprits
Indicateur de la fonction langagière : la formule *Co Старым Новым Годом!* /! sa 'sta Rim 'no vim 'go dam/, lit. « Vieille Nouvelle Année ! »

(11) « La Journée des Connaissances » ou « La Première Sonnerie »
Acteurs : les élèves et les professeurs
Attribut indispensable : une petite cloche ou la sonnerie ; des fleurs, surtout, les lilas.

(12) La Dernière Sonnerie
Acteurs généraux : les élèves et les professeurs
Attributs et acteurs indispensables : une petite cloche ; une élève de primaire qui la sonne, assise sur l'épaule d'un élève de la classe terminale.

(13) Le jour d'anniversaire
Attribut indispensable : une tarte avec des bougies allumées dont le nombre correspond à l'âge du protagoniste.
Indicateur de la fonction langagière : la formule « Bon anniversaire ! » ou l'expression « Bon jubilé » si la date marque un intervalle de 5 ans : 25, 30, 35, etc.
Politesse positive : offrir un cadeau. Il n'est d'usage d'offrir rien d'aigu et de pointu comme par exemple assortiments de couteaux, de fourchettes, d'aiguilles, etc., à moins qu'on donne une pièce de monnaie en échange. La symbolique de ces objets en tant que cadeau est négative et est assumée dans la mentalité russe d'une manière superstitieuse : une prochaine querelle avec la personne qui l'offre. Le geste d'offrir pour l'anniversaire des mouchoirs et parfois, même, des serviettes ne serait pas bienvenu non plus : on associe ces objets aux funérailles et on les offre aux invités comme souvenir de la personne décédée. En France et en Espagne, les mouchoirs ont une connotation négative : ils signifient des pleurs en vue et s'échangent avec une pièce de monnaie pour éviter le malheur.

(14) *Поминки* /pa 'min ki/, « veillée funèbre »
Comportement : assister à un repas collectif dans la maison juste après les funérailles aussi bien que le septième, le neuvième, le quarantième jour suivant les funérailles et un an après la sépulture
Attribut indispensable : *кутья* /ku 'tja/, « koutia », qui est un hors d'œuvre composé de riz cuit mélangé avec du sucre, du miel, des noix et des raisins secs
Indicateurs de la fonction langagière : les expressions « Que la terre soit pour lui/ elle du duvet », « À la mémoire éternelle/ sereine », « À la sérénité de son âme ».

(15) La Crémaillère
Attribut indispensable : un chat ; on le considère le protecteur du foyer et on le laisse entrer le premier dans un nouveau logement pour qu'il chasse les mauvais esprits.
Indicateurs de la fonction langagière : la formule « Bonne Crémaillère ! »
Politesse positive : apporter un cadeau utile pour le ménage.

(16) Les noces
Attributs indispensables :

– alliances de fiancés ;
– une poupée vêtue comme fiancée et deux grandes alliances dorées posées sur la voiture de noce ornée de rubans multicolores ;
– (attribut fréquent) une Limousine[67]
Comportement : « voler » la fiancée ou son soulier, émettre le cri Горько! /! ˈgoR' ka/, « ¡Que se besen! »
Indicateurs de la fonction langagière : le cri Горько! /! ˈgoR' ko/, « Que se besen! »

8.2.7. Le concept « invitation »

Comme la langue est un phénomène social, il est nécessaire de prendre en considération son aspect socioculturel. Ce dernier se manifeste dans la politesse positive des acteurs, qui concerne davantage l'invitation.

Le concept « invitation », enraciné dans la mentalité des Russes, sous-tend un acte expressif qui est, avant tout, spontané. Les Russes se présentent librement chez quelqu'un sans être invité. Indépendamment de la cause et de la préparation à la visite inattendue, les hôtes de la maison ont l'habitude d'inviter à table, au minimum, à un thé ou à un café. En prévoyant cette situation, les invités, à leur tour, apportent souvent des gâteaux ou une boîte de bonbons. Cette hospitalité russe détermine la présence des deux énoncés stéréotypés : « On ne m'a même pas offert de thé » qui transmet le fait d'une réception froide et peu conviviale ; et « Dommage que vous ne preniez même pas de thé » qui explique le regret poli de l'amphitryon au sujet du séjour éphémère et du départ immédiat de son invité.

En cas de grandes occasions officielles (un anniversaire, des noces, etc.), les Russes offrent un faire-part en indiquant le jour et l'heure.

Pour se voir, manger ou bavarder, les Russes préfèrent toujours l'ambiance de chez soi à celle d'un bar ou d'un restaurant. D'une optique socioculturelle, le comportement communicatif des Russes se caractérise une fois de plus par leur spontanéité : bien qu'on ne soit pas prêt à recevoir les invités, on les accueille à bras ouverts et « on coupe le dernier concombre » (Gubin, 2007).

De même, pendant très longtemps et encore de nos jours, les habitudes gastronomiques russes consistaient et consistent à manger chez soi, et la culture des bars et des restaurants n'existait pas comme telle. Soit par la conviction qu'on ne mange mieux nulle part qu'à la maison, soit par la restriction des ressources économiques, soit par un développement insuffisant du prix et de la qualité des

---

67 « Avez-vous vu une noce en Russie sans une Limousine ? Elle est même réservée par les habitants des périphéries prolétaires » ([Traduit par nos soins] (Gubin, 2007)). « *No podría calcular cuántas limusinas vimos, cuántas parejas se casaron ese día, y eso que era martes, …* » (Blog de Belén Rodríguez, <http://bit.ly/2EzNn7I>. [Consulté : 9/01/2018]).

services des espaces de restauration, les Russes mangent ho9rs de chez eux moins fréquemment que les Européens. Nonobstant, le monde de la restauration en Russie est en train d'évoluer à pas gigantesques en suivant très près les canons gastronomiques européens. De plus en plus de Russes préfèrent casser la croûte ou prendre un repas complet hors de chez soi, c'est pourquoi, les préjugés suivants nous paraissent peu réels :

> *Muchas veces os dirán que los restaurantes son malos porque son caros y a la hora de invitar prefieren hacer ellos la comida* (Peña, 2004 : 58) ;

> *Aunque hay muchos restaurantes y cafés, la media de la población no sale a cenar. Sólo un pequeño porcentaje come más de una vez al año en un restaurante* (Richmond, 2006 : 122) ;

> *Ir al restaurante es hoy un lujo que tan sólo "los nuevos rusos" pueden permitirse* (Daubenton, 2001 : 63).

Le concept « invitation » laisse entrevoir les particularités chronémiques de la culture russe. Comme nous l'avons décrit dans les chapitres antérieurs, les Russes n'ont pas besoin de fixer un rendez-vous routinier bien avant.

8.2.8. Le concept « toast »

> Dadna! – exclama alegremente Nikita Jruchov ; acto seguido, vacía de un trago su copa y es imitado en seguida por el presidente francés y los restantes invitados *(Lapierre, 2006 : 22).*

Le choix du mini-concept « toast » de la notion « fête » n'est pas, de notre côté, un fait du hasard. Il s'explique davantage par le rôle de la compétence pragmatique reconnu chez les linguistes et les didacticiens et illustré *ut supra* dans le livre.

La compétence pragmatique traite de la connaissance que l'acteur a des principes selon lesquels les messages sont utilisés pour la réalisation des fonctions communicatives. La composante qui recouvre l'utilisation du discours oral et des textes écrits en termes de communication à des fins fonctionnelles particulières se dénomme fonctionnelle.

Dans le *CECRL* (2001 : 98–99), les aptitudes fonctionnelles se prennent beaucoup en considération, étant donné qu'une interaction dissymétrique ne se réduit pas à la connaissance des structures ou des macro-fonctions (*i.e.* narration, description, commentaire, argumentation, etc.) et des schémas interactionnels (*i.e.* question-réponse, requête-acceptation, etc.). Toute interaction est déterminée par l'initiative qui entraîne une réponse et fait avancer l'échange par une série d'étapes successives dès le début vers la conclusion finale. L'acteur doit donc connaître les micro-fonctions qui sont des formes linguistiques exprimant des fonctions particulières. Ces formes sont présentées sous des énoncés simples, généralement courts, qui se manifestent lors d'une intervention dans une interaction.

Un des éléments constituant la catégorie des micro-fonctions est le toast. Son utilisation fonctionnelle se définit comme établissement des relations sociales, aussi important que le font la salutation ou la prise de congé.

Selon nos observations empiriques, le fait de porter un toast à la russe est limité, dans les représentations des Européens, à la formule « *Na zdorovie!* »[68] et au souhait de boire à la santé : ¡*Salud!* ¡*Nasdrovia!* (Requena, 2010).

Dominique Lapierre, l'auteur de l'épigraphe, choisit une autre expression « *Dadna* » interprétée dans la version espagnole comme « ¡*Salud!* ». Nonobstant, la traduction de sa variante est « jusqu'au fond, cul sec », До дна! /da 'dna/.

Dans la culture russe, le toast est un ingrédient majeur du comportement communicatif pendant la fête :

> Libar en Rusia es mucho más que olvidarse del mundo y sus engaños, es un rito, tiene mucho que ver con esa alma rusa que nos han descrito los grandes novelistas rusos. El embajador del Sacro Imperio Romano en Moscú escribió que embriagar a la gente es aquí un honor y una seña de estima (Peña, 2004 : 88).

Les Russes conçoivent un toast comme une formulation orale d'un vœu, d'un souhait, d'un engagement, d'un accord ou d'un hommage. Les composantes générales de ces discours courts sont : santé, succès, chance, amour, bonheur, ciel paisible, réalisation des vœux et des rêves, bon salaire, créativité et travail intéressant. L'appréciation du toast se transmet par le fait de trinquer avec les verres en faisant un léger bruit sonore et de boire.

La même utilisation fonctionnelle peut se manifester dans les discours écrits, très particulièrement dans les cartes postales russes. Les textes qu'on dédie dans les cartes postales reprennent les mêmes vœux que les toasts et, de plus, s'amplifient jusqu'aux longs discours cohérents, très développés, littéraires, voire recherchés.

Le mini-concept « toast » sous-entend la mise en œuvre d'un protocole concret. Généralement, pendant le festin russe c'est le maître de maison ou (à l'occasion) un homme qui se charge de porter des toasts lui-même, surtout le premier, ou bien de demander aux autres de le faire. La compagnie réunie à table peut aussi déterminer la ligne des toasts et admettre volontiers des discours badins avec humour.

---

68 *Cf.* l'étude de l'OCV « *Na zdorovie / Za zdorovie!* » dans le § 7.1.6.1.

Hormis les préférences et les habitudes individuelles, l'ordre thématique des toasts est aussi une règle à suivre. Le premier toast est toujours porté au protagoniste, à sa santé et à son succès. Le deuxième peut être dédié à ses parents, à l'hôtesse de la maison ou aux enfants. Les hommes russes respectent toujours le rituel de boire le troisième toast pour les femmes ou pour l'amour. La tradition de porter son verre « Aux dames présentes ! » remonte à l'époque des tzars où les hussards, *i.e.* les recrutés de la cavalerie légère, le faisaient souvent pour manifester leur faiblesse à l'égard des femmes.

Les Russes portent à part un toast pour ceux qui ne sont plus parmi eux et, dans ce cas, il ne s'accompagne pas du bruit de verres. Afin de vénérer la mémoire d'une personne décédée, lors du repas des funérailles, les Russes prononcent un des toasts suivants : « Que la terre soit pour lui/ elle du duvet », « À la mémoire éternelle/ sereine », « À la sérénité de son âme ».

Les toasts, prononcés lors des fêtes spécifiques, sont des marqueurs stables dans la langue russe que nous avons établis *ut supra*. Ainsi, la nuit du 31 décembre jusqu'à minuit les Russes font leurs adieux ou « accompagnent » la vieille année en se rappelant les événements positifs et portent le toast « À la vieille année ! ». À minuit, accompagnés des douze coups de l'horloge de la Tour Spasskaïa de la Place Rouge à Moscou, il est de mise de porter le toast commun *С Новым Годом!* /! s 'no vim 'go dam/, « Bonne Année ! ». Pendant le repas consacré aux noces, chaque toast porté se termine par le cri *Горько!* /! 'goR' ka/ qui demande aux fiancés de s'embrasser.

Indépendamment du prétexte du festin, le dernier toast à table est toujours porté par le maître de maison à l'égard des invités et de leur amabilité d'être venus. La politesse positive de ces derniers est de rediriger le remerciement de les avoir reçus. Un tel toast pourrait servir d'extra-savoir : le signal de la fin des repas ; bien que le maître de maison ait toujours l'habitude de proposer à ses invités de boire le tout dernier coup presqu'au seuil. Ce toast se dénomme *на посошок* /na pa sa 'ʃok/, lit. « le dernier verre avant le chemin » (sa transposition en espagnol est directe : *echar/ tomar la espuela*). L'origine du toast est dû au mot *посох* /'po sakh/ au signifié d'un long gros bâton ou d'une crosse que les Slaves emportaient avec eux pour initier le chemin. C'était aussi la gorgée que les chevaliers buvaient juste avant de mettre le pied à l'étrier (ou juste après), et elle était donc « la dernière avant le chemin ». Donc, on dit ce toast aux invités sous forme de plaisanterie pour leur souhaiter une bonne rentrée, ce qui atteste une fois de plus de l'utilisation ludique de la langue russe.

Par conséquent, les prétextes pour porter des toasts sont multiples dans la culture russe. Il nous paraît curieux d'y entrevoir leur référence dans les guides touristiques espagnols : « *El ruso tiene auténtico culto por la amistad, Alexandr Pushkin, las damas y el alcohol.* » (Peña, 2004 : 93).

Les thèmes des toasts russes sont également décrits dans les impressions de voyage individuelles :

> *Consiste en levantar nuestra copa por todo lo que a uno se le ocurra, porque el mismo brindis es ya la recompensa que obtiene quien lo realiza.*
>
> *En las felizmente interminables comidas rusas, hemos brindado por todo lo habido y por haber. Por la madre Rusia y la madre España, claro está. Por todos los comensales presentes y por todos los ausentes. Por todos los poetas rusos y españoles, incluidos los inéditos. Por Agustín de Betancourt, el ingeniero español del zar Alejandro I, responsable de numerosas obras públicas en aquel remoto país. Cualquier excusa es buena y cualquier motivo tiene su merecimiento.*
>
> […] *Todavía no he conseguido averiguar si los rusos brindan para tener la ocasión de beber o si beben para disfrutar del placer de brindar. Pero lo cierto es que han hecho del brindis un arte. Un arte de la cordialidad y una ceremonia de la alegría para festejar el hecho de vivir* (Marzal, 2005).

En traitant le mini-concept « toast », n'oublions pas de faire savoir que pour les Russes il est fortement associé aux représentants des nations caucasiennes. Ces derniers, surtout les Georgiens, passent pour les rois des toasts vu que leurs traditions sous-entendent de très longs festins. Leurs toasts frappent pour la concision, l'originalité et la curiosité, de même qu'ils sont d'excellents modèles du langage littéraire ayant pour base des métaphores recherchées et des idées philosophiques. Ainsi, afin de se garantir une fête joyeuse, comme par exemple, les noces, les Russes préfèrent engager un *мамада*[69] /ta ma 'da/ qui est un vrai maître des toasts en ce qui concerne leur ordre consécutif et de leur contenu.

L'utilisation adéquate de la micro-fonction « porter un toast » représente une grande importance dans la formation de la compétence culturelle chez le non natif. Le savoir du protocole, de l'ordre des toasts et du comportement lors de leur émission s'avérera pour lui un outil qui l'empêchera de tomber dans des malentendus culturels. Ajoutons-y la politesse négative de l'action de boire un coup sans un toast prononcé avant, ou celle d'arriver en retard, après quelques toasts déjà prononcés. On est alors obligé de porter tout de suite un toast dit « disciplinaire ».

Depuis la perspective pluriculturelle, observons qu'en France et en Espagne l'habitude de porter des toasts est moins développée qu'en Russie. Les formules les plus prononcées à table par les Européens sont, respectivement : « Tchin-tchin ! » et *Arriba, abajo, al centro, pá dentro*, ou elles ne renvoient qu'à la santé : « Santé ! », « À la tienne/ nôtre ! » et *¡Salud!*

---

69 *Cf.* le traitement de la CCP du mot dans le § 7.1.1.3.

8.2.9. Le concept « fleurs »

La compétence du sujet interprétant de la culture russe se définit, entre autres, par le savoir de l'utilisation esthétique de la langue russe. Cette dernière comporte le langage des fleurs qui est un système particulier de connotations d'après leurs variétés, leurs couleurs et leur nombre.

C'est aussi le cas de reprendre l'hypothèse de G.-D. de Salins (1992 : 96, 98) selon laquelle une cérémonie peut rééquilibrer les relations sociales. Ainsi, le rituel d'offrir les fleurs marquerait l'importance de la position de la personne à qui on en offre. En Russie, le rôle de ce protagoniste est rempli davantage par la femme.

La politesse positive correspondant au rite d'offrir des fleurs en Russie s'adresse aux personnes suivantes[70] :

- à l'hôtesse de la maison quand on y est invité ;
- aux femmes, pour les occasions des fêtes, surtout la fête du 8 mars et l'anniversaire ;
- aux femmes et aux hommes, pour le jubilé, *i.e.* la date de l'anniversaire commémorant un intervalle de 5 ans : 25, 30, 35 ans, etc. ;
- aux femmes et aux hommes, pour les occasions particulières et peu fréquentes comme la prise de la retraite, la soutenance de la thèse, l'avancement dans la carrière professionnelle, voire l'arrivée du voyage, etc. ;
- aux jeunes filles et aux femmes, dans le cadre des relations intimes.

Simultanément, la politesse positive liée à la remise des fleurs se soumet à une série de critères culturels :

- Les fleurs offertes doivent être naturelles. Les fleurs plastiques ou artificielles ne sont portées qu'aux cimetières pour les déposer sur les tombes. Celles-ci ne sont pas de mise non plus dans les logements des Russes comme éléments de décoration.
  D'ailleurs, A. Wierzbicka (1996 : 271) mentionne les fleurs artificielles comme des fleurs à part, mais en aucun cas comme une espèce de fleurs proprement parler.
- Les fleurs s'offrent individuellement, en bouquets, mais jamais en pots. Ceux-ci gâchent toute l'esthétique de la remise, d'après les représentations endogènes.

---

70 Nous nous basons sur les recommandations des auteurs de la brochure culturelle de N.P. Volskaya (2001 : 35).

– Les fleurs s'offrent en nombre impair (1, 3, 5, etc.), tandis que le nombre pair est destiné aux procédures funéraires[71].

Ne laissons pas de côté la distinction des fleurs selon les sexes : il est d'usage d'offrir des œillets et des glaïeuls aux hommes, et les autres, aux femmes.

Dans la culture courante russe on accorde une symbolique particulière à la couleur des fleurs. Même à l'époque de Catherine la Grande on constatait déjà la mise en pratique de *Le registre des fleurs* qui établissait les connotations des fleurs et de leurs couleurs. Désormais et de nos jours, encore excepté les interprétations individuelles, le rouge évoque l'amour et la passion, le rose – la tendresse, le blanc – la pureté, le bleu – la fidélité, le jaune – la trahison, le noir – le chagrin.

En ce qui concerne le langage des fleurs, bien que leurs connotations soient assez contradictoires, on associe en Russie les fleurs les plus typiques aux sentiments et aux qualités suivantes : aster – sincérité, bleuet – simplicité, chrysanthème – amitié, mimosa – sensibilité, perce-neige – tendresse, lilas – premier amour, dahlia – instabilité, muguet – innocence, marguerite – jeunesse et innocence, œillet – hommage, glaïeul – victoire, orchidée – beauté exotique, pissenlit – dévouement, pivoine – fierté, rose – amour, tulipe – gloire, violette – modestie, etc.

Comme nous l'avons souligné *ut supra*, il existe des fêtes russes qui sont étroitement connotées à leurs attributs floraux : la fête du 8 mars est connotée au mimosa, la rentrée aux écoles, aux lilas, le premier mai, au perce-neige.

Parmi les dénominations des fleurs dans la langue russe, le mot le plus culturel est « marguerite ». Rappelons que la fleur est le symbole de « la Journée de la Famille, de l'Amour Conjugal et du Bonheur Familial », commémorant celle des protecteurs de la vie conjugale Saint-Pierre et Sainte-Phèdre.

Le concept de la marguerite est très présent non seulement dans la culture russe, mais aussi dans la française et l'espagnole. Les expressions verbales « *гадать на ромашке*/ effeuiller la marguerite / *deshojar la margarita* » révèlent le même signifié : en détacher les pétales une à une pour résoudre les doutes d'amour. Les jeunes filles, qui y jouent le rôle prépondérant, accompagnent l'action d'une lecture propre de chaque culture :

> La lecture de la marguerite en français : « Je t' (il, elle m') aime, un peu, beaucoup, passionnément, à la folie, pas du tout », et la reprise.

---

71 Ainsi, sur un panneau publicitaire aperçu à Omsk lors de mon voyage en août 2014 figuraient les prix des roses selon le nombre concret suivant : 15 roses, 25, 33, 51 et 101.

La lecture de la marguerite en espagnol : *Sí (me quiere), no (no me quiere)*, et la reprise.

La lecture de la marguerite en russe : « Il m'aime, il ne m'aime pas, il me crachera, il me déteste, il me serrera au cœur, il me chassera au diable », et la reprise.

La coutume de la lecture de la marguerite est une preuve de plus de l'utilisation ludique de la langue. Il semble que le français maintienne davantage les connotations positives que le russe : la forme affirmative du verbe français « aimer » est présente dans tous les énoncés sauf un, face à l'alternance constante des idées « amour – désamour » dans la lecture russe.

Récapitulons

La tâche de se rapprocher de la culture russe suppose la compréhension du comportement communicatif de ses porteurs. Leurs mœurs comportementales se mettent en pratique mieux que jamais dans le domaine des fêtes. Le concept « fête » au sein de la culture russe diffère des autres par sa force persistante, substantielle, dynamique et évolutive. Les non natifs peuvent agir depuis la démarche déductive et prendre en compte ces mini-concepts (célébration, invitation, toast, fleurs) pour assimiler le rôle de la politesse positive (offrir des cadeaux, des fleurs, etc.). De cette façon, ils acquerront aussi la connaissance des marqueurs esthétiques (la symbolique des fleurs), ludiques (rituels liés aux noces) et fonctionnels (porter un toast) de la langue russe.

Le concept de la fête, étant une partie de la culture collective de la communauté russe, sert donc de chaînon intermédiaire entre l'ensemble des compétences culturelles de l'interprétant et de ses représentations ou jugements de la culture russe, au risque de tomber dans les stéréotypes :

Compétence culturelle

Connaissances culturelles → FÊTE → Imaginations stéréotypées

Connotations culturelles

CHAPITRE 9 LES HÉTÉRO-STÉRÉOTYPES DES FRANÇAIS ET DES ESPAGNOLS SUR LES RÉALITÉS RUSSES

9.1. La perception synthétique de la Russie à travers les stéréotypes ethnoculturels

L'analyse des stéréotypes sur les réalités russes circulant dans le monde entier acquiert une grande importance, vu qu'elle aide à examiner l'identification et l'autoidentification des Russes en tant que nation. L'évolution des contacts directs et indirects entre les Russes et les Européens dans différentes sphères de l'activité humaine (politique, économique, sociale, culturelle, sportive) ne fait que mobiliser les stéréotypes sur la Russie et les consolider dans la mentalité des exogroupes. Notre intérêt sera donc porté sur la spécificité de l'image de la Russie dans les perceptions, les croyances, les opinions et les représentations des Français et des Espagnols.

Grosso modo, à l'égard de la Russie, en France et en Espagne il y a une tendance générale à utiliser un inventaire traditionnel d'éléments stéréotypés, sans lesquels les sujets non natifs ne la reconnaissent pas. Si nous reprenons la théorie sur deux pôles, traitée dans le § 3.5, nous verrons que ces éléments circulent, d'habitude, entre le positif et le négatif, nommés « le paradis » et « l'enfer ». Au paradis, les Russes jouent de la *balalaïka*, dansent, les bras croisés, les mains sur les coudes, se plongent dans l'eau glaciale, etc. En enfer, les Russes jouent à la roulette russe, s'offrent des Kalachnikov, boivent de la vodka et sont mafiosi. Tout de même, reconnaissons que ce dispositif permet aux Français et aux Espagnols de se sentir partie de leurs endogroupes et d'établir prématurément le comportement et l'attitude envers les Russes.

L'image synthétique qui enferme les stéréotypes typiques des Français et des Espagnols sur la Russie, à notre avis, peut être déduite à partir du cinéma. Le cinéma s'avère être pour les Européens un des genres de l'art qui est capable d'exprimer les stéréotypes les plus stables et les plus vivants. Les films sur la Russie produits par les Européens non seulement mobilisent les stéréotypes sur le pays, mais aussi prouvent de quelles images de la mentalité collective sont alimentés leurs scénarios. En général, tous les films traitant les réalités russes rappellent une parodie d'un pays des blagues, au caractère anecdotique. Les anthropostéréotypes et, plus particulièrement les stéréotypes sexospécifiques, s'y réduisent aux images des hommes qui sont grands, braves et costauds comme des machines, et à celles des filles qui sont blondes, féminines, attractives, mais légères. Or, nous pouvons toujours y remarquer les stéréotypes-symboles dont les plus intensifs sont un chapeau aux oreillettes rabattues, de la vodka, des ours traversant les rues, un volume de Dostoïevski, la *balalaïka*, le ballet, etc. Dès la fin des années 80, dans les représentations des Européens, nous pouvons également constater l'avènement des idées sur la « mafia russe ». Les films les transmettaient comme des sauvages grossiers qui portent un tatou des dômes sur tout le dos, qui ne se communiquent qu'en argot vulgaire, qui mangent du caviar à la louche et boivent de la vodka à tire-larigot. Actuellement, l'image de ces personnalités est complétée par une croyance de plus : « le mafiosi russe » est présenté comme un magnat, un oligarque ou un nouveau riche dont le business est forcément lié au pétrole.

Si nous changeons de vecteur de stéréotypes et, au lieu des hétéro-croyances, nous parlons des indirects ou des méta-stéréotypes, nous pourrions avoir affaire aux croyances des Russes sur les stéréotypes des exogroupes à l'égard du leur. Ainsi, les Russes dégageraient les méta-stéréotypes suivants à leur propre égard : ils portent des chapeaux aux oreillettes rabattues et des bottes en feutre, ils boivent de la vodka, ils vivent dans un pays glacial où les ours marchent dans les rues.

En ce qui concerne les auto-stéréotypes, les Russes en accentueraient surtout un : « Nous sommes une nation qui s'attend toujours au hasard ». Il est curieux que ce trait, d'ailleurs souvent mentionné par les chercheurs nationaux, ne fasse pas partie des croyances des Autres.

Les stéréotypes événementiels sur la Russie sont observés dans les films consacrés aux grands phénomènes historiques (par exemple, la Deuxième Guerre Mondiale décrite dans *L'ennemi aux portes* (2001) de J.-J. Annaud).

Cependant, les hétéro-stéréotypes des Russes ne sont pas plus adéquats à l'égard des réalités européennes que ceux des Européens à l'égard des Russes. Avant tout, en se mettant dans la peau des étrangers, les Russes ont du mal à se débarrasser de leur accent slave (par exemple, *La Fiancée de Paris* (1992) d'O. Dugladze).

9.2. Les stéréotypes ethnoculturels sur la Russie issus du schéma « NOM + ADJECTIF russe »

Le panorama des stéréotypes ethnoculturels des Français et des Espagnols sur les réalités russes est très varié et durable. Il est constitué de croyances sur les Russes comme membres de l'exogroupe, sur les qualités attribuées ou associées à eux, sur les objets qu'ils doivent forcément posséder, aussi que sur les catégories notionnelles liées particulièrement à leur dimension sociale.

Pour concentrer au maximum notre attention scientifique lors de l'analyse, nous opterons pour la voie linguistique. Dans le cadre des stéréotypes sur la Russie, nous décrirons ce que R. Galisson (1971 : 14) entend sous le terme « collocation », emprunté aux travaux britanniques des années soixante du dernier siècle. Le terme désigne ainsi une unité polylexicale dont la première caractéristique est quantitative (fréquence dans le discours et, de la sorte, recensement dans les dictionnaires) et la seconde est qualitative (association et cooccurrence privilégiée). Or, ces unités collocationnelles sont renfermées dans les lexies complexes de B. Pottier (1974 : 265–266), puisqu'elles représentent des unités à plusieurs lexèmes (mots graphiques) et des « séquences en voie de lexicalisation ».

Plus particulièrement, nous tendons à suivre la démarche de R. Galisson d'analyser les collocations en un terme-noyau, appelé également mot de base, mot-base ou la base, et un terme-satellite, appelé collocatif ou cooccurrent. La base est le mot « russe » qui acquiert une série de collocatifs persistants (poupée, vodka, chapeau, roulette, bain, billard, danse, montagne, salade, âme, fille, mafia, révolution, ours, *filete*) et précaires (chaussettes, cigarette, lapin, costume, charlotte, gâteau).

De la sorte, le corpus fournit les unités lexicales du type « NOM + adjectif RUSSE », au nombre d'une trentaine, et ne prétend pas, d'ailleurs, être exhaustif[72]. Leur particularité est d'être conçues comme telles (chapeau russe, montagnes russes, roulette russe, salade russe, etc.) ou de pouvoir être dissolubles du noyau, mais non du concept exogène, lui-même (*matriochka, balalaïka, samovar, caviar, vodka*). De la sorte, ces lexies complexes portent un caractère stéréotypé stable et reflètent l'image spécifique de la Russie à l'extérieur.

L'objectif de notre démarche est (i) de systématiser les lexies complexes incluant l'adjectif épithète « russe » ; (ii) de décrire, de complémenter, d'éclaircir à l'aide d'un encadré culturel[73] les réalités qu'elles transmettent ; (iii) de confirmer

---

72 Nous excluons du corpus les lexies complexes privées de typicité dans les discours des Européens, telles que « lévrier russe » et « brague russe », bien que ces dernières soient recensées par le *Dictionnaire Larousse* (en ligne), le *Dictionnaire historique de la langue française Le Robert* (2004) et *Le Petit Robert de la langue française* (2006).

73 Dans l'encadré culturel, nous nous consacrons au contenu ainsi bien qu'aux mots. De la sorte, nous surpassons le niveau du commentaire qui ne se consacre qu'au sens. Nous faisons correspondre l'unité lexicale aux significations, aux usages et aux contextes culturels. Les contours de l'encadré culturel peuvent comporter alors une définition, une précision de caractère linguistique, géographique, historique, etc. Nous prétendons

ou de démentir les stéréotypes et (iv) de positiver au maximum l'image de la Russie dehors.

Dans l'étude du corpus, nous partons de la typologie des stéréotypes ethnoculturels établie dans le cadre théorique de livre (*Cf.* § 3.5). Ainsi, les hétérostéréotypes des Français et des Espagnols sur la Russie seront, premièrement, généralisés comme stéréotypes ethnoculturels, ethniques, culturels ou nationaux. Selon le classement du deuxième ordre, ils seront présentés en tant que stéréotypes-symboles. Enfin, la typologie du troisième ordre les subdivisera en :

- Stéréotypes liés aux objets physiques relationnels à la vie relativement quotidienne : poupée russe, *balalaïka* russe, *samovar* russe, lapin russe, chapeau russe, chaussettes russes, costume russe, *un ruso,* cigarettes russes.
- Stéréotypes liés aux réalités uniques et propres de la dimension du groupe ciblé : *bania* russe, danse russe, montagnes russes, roulette russe, billard russe, prononciation russe, écriture russe.
- Stéréotypes liés aux manifestations gastronomiques : salade russe, vodka russe, charlotte russe, *filete ruso,* caviar russe, gâteau russe.
- Stéréotypes événementiels liés aux phénomènes historiques : révolution russe.
- Stéréotypes liés aux notions philosophiques et aux qualités personnelles : âme russe, ours russe.
- Anthropostéréotypes liés à un groupe social : fille russe, mafia russe, un russe.

9.2.1. Lexies complexes stéréotypées portant sur les objets et les réalités culturels et gastronomiques

La réalité quotidienne des Russes est intégrée dans une série d'objets représentatifs dont la présence et l'utilisation sont très remarquées dans les croyances des Français et des Espagnols. La typologie de ces objets révèle les différences culturelles entre les trois cultures : distinguons ceux de grand emploi dans le cadre de chacune d'entre elles (salade russe, vodka russe, caviar russe, poupée russe) et ceux d'emploi faible et voire méconnu dans une culture exogène, ce qui atteste des décalages dans le mode de vie de la culture d'origine (*bania* russe, *balalaïka* russe, *samovar* russe, chapeau russe, chaussettes russes, montagnes russes, charlotte russe, *filete ruso,* etc.).

---

croire que l'encadré culturel est une information active dont les non natifs pourraient disposer pour développer leur compétence communicative.

Nous rejoignons Florence Windmüller (2006 : 40-41) sur l'appel de prendre en considération les objets culturels du groupe cible, puisqu'ils font leur apport sur la mentalité collective des Mêmes ainsi que sur leur pratique quotidienne :

> Les objets reflètent une époque, une manière de vivre, ils sont associés à un événement particulier qui a laissé son empreinte dans la mémoire collective, ils font partie d'une légende ou, objets emblématiques, ils sont l'incarnation d'une personne célèbre.

Nous reprenons également les considérations de B.M. Mazzara selon lesquelles l'individu de l'exogroupe est toujours très disposé aux éléments de l'endogroupe qui lui paraissent nouveaux et curieux. Donc, il n'y rien de surprenant que les Européens s'intéressent aux objets qui ne sont pas si typiques au sein de leur culture. Cet élan heuristique à l'égard des objets « russes » ne suppose aucune compétition agressive et détermine le niveau de spécificité de la culture russe.

Sous le nom « objet » nous sous-entendons des éléments physiques et matériaux, des réalités culturelles de type social, folklorique et linguistique, aussi bien que des manifestations gastronomiques.

9.2.1.1. *Lexies complexes stéréotypées portant sur les objets matériaux*

a) Poupée russe / Muñeca rusa

Autres lexies simples et complexes : poupée gigogne, matrone, *matriochka / matrona rusa, matriochka, matrioshka, matriuska*

Le concept « poupée russe » est très reconnu chez les Français et les Espagnols. Les calques « *matriochka / matrioshka* » sont recueillis dans les dictionnaires et les guides touristiques :

> Poupée gigogne en bois peint dans laquelle des poupées identiques de taille décroissante s'emboîtent les unes dans les autres (*Larousse* en ligne) ;

> Conjunto de muñecas de madera pintadas que van unas dentro de otras (Richmond, 2006 : 785) ;

> Muñeca de madera, pintada a mano con aceite o guache, cortada por la mitad, que se va abriendo para mostrar en su interior una nueva matrioshka o matriuska (Peña, 2004 : 37) ;

> [...] compré "matrioshkas" en la calle Arbat... (Ussía, 2011).

De plus, nous avons pu constater un cas où la collocation « *muñeca rusa* » figure entre guillemets. Ces derniers indiquent que la nature russe de l'objet est fausse : l'idée de mettre dedans plusieurs poupées est née au Japon (Daubenton, 2001 : 52).

L'usage direct de la poupée russe est constaté dans le film *Le Grand Blond avec une chaussure noire* (1972) d'Y. Robert, où elle est ouverte, une à une, par les espions. L'idée figurée de l'objet emboîté s'applique à la découverte successive d'une nouvelle personne par le personnage de *Les poupées russes* (2005) de C. Klapisch. Enfin, tout récemment le nom a été choisi en tant que titre du film *Matrioshka* (2015), de F. Kapilla.

L'acception négative du stéréotype est fixée dans son emploi à l'égard des jeunes filles et des femmes immigrées de l'Est en Europe qui gagnent leur vie comme filles de joie.

Encadré culturel :
Aux définitions antérieures ajoutons que les poupées russes forment un ensemble de, au minimum, trois ou cinq unités, pouvant en atteindre une trentaine. Les opinions au sujet de la symbolique de l'objet sont ambiguës : soit on l'interprète comme la beauté de la femme russe depuis l'enfance jusqu'à la vieillesse ; soit on l'associe à la maternité et à la fécondité de la femme russe, vu que les unités plus petites représentent des enfants de la grande poupée-mère.

L'apparition de la première poupée emboîtée est due au peintre russe S. Malioutine (1859–1937). Celui-ci s'est inspiré d'un jouet japonais qui représentait un dieu et cachait à l'intérieur d'autres divinités. Le premier jouet similaire russe, façonné d'après le croquis du peintre, représentait donc une poupée qui en enfermait huit autres : la plus grande était une femme portant un tablier et tenant un coq, et les autres, un garçon et une fille, pour en finir avec un bébé. Le jouet est vite devenu un élément important du style russe activement développé au début du XXe siècle, et l'image de la femme y reste traditionnelle jusqu'à nos jours.

Le mot lui-même, матрешка, « *matriochka* » est dérivé du prénom féminin russe Matriona dont l'étymologie renvoie à « mère ». Le prénom était extrêmement populaire en Russie à l'époque ; on associait la porteuse de ce prénom à une femme saine, corpulente, robuste, provenant de la campagne et ayant des enfants.

Une version non typique au sujet de l'étymologie du mot renvoie au nom propre Matriona en tant que prénom de la première poupée (Daubenton, 2001 : 52).

Actuellement, l'idée d'objet emboîté s'applique, par extension, aux personnages de contes de fée, aux leaders politiques, voire aux membres d'une même famille.

Dans les représentations exogènes, la lexie simple *matriochka* parfois se voit confondre avec celle de *babouchka*. En 2005, la marque française PIMKIE a promu ses T-shirts avec le dessin de poupée russe accompagné du mot *babouchka*. Il est clair que la forme phonologique des deux lexies semble similaire pour l'oreille étrangère ; cependant le concept de *babouchka* est totalement distinct. Il est recensé avec la définition de « grand-mère russe »[74] ; il est

---

74 *Dictionnaire Hachette encyclopédique*, Paris, Hachette Éducation, 2002, (Dictionnaire français).

correctement illustré dans un guide touristique : « *Babushkas tejedoras locales venden chales, calcetines…* » (Richmond, 2006 : 498)[75] ainsi que dans les impressions de voyage individuelles :

> *Animada por esta toma de contacto, una gruesa babushka, con un pañuelo de flores ceñido en la cabeza, nos pregunta si el coche nos pertenece y cuánto nos ha costado* (Lapierre, 2006 : 50).

Encadré culturel complémentaire :
En Russie, les grands-mères, de même que toutes les personnes âgées, jouissent de l'amour et du respect de la part des jeunes générations, surtout vu qu'elles ont beaucoup souffert durant leur jeunesse à cause de leur dur travail pendant les périodes de guerre, d'après-guerre et du stalinisme.

En effet, le rôle social des grands-parents dans la famille typique russe est très appréciable : comme leurs enfants travaillent, ils prennent soin de leurs petits-enfants. Ils reportent sur ces derniers toute la tendresse et toute l'attention, qu'ils n'avaient pas pu donner à leurs enfants à l'époque.

Par conséquent, la lexie simple *babouchka* ne peut pas s'étendre au concept de *matriochka*, si vieille que soit cette dernière.

b) *Balalaïka (russe)* / Balalaica

La dénomination de l'instrument musical s'avère être si connu dans la culture française et espagnole qu'on omet ordinairement de la lexie complexe l'adjectif « russe ». La lexie simple est présentée dans les définitions des dictionnaires :

> Petit luth à caisse triangulaire, à trois cordes, employé dans la musique russe[76] ;

> *Instrumento musical parecido a la guitarra, pero con caja de forma triangular, de uso popular en Rusia* (DRAE en ligne).

Encadré culturel :
Les définitions des deux dictionnaires correspondent à la conceptualisation originaire de l'objet et ne peuvent être complétées que d'une petite nuance : le corps de la *balalaïka* se fabrique en bois.

La dénomination de *balalaïka* a plusieurs interprétations dont la première renvoie à l'onomatopée « bla-bla ». La deuxième évoque une parenté évidente avec les verbes russes *балагурить* /ba la 'gu Rit'/, *балакать* /ba 'la kat'/ ou *балаболить* /ba la 'bo lit'/ qui signifient « papoter, parler comme un moulin à

---

75 Bien que postérieurement le mot soit indument rapporté au registre péjoratif (Richmond, 2006 : 784).
76 *Op. cit., Dictionnaire Hachette encyclopédique*, 2002.

paroles, parler avec volubilité ». Selon la troisième, le mot doit sa provenance à la langue tartare où le substantif *балалар* /ba la 'laR/ veut dire « enfants ». Donc, tous ces vocables, phonétiquement identiques, en se complémentant, transmettent l'essentiel du concept « balalaïka » qui corespond à un instrument léger, amusant, faisant du bruit et peu sérieux.

La symbolique de l'instrument au sein de la culture russe est soulignée par le fait de composer la liste des idéogrammes et émoticônes, nommés *emoji*, choisis par les fondateurs du *messenger* russe RuGram.

c) *Samovar (russe)* / Samovar ruso

En français et en espagnol, la lexie est transmise sous forme de calque du russe et peut circuler aussi bien comme simple que complexe. Le mot fait partie des entrées des dictionnaires français et espagnols :

> Un ustensile destiné à la préparation du thé, utilisé à l'origine en Russie, composé d'un réchaud à charbon de bois et d'une petite chaudière à robinet[77] ;

> Recipiente metálico en forma de cafetera alta, dotado de una chimenea interior con infiernillo, usado para calentar el agua del té : samovar ruso de plata (Wordreference en ligne).

De plus, dans les rubriques de *Wikipédia*, en français et en espagnol, nous observons la mention sur la nature composée de la lexie russe. Moyennant la traduction des deux formants « *сам* » /'sam/, « soi-même », et « *вар* » /'vaR/, « bouiilir », le sens du mot est compris comme « qui bout par lui-même / *olla para cocinar uno mismo* ».

Encadré culturel :
Il ne convient que de d'éclaircir que tout au-dessus de la chaudière remplie d'eau, se trouve une petite théière qui fait bouillir un thé noir très fort. Le thé que l'on tire de la théière est donc dilué dans de l'eau chaude, versée, à son tour, du robinet de la chaudière. C'est un attribut constant de la vie quotidienne des Russes au XIXe-XXe siècles (les premiers étant à base du charbon, et les postérieurs, électriques).

De nos jours, le *samovar* n'est plus employé dans les ménages à cause de l'usage accru d'ustensiles plus commodes : théières de gaz, bouilloires de gaz, bouilloires électriques et automatiques. Donc, il est passé à devenir un symbole de l'identité russe.

---

77 *Op. cit., Dictionnaire Hachette encyclopédique*, 2002.

d) Lapin russe / ---

La lexie sous sa forme complexe n'existe que dans les représentations des Français. Elle y est polysémique, et sa première signification renvoie à une espèce de lapin domestique et à la fourrure de l'animal :

> Blanc aux yeux rouges[78] ;
>
> Race de lapins de petite taille, aux yeux rouges, au pelage blanc pur, fournissant une chair délicieuse et une fourrure remarquable (*Larousse* en ligne).

De même, l'image de l'animal s'emploie dans la conception et la fabrication des jouets ; ainsi, à un moment donné, un site français vendait des toupies en bois qui portaient le même nom : « lapin russe »[79].

Encadré culturel :
Les toupies russes traditionnelles sont décorées de rayures, et la présence de n'importe quelle image (animal, personnage de BD, etc.) ne serait pas considérée comme typique.

e) Chapeau russe, chapka *(russe)* / Gorro ruso

Dans les représentations des Français et des Espagnols, la lexie existe sous deux formes, complexe et simple ; cette dernière est en fait un calque du russe. Plus particulièrement, le mot *chapka* reçoit les interprétations suivantes :

> Bonnet doublé de fourrure, dont les pointes protègent les oreilles, le front et la nuque (*Larousse* en ligne) ;
>
> *Sombrero de orejeras flexibles* (*Wikipédia*).

Une interprétation détaillée est indiquée sur le site d'une chapellerie française : chapeau traditionnel russe en fourrure ou en cuir, muni de parties rabattables qui peuvent couvrir les oreilles et la nuque, ou se maintenir nouées sur le haut du chapeau ; « La forme traditionnelle de cette *chapka* s'inspire des *ushankas* fabriquées en Russie »[80].

La stabilité du stéréotype est prouvée par sa mention dans les impressions de voyage individuelles :

> *Todos los barones del régimen han venido a brindar* [...] *con el ex presidente francés Vincent Auriol y su esposa, Michèle, tocada con una elegante chapka, que ha comprado por*

---

78 *Le Petit Robert de la langue française*, (sous la dir. de P. Robert), Paris, Dictionnaires Le Robert, 2006.
79 *Op. cit.*, Catalogue électronique français « France-CEI ».
80 Site de la chapellerie Traclet, <http://bit.ly/2FufXbR>. [Consulté : 18/09/2015].

la tarde en el departamento más distinguido del GOUM, las Galerías Lafayette de Moscú (Lapierre, 2006 : 20).

Encadré culturel :
Selon la glose culturelle proposée dans le § 6.4.2.3, un couvre-chef aux oreillettes flexibles correspond à la lexie simple « *ouchanka* ». Tandis que le mot-calque russe *chapka* est un hyperonyme, un mot-noyau ou un mot-pivot entouré de plusieurs satellites lexicaux.

Par conséquent, la lexie du catalogue français, d'ailleurs spécialisé exclusivement en couvre-chefs, possède plus de degré de véracité que les autres interprétations, plus généralisées.

f) Chaussettes russes / ---

Le stéréotype souscrit à cette lexie complexe n'est pas typique, et ne désigne dans les représentations des Français que :

Bandelettes enveloppant le pied[81] ;

Morceau de tissu (généralement de coton blanc) d'environ 40 cm par 80 cm et destiné à être enroulé autour du pied, autrefois en usage dans plusieurs armées, dont celles d'Allemagne et de l'ex-URSS (*Wikipédia*).

Encadré culturel :
Par son sens, la lexie complexe française transpose la lexie simple russe портянки /paR 'tjan ki/. Ces morceaux de tissu s'employaient au lieu des chaussettes dans l'Antiquité et ont trouvé un grand usage chez les militaires russes. Ce dernier fait s'explique par une meilleure correspondance avec les bottes spéciales portées par les soldats de l'armée russe (*Cf.* § 6.4.2.4), vu que le matériel de ces bottes détériore rapidement les chaussettes conventionnelles. Il existe deux types de ces morceaux de tissu : fins d'été, fabriqués en coton, et épais d'hiver, en laine.

En janvier 2014, le Ministre adjoint de la défense du pays, V. Boulgakov, a annoncé l'abolition de l'usage de ces morceaux de tissu et la mise en pratique, à leur place, des chaussettes conventionnelles.

Une autre lexie complexe à valeur stéréotypée qui peut surgir parallèlement à celle-ci est « chaussons russes ». Les représentations des Européens à ce sujet sont encore moins typiques et réfèrent aux grosses chaussettes tricotées en laine et destinées au froid.

---

81 *Op. cit., Dictionnaire culturel en langue française*, 2005.

g) Costume russe / ---

L'usage de la lexie complexe est très ponctuel et n'est inhérent qu'aux croyances des Français : « Tunique serrée à la taille, ceinture traditionnelle du *moujik* [homme à l'air campagnard] »[82].

Encadré culturel :
Il est possible que dans l'interprétation il s'agisse de la chemise nationale et traditionnelle portée naguère par les hommes russes.

h) --- / Un ruso

Bien que la lexie ne corresponde guère à notre modèle établi « NOM + ADJECTIF russe », il nous semble intéressant de la saisir au signifié suivant : « *gabán de paño grueso* »[83].

Encadré culturel :
Nous supposons que la lexie simple espagnole prétend à transmettre un vêtement de dessus traditionnel russe porté sous les conditions du froid dans les siècles passés.

i) Cigarettes russes / Papirosa

La lexie complexe ne transmet pas un stéréotype typique, et son usage ponctuel est remarqué dans les impressions du voyage de l'écrivain français D. Lapierre (2006 : 40) : « *Fuma sin parar papirossi, unos largos cigarrillos rusos con interminable boquilla de cartón. Simpático. Muy simpático incluso* ».

De même, la lexie simple espagnole, calquée du russe *papirosa*, est recueillie sur *Wikipédia* où elle s'interprète en tant que « *cigarro sin filtro con una boquilla larga de cartón* […] *contiene menos cantidad de tabaco que los cigarrillos convencionales, éste ocupa aproximadamente un tercio de la longitud de la* papirosa ».

Il convient de noter que la lexie complexe « cigarette russe » diffère des autres unités du corpus par son ambivalence. Chez les Français, elle s'applique également à un « biscuit cuit au four sur une plaque de pâtisserie, consistant en un disque de pâte en langue de chat enroulé sur une baguette de bois pour avoir la forme d'un tuyau » (*Wikipédia*). Sa préparation fait référence à la manière des Russes de rouler les cigarettes en mettant la feuille en diagonale et non en largeur.

---

82 Phrase citée de *Michel Strogoff* de J. Verne, *in op. cit., Dictionnaire culturel en langue française* (2005).
83 *DRAE* en ligne ; *Gran Enciclopedia del Mundo* (*1964* : 1108).

« Les cigarettes russes » sont souvent utilisées en France pour agrémenter les coupes glacées.

De la sorte, le stéréotype ethnoculturel « cigarette russe » est doté de polysémie et se rapporte à un objet aussi bien qu'à une variété gastronomique.

Encadré culturel :
Quant à la première signification du concept, l'usage courant de ce type de cigarettes, si caractéristique pour l'époque de l'Union Soviétique, ne l'est plus de nos jours en Russie.

En ce qui concerne la deuxième signification, le sens figuré de langues de chat, remarquons que la lexie n'existe pas comme telle dans le langage de la gastronomie russe. Les bâtonnets qui décorent les desserts, notamment les boules de glace, y sont dénommés « bâtonnets de sucre » ou « bâtonnets de gaufre ».

9.2.1.2. Lexies complexes stéréotypées portant sur les réalités culturelles

a) Bain russe / Baño ruso

> *- Et il faut aussi aller au* bania, *elle est le symbole de la propreté et de la liberté. Comme on dit chez nous, on y est tous égaux. En plus, c'est bon pour la santé ! (A. Sergueyeva, 2006)*[84]

Lexies simples : *bania / bagna, banya*. En français et en espagnol, nous observons l'emploi de calques davantage au masculin qu'au féminin, tandis qu'en russe, le mot est féminin.

Le concept de bain russe est clairement fixé dans les représentations des Français et des Espagnols.

Commençons par les guides touristiques espagnols dont les auteurs insistent sur l'importance de visiter cet endroit nommé par eux *banya* ou *casa de baños* et interprété comme *baño de vapor típicamente ruso*, fréquenté par les natifs une fois par semaine en guise de gymnase :

> *Propuesta ineludible* [...] *lavarse a fondo en un* banya, *recreándose en una sauna comunitaria y dejarse azotar con hojas de abedul* (Richmond, 2006 : 21 ; *Cf.* aussi p. 784, 76, 278, 343) ;

> *Lávese vigorosamente, latíguese con ramas de abedul, sude en una sala llena de vapor y rocíese con agua fría* (Daubenton, 2001 : 189, *Cf.* aussi p. 196).

---

84 [Traduit par nos soins] Entretien avec Alla Sergueyeva. <http://bit.ly/2D5lsjz>. [Consulté : 19/09/2015].

La mention des feuilles et des branches de bouleau y mène postérieurement au traitement du mot *веник*[85], ce qui justifie sa charge culturelle implicite dans la langue russe :

> Existen teorías que vinculan esta práctica [agarrar un venik y golpearse a sí mismo o a los demás] a otros elementos sadomasoquistas de la cultura rusa. Sin duda, es dolorosa, aunque el efecto es agradable y purificador ; las hojas de abedul (a veces de roble o incluso de enebro) y sus secreciones ayudan a la liberación de toxinas de la piel (Richmond, 2006 : 76)[86].

De même, les auteurs font référence à l'utilisation esthétique de la langue russe où le concept de *bania* est très rattaché au film classique *L'ironie du sort* (1975) mentionné par nous *ut supra*. Un *bania* public y est choisi comme l'endroit qui génère une série de problèmes pour le personnage principal qui s'y rend avec ses amis juste avant le réveillon.

En Espagne, l'anthropologue nationale Carmen Arnau a réussi à créer un *bania* avec l'aide des experts venus exprès de Sibérie. La construction fait partie de tout un village sibérien modelé, situé au cœur des montagnes de Tolède, près du Parc National de Cabañeros[87].

Dans son blog, Jean-Claude Boussat décrit soigneusement ses impressions sur le *bania* comme sur une petite construction en bois établie à l'écart de l'habitat :

> Une petite pièce sert d'entrée et de vestiaire, et donne accès au bain proprement dit. Dans l'entrée, se trouvent un banc, une petite table, des patères au mur. En entrant dans la pièce du bain proprement dite, on est surpris par l'ambiance sombre et enfumée. [...] Dans un coin près de la porte se trouve le foyer surmonté d'un tas de gros galets, et dont un côté est formé par un réservoir en tôle, qui doit contenir une centaine de litres d'eau chaude. Il y a une cheminée au-dessus du foyer, mais la fumée traverse la pièce avant de l'atteindre. Les deux autres côtés sont meublés de bancs, dont un surélevé pour s'allonger. Des seaux d'eau froide et plusieurs cuvettes sont placés sur les bancs. Il y a aussi des faisceaux de branches de bouleau ou de plantes odoriférantes, que l'on pourra tremper dans l'eau chaude et utiliser pour se fustiger. Le sol est en bois, et l'eau peut s'évacuer directement vers la terre entre les planches juxtaposées.
> [...] Après nous être dévêtus dans le vestiaire, nous entrons dans la *bagna* surchauffée. Nous restons assis un moment, en jetant de temps en temps une casserole d'eau sur les pierres pour provoquer une vapeur abondante qui rend l'atmosphère encore plus étouffante. Au bout de dix minutes, nous avons tellement transpiré que nous avons

---

85 *Cf.* l'analyse de la CCP du mot dans le § 7.1.1.3.
86 À ce propos : « Les Russes aiment se fustiger avec un *venik* à tel point qu'ils ont laissé derrière eux les précurseurs des saunas. Ils passent, comme personne, beaucoup de temps dans la pièce à vapeur sous des températures élevées » (Berkova, 2003 : 41).
87 Pour plus d'information <http://bit.ly/2AT5van>. [Consulté : 9/01/2018].

l'impression d'avoir perdu tous nos kilos superflus ! [...] Si l'on a trop chaud on entrouvre la porte, ou on va boire un verre de *kvas* dans l'entrée et on revient transpirer encore un peu. Après ce nettoyage en profondeur, c'est un plaisir extraordinaire que de sortir et se doucher dans la nature avec de grandes casseroles d'eau froide. Et c'est presque à regret que l'on doit se rhabiller et rejoindre le reste de la famille, le visage encore congestionné par la chaleur [88].

Encadré culturel :
Dans la culture locale, le *bania* existe sous deux formes. Premièrement, il peut être une petite construction en bois, auprès d'une maison individuelle, qui unit à l'intérieur une salle d'eau et une pièce à vapeur. De la sorte, les visiteurs se lavent et se fustigent avec des *veniki* dans une seule pièce. Deuxièmement, le *bania* peut être public et représenter ainsi un endroit avec deux secteurs, féminin et masculin, équipés, de plus, d'une piscine commune. Chaque secteur s'y compose d'une salle d'eau, d'une pièce à vapeur, d'une antichambre équipée de tables et de chaises pour se reposer.

C'est bien la vapeur qui distingue le *bania* russe du bain turc ou finnois. Si dans ces derniers, l'essentiel est l'air surchauffé et sec, dans le *bania* russe la vapeur est humide (sa température peut atteindre 70–80 degrés). Le principe du *bania* russe est de contribuer aux brusques changements de températures, ce qui constitue une excellente gymnastique pour les vaisseaux du corps humain. C'est pourquoi, il est de mise de combiner le bain chaud avec le froid : après avoir transpiré ou s'être fustigé avec un *venik*, se frotter avec de la neige ou prendre une douche glaciale.

La lexie simple *bania* en russe peut aussi être polysémique. Par là on comprend tout un complexe d'actions effectuées par le visiteur, aussi bien que par le préparateur du *bania*. La dérivation sémantique de la lexie russe atteste donc son poids culturel considérable dans les représentations endogènes.

Nikolaï Ryjkov, homme d'État soviétique et politicien actuel, à la question quelle recette il a pour travailler autant et être résistant au stress, répond que c'est le *bania* avec un *venik*, du *kvas* et de la bière, comme pendant sa jeunesse (Tseplyaev, 2009).

b) Danse russe / Danza rusa

Autres lexies simples : *Kazatchok, Casatschok / Casachof, Kazachof*

---

88 Site de J.-C. Boussat « Au fil des images », <http://jeanc.bouss1.free.fr/>. [Consulté : 19/09/2009].

C'est une variante du type musical conventionnel chez les Européens. La persistance de la lexie stéréotypée prouve la reconnaissance de l'utilisation esthétique de la langue russe par les membres des exogroupes. Généralement, ces derniers voient « la danse russe » comme : « Pas de danse masculin, exécuté accroupi »[89].

À ce nom, les Européens appliquent une danse gaie, vive et instrumentale. Depuis les années soixante, elle est imitée en France (R. Zarai, 1969) et en Espagne (G. Dann, 1969 et *Los tontos*, 1969), les bras croisés, les mains touchant les coudes, en mouvement.

Dans la plupart des cas d'imitation, la danse a l'arrangement musical de la chanson russe *Katioucha* (1938) dont le texte est composé par M. Issakovski et la musique, par M. Blanter. C'est la raison pour laquelle nous constatons même la lexie composée « *Kazachof-Katiusza* » qui arrive à s'interpréter dans les discours ordinaires espagnols comme polka traditionnelle russe.

Les lexies simples espagnoles *Casachof* et *Kazachof* diffèrent des autres par la terminaison –of. À notre avis, cet élément morphologique s'applique, par extension, à la dénomination des éléments russes, à partir d'une des terminaisons typiques des noms de famille masculins, –*ov*[90].

En Espagne, le concept de *Casachof* s'entremêle avec d'autres manifestations du folklore russe, notamment avec une chanson populaire russe. La veille du match de football, qui a eu lieu entre la sélection russe et espagnole dans le cadre de la Coupe de l'Europe de 2008, les fans espagnols réalisaient une danse « russe » en utilisant les figures de *Kazatchok*. Leur danse était accompagnée des mots « *Yo soy español, español, español…* » chantés à la manière de *Kalinka* (« Petit obier »), dont la typicité est mentionnée par nous *ut supra*.

Encadré culturel :
Kazatchok est en réalité une des danses populaires dans la culture russe, en même temps que « Барыня » (Barinia), « Кадриль » (Kadril), « Пляска » (Pliaska), « Яблочко » (Yablotchko) ou « Хоровод » (*Wikipédia* : Khorovod / Jorovod). Leur particularité, sauf pour le dernier mot, est de ne trouver aucun reflet dans les cultures exogènes, bien que chacune de toutes ces danses soit particulière. Par conséquent, la lexie complexe « danse russe » doit être considérée comme hyperonyme ou mot-noyau entouré de plusieurs satellites.

---

89 *Dictionnaire historique de la langue française Le Robert*, (sous la la dir. d'A. Rey), tomes 1–3, Paris, Dictionnaires Le Robert, 2004.

90 À ce propos : « Russkoff » (Cavanna, 1979) et « Popov » (*Dictionnaire culturel en langue française*, 2005).

La danse russe « Kazatchok » est originaire de l'Ukraine et de la Russie, et son tout premier arrangement musical s'attribue au compositeur polonais K.S.R. Dusiacki. Le nom de la danse désigne probablement « un petit cosaque », étant une forme hypocoristique de *казак* /ka 'zak/, « cosaque ». Les cosaques, qui sont un groupe de populations slaves, pratiquaient cette danse pendant leurs fêtes au XVIe-XVIIe siècles.

La technique du pas de la danse est rapide, linéaire ou en cercle, et prévoit le mouvement en couple, sur un *tempo* en constante augmentation et selon un mode improvisé. Parmi les mouvements, on peut dégager l'accroupissement, la file indienne, les jambes jetées en avant en position assise, la pirouette, l'imitation des figures (surtout, celles des femmes) et multiples performances *solo* à tour de rôle. Grâce à la participation des femmes, la danse acquiert un caractère plus lyrique que les autres.

En ce qui concerne l'accompagnement musical, la mélodie de la danse russe « Kazatchok » doit être vive. L'air de la chanson russe *Katioucha* dont on accompagne la « danse russe » en Europe n'est pas si joyeux. Dans le cadre d'une analyse culturologique, María Sánchez Puig et Tatiana Drozdov Díez (2004 : 123-130) appellent à ne pas appliquer l'humeur de la chanson à la vitalité de la « Kazatchok ». L'entourage de la chanson est constitué de toutes les difficultés auxquelles se heurtait le peuple russe pendant la période de l'avant-guerre : les négociations Ribbentrop – Molotov, le pacte germano-soviétique entre Hitler et Staline, la guerre finnoise, la jonction des républiques baltiques, etc. Précisons que la chanson remémore l'histoire d'une jeune fille Katioucha (forme hypocoristique à partir d'Ekaterina, transposé en français comme Catherine) qui garde fidèlement son amour envers son soldat, ce qui transmet une profonde tristesse.

c) *Montagnes russes* / Montaña rusa

La lexie complexe trouve sa place dans les dictionnaires des deux langues :

> L'expression est attestée depuis 1816 : « Les montagnes russes ont fait fureur à Paris au commencement de la Restauration » (Th. Gautier, *Voyage en Russie*) ; depuis 1945, elle est également prise au sens figuré de « suite de montées et de descentes »[91] ;

> *Vía férrea estrecha y en declive, con altibajos y revueltas, para deslizarse por ella en carritos como diversión* (DRAE en ligne) ;

> *Camino ondulado, por el cual, gracias al declive, se desliza sobre rieles un vehículo que ocupan las personas por diversión*[92].

---

91 *Dictionnaire historique de la langue française Le Robert* (2004).
92 *Gran Enciclopedia del Mundo* (1964 : 859).

De même, nous recueillons l'interprétation de la lexie depuis *Wikipédia* : « des attractions mettant en scène des trains parcourant des trajets sinueux et à fort dénivelés dans le but de créer une sensation de peur et à la fois d'amusement chez les passagers » ; aussi bien que nous observons son emploi, au sens figuré, dans les médias : « *Montaña rusa en Mestalla* » (section « Sport » de *El País*, (1/12/2008)).

Encadré culturel :
La lexie complexe traduite littéralement en russe du français ou de l'espagnol n'évoquerait pas l'image inhérente aux croyances européennes. Le concept de ce type d'attractions est transmis en russe moyennant une autre lexie complexe : « montagnes américaines ».

Le paradoxe linguistique, « russes » *vs.* « américaines », est soumis à des causes historiques. Les premières attractions de ce type ont été construites, en ce qui concerne leur mise sur les rails, aux États-Unis dans les années quatre-vingts du XIXe siècle. En revanche, la première conception des attractions date du XVIIe siècle et est caractéristique de la Russie. Dans le but de s'amuser, ses habitants organisaient des courses de luges sur des collines de neige ou des toboggans de glace spécialement construits (surtout, à Saint-Pétersbourg). Le danger du divertissement consistait dans les paramètres des toboggans : 25 m de hauteur et 50° d'inclinaison.

Par conséquent, nous fixons l'absence de la lexie comme telle dans la langue russe, mais, par contre, la présence du concept sous une autre forme linguistique.

d) Roulette russe / Ruleta rusa

La lexie complexe transmet un stéréotype très stable dans la mentalité des Français et des Espagnols. Elle est admise comme une entité dans les dictionnaires :

> Forme de duel (ou de pari) au revolver, le barillet étant chargé seulement de deux balles à des emplacements que le ou les tireurs ignorent (*Larousse* en ligne) ;

> *Juego temerario que consiste en disparar alguien contra sí mismo un revólver cargado con una sola bala, ignorando en qué lugar del tambor está alojada* (*DRAE* en ligne).

Une interprétation différente, en ce qui concerne le nombre de balles, est proposée sur *Wikipédia* :

> Un « jeu » consistant à mettre une cartouche dans le barillet d'un revolver, à tourner ce dernier de manière aléatoire, puis à pointer le revolver sur sa tempe avant d'actionner la détente. Si la chambre placée dans l'axe du canon contient une cartouche, elle sera alors percutée, et le joueur mourra ou sera blessé.

L'impact du concept russe est si grand en France et en Espagne qu'on y recourt dans les médias : « *La ruleta rusa del ruso Abramovich* » (*El Mundo*, Espagne)[93], aussi bien que dans les scénarios des films et des émissions de télévision : *13 Tzameti* (2005) de G. Babluani, épisode « Jouons à la roulette russe avec un imbécile » in *La Minute nécessaire de monsieur Cyclopède*, *La Ballade des Dalton* (1978) de R. Goscinny et Morris, *Léon* (1994) de L. Besson, *La Haine* (1995) M. Kassovitz.

Encadré culturel :
Vu le caractère complet des interprétations des Français et des Espagnols au sujet de la lexie, tout encadré culturel nous paraît de trop. Effectivement, il s'agit d'un jeu de risque extrême, potentiellement mortel, consistant à tenter le sort à l'aide d'un revolver chargé, selon les règles classiques, d'une balle. Le jeu est également connu en russe sous le nom de « roulette des hussards », déterminé par la version sur la pratique de ce « divertissement » parmi les hussards, cavaliers militaires appartenant à la cavalerie légère aux XVe-XXe siècles.

e) Billard russe / Carambola rusa

Autres lexies complexes : pyramide russe / *carambola sucia*

En français, le lemme est recensé comme « Jeux où l'on pousse une bille qui doit éviter des quilles, passer sous des arceaux, se loger dans des trous »[94].

De même, sur *Wikipédia* nous voyons éclaircir la technique du jeu qui est différente par rapport aux autres types de billard. Dans le billard russe, la dimension des billes (15 blanches et 1 rouge) est distincte : 68–71 mm au lieu de 57 mm, de même qu'elles y sont plus lourdes. Les poches (les trous) ne sont plus larges que les billes que de 2 mm ou 4 mm, ce qui rend le jeu, en gros, réellement difficile.

La lexie espagnole diffère car elle n'emploie pas le mot-noyau « billard », mais choisit un de ses mots-satellites qui est « *carambola* ». Ce dernier est un calque du français « carambole », au signifié de billard traditionnel français « pratiqué avec 3 boules (deux blanches, une rouge) sur un billard sans trou » (*Larousse* en ligne). Cependant, la lexie espagnole ne réfère pas à une variété russe du billard, mais évoque un effet d'un coup de queue réalisé lors du jeu : « *Aquella en que la bola arrojada toca sólo a una y ésta, a su vez, a otra* » (*DRAE* en ligne).

Encadré culturel :
Face aux dictionnaires, *Wikipédia* présente une information plus précise et plus fidèle à la réalité russe.

---

93 <http://bit.ly/2DcQTHK>. [Consulté : 22/05/2008].
94 *Cf. Le Petit Robert de la langue française* (2006).

f) Prononciation russe

Nous voudrions remarquer que la lexie n'est pas recueillie comme telle par les dictionnaires ou les encyclopédies étrangères. Néanmoins, elle transmet la spécificité des aspects phonologiques de la langue russe perçus par les non natifs. Ainsi, le stéréotype est dénommé par nous-même et unit en lui une série de mots prononcés à la russe et fixés dans les dictionnaires et les discours des Européens.

Le Petit Robert de la langue française (2006) recense la lexie « Popov » en tant que synonyme familier pour le lemme « un russe ».

Les discours ordinaires espagnols en fixent des inventions individuelles :

Bellezova
Dans le cadre d'un reportage qui s'est déroulé à Moscou, Miguel Nadal, journaliste de la chaîne espagnole La Sexta, criait ce mot pour s'adresser ou attirer l'attention des jeunes filles passantes. Le vocable éphémère est un motvalise à deux formants : *belleza*, « beauté », et *-ova*, la terminaison typique des noms de famille féminins russes[95].

Guapushka
Une autre formation individuelle du même journaliste prononcée durant son reportage à Moscou. La composition du mot-valise est aussi évidente : le compliment habituel des Espagnols ¡*Guapa!*, « belle », accompagné du suffixe – *shka*, qui est probablement venu à la tête à partir du mot « *matriochka* ».

Or, dans le cinématographe espagnol, nous rencontrons d'autres mots composés à la russe. Sur la page officielle du film *La Daga de Rasputín*[96] (2011), dirigé par Jesús Bonilla, figurent les mots-valises suivants :

Pantallaska completaia ← *Pantalla completa*
Playev ← *Play*
Pausovska ← *Pausa*
Stopskaia ← *Stop*
Rewowinevich ← *Rebobinar*
Musicovich ← *Música*

Dans le domaine de la publicité, la phonologie russe est considérée comme un moyen de créativité. En octobre 2008, le réseau commercial d'électroménagers MIRO a annoncé : ¡*LOS PЯECIOS MΔS BΔЯΔTOVICH!* [¡*Los precios más baratovich!*].

---

95 À ce propos il est également curieux de partager l'opinion d'un Espagnol qui affirmait que la marque nationale Pescanova était russe ou avait quelque chose de commun avec la Russie.
96 <http://www.ladagaderasputinlapelicula.com/>. [Consulté : 16/08/2010].

Les créateurs des éléments visuels ont opté donc pour les inflections très russes pour l'oreille espagnole : *-ev, -sk, -aia, -vich*.

Hormis les éléments morphologiques, les Européens rattachent volontiers à leurs réalités les mots purement russes. Le groupe musical espagnol « TOUNDRA + MKM » a dans son nom le calque russe, bien qu'il n'ait rien à avoir avec son signifié primaire « biome terrestre ».

Un autre exemple est l'entreprise espagnole au nom « Troika », située à Vigo (Pontevedra) et dédiée aux enseignes. Le cas est similaire à l'antérieur : le sens originaire du mot russe, « ensemble de trois éléments », ne correspond guère à la ligne de l'activité commerciale de la marque. Cependant, nous le voyons conservé dans l'appellation de la Troïka, qui est une alliance des trois forces dirigeantes dans le domaine financier, économique et politique : le FMI, la Commission européenne et la Banque centrale européenne.

g) Écriture russe

De même que dans le paragraphe antérieur, la lexie complexe est définie par nous-même vue la fréquence de l'usage des caractères cyrilliques dans la langue espagnole.

Un des exemples est l'annonce de *op. cit.* MIRO :

ОСТVВЯΣ ЯОJО
¡LΛ RΣVOLVCIÓИ DΣ LOS PЯΣCIOS!
[*OCTUBRE ROJO. ¡LA REVOLUCIÓN DE LOS PRECIOS!*]
LΔ ЯEVOLVCIÓN NO ΔCΔBΔ ΔQVÍ… ¡CONTINVΔRΔ!
[*LA RÉVOLUCIÓN NO ACABA AQUÍ. ¡CONTINUARÁ!*]
PЯECIOS CΔSI DE GOЯЯΔ! [¡PRECIOS CASI DE GORRA!]

Remarquons ainsi la préférence des créateurs espagnols pour les lettres exotiques, entre autres, russes : Я, И, Λ.

Une observation plus complète se fera dans le § 10.2 où l'attention sera portée sur l'utilisation des éléments visuels russes au caractère linguistique dans les images publicitaires.

9.2.1.3. Lexies complexes stéréotypées portant sur les manifestations gastronomiques

a) Préliminaires : La gastique

Comme nous avons voulu le souligner dans le § 6.4.1, la dimension extérieure de la réalité russe laisse son empreinte sur les structures locales. La culture russe, étant celle des céréales à cause des particularités géographiques et climatiques, aboutit à la présence d'une large gamme de mets et de boissons typiques (semoules, crêpes, vodka, *kvas*). La culture des légumes et du bétail, à son tour, offre les ingrédients pour une grande variété de soupes et de plats consistants. En même temps, les conditions climatiques rigoureuses expliquent aujourd'hui la présence dans la gastronomie russe des repas, voire plus copieux qu'en Europe.

Nous sommes dans le cadre d'un champ de recherche au sein de la communication non verbale, qui est connue parmi les linguistes russes en tant que gastique. Ces derniers l'ont emprunté aux théories des chercheurs anglophones : *gustics* → гастика /*gas ti ka*/ et l'ont traduit en français comme « gastique ». C'est précisément Grigorij Krejdlin (2007 : 5) qui la définit comme science des fonctions communicatives et sémiotiques du manger et du boire, de la façon de se nourrir, des fonctions culturelles et communicationnelles de l'alimentation et de la déglutition. Elle comprend aussi l'étude de l'art culinaire, de l'art d'accueillir des invités et de séduire les gens, notamment par l'utilisation rituelle des aliments et des boissons (vins, cocktails, etc.).

Selon les principes de la gastique, chaque nation possède les repas devenus symboliques dans le monde entier. Ainsi, la culture gastronomique russe est avant tout un synonyme de la vodka et du caviar ; la française, du vin, du fromage et de la baguette ; l'espagnole, du vin, du *jamón* et des olives.

Les études gastiques relèvent également des régularités issues des habitudes et des priorités des individus d'une nation donnée. Il en appert que les individus qui prennent plus de thé que de café, optent pour les boissons alcooliques très fortes comme, par exemple, vodka et whisky. Au contraire, ceux qui ont l'habitude de boire du café privilégient le vin.

Le petit-déjeuner typique russe se compose des boissons chaudes (plutôt du thé que du café ou du cacao), et il est plus salé que sucré : des brioches avec du beurre, du pain avec du saucisson et du fromage, et parfois, des œufs durs et une omelette.

Le repas principal peut commencer par des entrées (canapés) et, en tout cas, il s'avère impensable sans un bon plat de soupe. Il peut aussi parfois être remplacé par une salade ou des légumes, suivis d'un plat de poisson ou de viande. Après, on sert du thé ou du café qu'on accompagne de pâtisserie.

Le dîner, généralement, se compose d'un plat de soupe ou d'un second plat.

Le protocole d'une table festive change totalement l'assortiment et l'ordre des mets. Dès le début, devant les invités s'étale tout un éventail d'hors-d'œuvre, de salades, d'entrées froides ou chaudes, de charcuterie, de caviar, de poisson fumé et salé, de cornichons, etc., accompagnés de toute sorte de boissons. Ces apéritifs sont suivis par un ou deux plats principaux à base de viande ou de poisson et servis chauds. Enfin, à l'arrivée du moment du dessert, on sert une pâtisserie variée, des bonbons, du chocolat et, le plus souvent, des tartes et des gâteaux. D'où provient la recommandation inévitable de se faire inviter chez un Russe, que nous avons repérée dans les guides touristiques (Richmond, 2006 : 123).

Bien que la cuisine russe soit constituée d'une mosaïque des cultures qui la composaient tout au long des siècles, les Français et les Espagnols y dégagent une série des plats qu'ils considèrent typiquement russes. Cette idée se confirme surtout par l'attribution à l'adjectif « russe » des collocatifs : salade, vodka, caviar, *filete*, charlotte, gâteau ; de même que l'adjectif fait partie des unités à plusieurs lexèmes : boire à la russe, hors-d'œuvre à la russe, *arenque a la rusa*.

b) Salade russe / Ensaladilla rusa, ensalada rusa

Nous dirions que nous avons affaire au premier plat associé chez les Français et les Espagnols à la cuisine russe. Les lemmes correspondants des dictionnaires présentent les descriptions suivantes :

> Macédoine de légumes à la mayonnaise (*Larousse* en ligne) ;

> *Ensalada de patata, guisantes, zanahoria y huevo cocido, mezclados con atún u otros ingredientes, como alcaparras y gambas, que se sirve fría y aderezada con mayonesa* (*DRAE* en ligne) ;

> 1. *La compuesta de patata, zanahoria, guisante, jamón, etc., con salsa mayonesa ;*
> 2. *Mezcla poco armónica de colores.* [...] *Manjar frito parecido a la ensalada rusa*[97].

Sur *Wikipédia*, la définition s'avère assez générale : « Une salade composée de dés de légumes et d'autres aliments, liés à la mayonnaise ». Par ailleurs, dans d'autres sources, nous pouvons remarquer un dispositif d'ingrédients détaillé : « *Patatas, zanahoria, judías verdes, guisantes frescos o del bote, remolacha, huevo duro, aceite, vinagre, zumo de limón, sal* » (*El mundo de la cocina*, 120–121).

Le parcours des définitions permet de constater une grande variété d'ingrédients dans les croyances des non natifs : des plus constants comme pommes de terre, carottes, œufs durs et mayonnaise aux très ponctuels comme thon, crevettes, jambon, haricots et betterave.

Indépendamment des composants du plat, nous voudrions souligner le sens figuré de la lexie complexe, celui de mélanger n'importe quels produits. C'est le

---

97 *Gran Enciclopedia del Mundo* (1964 : 538).

signifié de mélange de couleurs peu harmonique admis par l'encyclopédie espagnols, et l'expression courante « C'est une vraie salade russe » chez les Français. Profitons de dire que dans les discours ordinaires russes, cette valeur ironique s'explique moyennant le mot *окрошка*, « soupe froide contenant des ingrédients variés » (*Cf.* § 7.1.1.1.1).

Le concept « salade russe » a un statut actif dans différents domaines de la culture française et espagnole. Dans celui de la musique, la chanson *Salade russe* fait partie de l'album « Le cinéma de Michel Audiard » de Jacques Loussier.

Dans la presse, la lexie s'emploie pour accentuer les événements liés à la Russie : « *Lo que faltaba : ensaladilla rusa en el menú* » (*La gaceta*, (22–23/11/2008)). L'article est une réflexion sur l'entrée de la compagnie pétrolière russe Lukoil à Repsol. De la sorte, l'usage clairement métaphorique du titre atteste la composante référentielle de la compétence culturelle de l'auteur : *ensaladilla rusa* est un plat courant en Espagne.

Encadré culturel :
Au niveau linguistique, la lexie complexe « salade russe » ne trouve aucune place en russe. De même que dans les cas de « danse russe » ou « chapeau russe », le substantif « salade » s'avère être un hyperonyme supposant plusieurs hyponymes. Dans la cuisine russe, une salade (*салат* /sa 'lat/) peut être n'importe quel « plat froid fait de légumes, d'œufs, de viande ou poisson coupés en morceaux et épicé »[98].

La gastronomie russe compte beaucoup de plats froids de ce type, conçus chez les Européens comme « salade / *ensaladilla* ». L'un d'elles, à propos, est mentionné dans un guide touristique espagnol. Le nom de l'entremets et sa composition sont correctement déterminés : *vinegret* (Peña, 2004 : 86), composé de pommes de terre, betterave, carottes, cornichons, oignons et assaisonnée avec du vinaigre, de l'huile, du sel et du poivre. Un autre satellite du noyau « salade » peut être « Manteau de fourrure », mentionné par nous dans le § 6.4.2.2.

Le plat nommé et conçu par les Européens comme « salade russe », dans la langue-culture russe existe sous le nom d'appellation *Оливье* /o li 'vje/, « du cuisinier au nom Olivier ». Le cuisinier français Lucien Olivier, propriétaire du restaurant parisien « Ermitage » à Moscou dans les années soixante du XIXe siècle, a inventé la recette du plat.

---

98 [Traduit par nos soins] *Dictionnaire de la langue russe*, (réd. S.I. Ozhegov), <http://bit.ly/2D4hBn0>.

Dans la multitude des représentations extérieures sur le plat, nous dégageons seulement un cas de mention du nom correct « Olivier ». Dans un guide touristique espagnol, « Olivier » est décrit en tant que plat russe aux ingrédients suivants : « *carne picada* [erreur : la recette du plat n'en prévoit pas], *a veces pollo o salchichas, queso y verduras mezclado con mayonesa* » (Richmond, 2006 : 114).

D'autres dénominations de ce plat en russe sont : « de viande » et « d'hiver ». La première s'explique pour contenir de la viande comme ingrédient indispensable ; la seconde fait référence à l'accessibilité aux ingrédients en hiver, en comparaison à ceux employés pour les salades d'été.

Selon la préparation originelle, ce plat est un mélange de pommes de terre cuites, d'œufs durs, de concombres, et de viande non crue, tout coupé en dés et assaisonné de mayonnaise. Au fil des temps, la recette s'est complémentée de carottes, de cornichons, de petits pois, d'aneth et de saucisson. Aujourd'hui, la simplicité de la préparation du plat et l'accessibilité des ingrédients font de lui un attribut national obligatoire pour tout festin, surtout, celui du Nouvel An.

La spécificité et la popularité du plat en Russie est prouvée par le lancement du programme *Olivier-show* qui s'émettait sur la première chaîne nationale de 2010 à 2012. Il était destiné à divertir les spectateurs pendant les fêtes du Nouvel An et du Vieux Nouvel An.

Finalement, outre l'asymétrie linguistique (nom d'appellation russe *vs.* lexie complexe française et espagnole), nous constatons le décalage des représentations des non natifs au sujet de l'implicite culturel du concept.

c) *Vodka (russe)* / Vodka (ruso)

> – *Oui, c'est obligatoire de boire de la vodka chez nous !*
> *Dans la mentalité russe, la joie de la vie et la consommation de cette boisson nationale sont étroitement liées (Sergueyeva, 2006)*[99].

La lexie simple « vodka » est à tel point rattaché à la Russie qu'elle peut être privée de l'adjectif « russe » sans perdre le signifié. Les représentations des Français et des Espagnols sur la boisson se reflètent de la manière suivante dans les dictionnaires :

---

99 [Traduit par nos soins] *Op. cit.*, Entretien avec Alla Sergueyeva.

(Du mot russe « eau ») Alcool de seigle, d'orge fabriqué notamment en Russie et en Pologne. La lexie existe depuis 1829[100] ;

[Cet] alcool se boit en apéritif avant le repas (pastis, whisky) ou en digestif, après le repas (eau-de-vie) »[101] ;

Especie de aguardiente que se obtiene del centeno, de la patata y del maíz. Se consume mucho en Rusia[102] ;

(*Amb.*) *Aguardiente de cereales que se consume mucho en los países de Europa Oriental* (*Wordreference* en ligne).

Complétons les définitions de l'interprétation prise sur *Wikipédia* : « (Signifiant « petite eau ») Une boisson alcoolisée incolore originaire de Pologne qui est devenue depuis l'alcool national russe ».

D'après deux représentations françaises (*Hachette* et *Wikipédia*), le terme « vodka » s'avère être un dérivé diminutif de la lexie russe « eau ». L'idée de la même formation lexicale est soutenue dans certains guides touristiques et journaux espagnols dont : *agüita, traducción literal* (ou *significado*) *de vodka* (Daubenton, 2001 : 55 ; *Cf.* aussi Peña, 2004 : 93 et Requena, 2010). Les définitions étrangères attribuent à la vodka plutôt un statut russe (« *consumirse en Rusia* », « l'alcool national russe »). Le lien de cette boisson avec la culture polonaise ne s'entrevoit que dans deux définitions françaises (*Hachette* et *Wikipédia*).

Remarquons également que les interprétations françaises et espagnoles sur la vodka se bornent plus à sa consommation qu'à sa fabrication. Au-delà des définitions, les discours ordinaires des non natifs avancent des chiffres. Ces dernières peuvent être approximatives (70% des Russes en boivent tous les jours (Requena, 2010)), aussi bien que précises jusqu'au nombre de bouteilles comme, par exemple, dans un guide touristique espagnol (Peña, 2004 : 90) :

Consommation de la vodka par an (en bouteilles)	Consommation de la vodka par semaine (en bouteilles)
9700 millions (70 par personne)	1,5 (par personne)

De même, l'étude entreprise par un journaliste espagnol Ester Requena (2010) et basée sur les données de l'Agence consultrice Nielsen, montre que la consommation de la vodka chez les jeunes Espagnoles a augmenté à 86% de 1990 à 2010, et

---

100 *Op. cit. Dictionnaire Hachette encyclopédique* (2002).
101 Entrée « alcool », commentaire sémantique (Dubois, 1978 : 18).
102 *Op. cit. Gran Enciclopedia del Mundo* (1964 : 1284).

celle des cocktails, à 90%. Les dernières la préfèrent au vin pour contenir moins de calories et avoir une saveur diluée dans les mélanges.

Encadré culturel :
Le *Dictionnaire de la langue russe* de S.I. Ozhegov caractérise le terme comme « boisson alcoolique composée d'alcool pur et d'eau »[103]. D'après le *Dictionnaire étymologique russe*, le mot doit son origine au terme polonais *wodka*, étant, à son tour, un calque latin de *aqua vitae*, « eau de vie, et sa signification primaire en russe est « tisane à base d'alcool »[104].

Les suppositions des Étrangers au sujet de la dérivation de la lexie « eau » en l'unité complexe au signifié « petite eau » s'explique par la nature du suffixe russe *-k-*. Il est vrai que dans certains cas, il sert à apporter une valeur diminutive en russe. Cependant, ce cas de formation morphologique pour le mot « vodka » n'est pas absolu, puisque les formes diminutives de *вода*, « eau », à leur tour, seraient exceptionnellement *водичка* /va 'dich ka/ et *водица* /va 'di tsa/. Ainsi donc, la seule parenté entre les deux mots *vodka* et *вода*, « eau », consisterait dans la racine *вод-* /vod-/, désignant une substance liquide et transparente.

Pour la mentalité russe, la vodka est célèbre plutôt par son mode de fabrication et de distillation. L'élaboration de la vodka doit aux calculs de la proportion exacte de D. Mendeleyev (l'auteur du tableau périodique des éléments) de l'eau et de de l'alcool – 40%. Toute proportion moindre (d'ailleurs, 37% qui est la plus courante et consommée en Europe) s'éloigne de la qualité suprême de la boisson. C'est la raison pour laquelle les Russes savent qu'une vodka suffisamment distillée est celle qui n'a pas de goût (amer) et qui « se boit comme de l'eau ». À part l'alcool, l'eau la plus pure, le blé et le seigle, la vodka peut inclure différentes saveurs : fruits, baies ou épices, par exemple, poivre, aussi bien que varier en noms : Moskovskaya, Stolichnaya, Russkaya, Kristal, Damskaya, etc.

Dans le cadre du problème de la consommation de la vodka en Russie, nous recommanderions de distinguer deux réalités : l'ivrognerie, appelée également alcoolisme chronique, et une consommation de l'alcool irrégulière et occasionnelle. Quant à l'ivrognerie, ce problème est vraiment actuel pour le pays.

Pourtant, nous devons dire que l'abondance en alcooliques parmi les Russes n'est pas forcément due aux traits du caractère national russe ; elle s'explique par une gamme de raisons concrètes, ménagères et sociales. D'où provient cette

---

103 [Traduit par nos soins] <http://bit.ly/2CVfzS3>.
104 [Traduit par nos soins] *Dictionnaire étymologique russe*, (réd. G.A. Krilov), <http://bit.ly/2D4jaRU>.

attitude ambiguë des natifs à l'égard des alcooliques qui provoquent, en réalité, du dégoût aussi bien que de la compassion ou de l'indulgence.

Selon les données statistiques publiées en 2014 par l'Organisation mondiale de la santé, la consommation de l'alcool fort en Russie atteignait 15 litres par an et n'était pas si éloignée du niveau européen[105].

Le ministre de la culture, V. Medinski, affirme que l'alcoolisme n'a jamais été un trait du caractère des Russes : « Nous sommes un des peuples les plus sobres dans l'histoire mondiale depuis les dernières 1,5 mille d'années » (Shibanova, 2007).

Par ailleurs, avant la dissolution de l'Association alcoolique nationale russe en 2007, on constatait déjà la réduction de la consommation interne de la vodka et, cependant, l'augmentation de la fabrication et de la consommation des boissons légèrement alcoolisées comme vin, bière et champagne. Ce fait commence à se laisser entrevoir dans les guides touristiques qui soulignent en Russie le rôle prépondérant de la bière, son prix modéré, sa qualité et la présence des nombreuses fabriques productrices nationales. En particulier, sur la liste des fêtes et des célébrations propres de Saint-Pétersbourg, les auteurs mentionnent le Festival de la Bière glorifié à mi-juin tous les ans (Richmond, 2006 : 117, 271, 283).

Quel que soit le niveau de la consommation de la vodka chez les Russes, l'explication réside dans les traditions, la culture et les particularités nationales.

L'histoire de l'addiction des Russes à l'alcool en général prend son origine dans les temps anciens. Vladimir le Grand, Le Soleil Rouge, sous son règne de 978 à 1015, a imposé à son peuple la religion chrétienne qui, à son tour, ne supposait pas la défense de boire le vin[106]. À l'époque d'Ivan le Terrible (1547–1584) le pays a vu apparaître un tas de locaux où on pouvait consommer autant d'alcool qu'on le désirait. Sous Pierre le Grand (1682–1725), l'alcoolisme a pris des dimensions colossales. Le fait de se permettre de boire, indépendamment des couches sociales, signifiait posséder un statut noble et témoigner d'un bienêtre financier et de revenus élevés. À cette époque, le voyageur et le diplomate suédois Peter Petreius (1570–1622) narrait que l'alcool était le seul plaisir accessible uniquement aux élus ; grâce à lui les gens étaient capables de songer à une vie meilleure. Au XIXe siècle, Astolphe de Custine a repris cette idée en affirmant que les Russes avaient besoin d'alcool pour connaître le bonheur (Travert, 2008).

---

105 <http://bit.ly/2D4rNe9>. [Consulté : 3/01/2018].
106 À ce propos est connue la phrase du Grand-Prince : *Руси есть веселие пити, не можем без того быти*, « Boire est la joie de la Russie, nous ne pouvons pas être sans cela » [Traduit par nos soins].

De 1914 à 1925, le Gouvernement a établi « la loi sèche » qui a été reprise entre 1985 et 1987. Elle sous-entendait l'augmentation des prix d'alcool, la limitation en quantité de la production alcoolique et la défense (entière et après, partielle) de prendre de l'alcool dans les lieux publics. L'image réelle de la formalisation de la population, quoique tardive, a eu lieu après le règne de B. Eltsine, dont l'image n'était pas à ce propos très positive.

Outre les facteurs historiques, la consommation de la vodka est aussi définie par la mentalité russe interne où la boisson est associée à la possibilité d'atteindre un certain oubli de soi, de se plonger dans les rêves et de manifester toute l'ampleur de son âme. Fiodor Dostoïevski a même écrit : « En Russie, les pires ivrognes sont les meilleurs des gens, et vice-versa » (Dostoïevski, 1952 : 223).

Enfin, le processus de prendre la vodka est tout un rituel à table russe qui, sans être vu et vécu, ne pourrait pas être compris et bien conçu.

La tradition gastronomique russe prévoit la consommation de la vodka à des verres spéciaux qui rappellent des verres à gouttes de, au maximum, 100 grammes. À cet égard, la lexie complexe « verre de vodka »[107] se considère comme une représentation manquant de précision.

La vodka est d'habitude accompagnée de toute sorte d'hors-d'œuvre et de repas, et ne se consomme jamais seule. En plus, elle se boit pendant le repas en mangeant, jamais – après (comme l'annote *ut supra* le *Dictionnaire du français langue étrangère* de Jean Dubois). Le rituel de consommer cette boisson est aussi renommé par le fait de porter un toast et de trinquer les verres. Tout ce protocole est reflété dans les impressions suivantes des Espagnols :

> *Con los rusos que yo he conocido se comía con vodka. Para ser más exactos : se servía el vodka y después se traía la comida* (Marzal, 2005) ;

> *[...] ojo al mezclarlo con la cerveza "pivo" [bière] rusa : los rusos lo beben solo, opción desaconsejable, o con manzana o naranja, opción recomendada...* (García Blanco, 2010) ;

> *Para una comida festiva, un verdadero ruso beberá vodka muy helado, exclusivamente y en cantidades bastante apreciables, brindando a cada instante* (Daubenton, 2001 : 51) ;

> *El vodka es para brindar, no para beber a sorbos* (Richmond, 2006 : 75) ;

> *En el Centro Español, los niños de la guerra entonan el "Viva España" mientras comen jamón en tacos y brindan con vodka*[108].

Les hors-d'œuvre accompagnant la vodka peuvent être chauds et froids (cornichons, concombres, tomates conservées, champignons, charcuterie, citron, pastèque). De

---

107 Lexie recensée par *Dictionnaire culturel en langue française* (2005).
108 Blog du programme *Callejeros viajeros*, <http://bit.ly/2mwb7mf>. [Consulté le 10/01/2018].

même qu'après prendre un verre de vodka, les Russes boivent une boisson fraîche (jus naturel, boissons typiques élaborées à base de fruits ou de baies).

En s'agissant d'un protocole spécifique, tout visiteur en Russie devrait savoir une série d'opérations comportementales lors de la consommation de la vodka. Les guides touristiques espagnols recueillent, à leur tour, une bonne partie d'information, de conseils et de recommandations qui se résument en : remplir tout un verre de vodka, boire d'un trait, « cul sec » pour que la boisson ne se savoure pas et entre directement dans le gosier, de même que laisser son verre renversé si on ne veut plus boire (Daubenton, 2001 : 55 ; Peña, 2004 : 110, 94).

La tradition nationale de consommer tout un verre d'un trait est étroitement liée aux traditions superstitieuses du pays. Il existe un fort lien lexical entre le verre rempli et la maison où il ne manque rien. De la sorte, en buvant ce verre, l'invité souhaitait symboliquement que dans cette maison il y ait toujours de l'argent et qu'il ne reste ni une goutte de mal aussi bien dans son verre que dans le foyer.

Enfin, la vodka est un vrai joyau dans la culture russe étant donné qu'elle est vue comme une boisson très noble et très pure, dominant d'autres boissons alcooliques. Ainsi, il existe un grand Musée de la vodka russe à Saint-Pétersbourg et un grand Musée de l'histoire de la vodka à Moscou, situé dans les murs du Kremlin Ismaylovski de la capitale. L'exposition de ce dernier est présentée selon les époques : de l'Antiquité à l'actualité, sous forme d'appareils de distillation, de bouteilles de différents modèles, d'accessoires de la production alcoolique, de documents historiques des tsars et des présidents, ainsi que d'œuvres littéraires. L'exposition la plus visitée est « L'histoire de 500 ans de la vodka russe » et, entre autres, requiert une attention indispensable pour tout destinataire des guides touristiques (*Cf.* Richmond, 2006 : 21, 271) qui désire approfondir ses connaissances sur la boisson.

Le rôle de la vodka dans la culture russe se fait remarquer dans la musique : la chanteuse Vika Tzyganova s'est rendue célèbre dans les années quatre-vingt-dix avec la chanson *Русская водка* (« La vodka russe »). Le succès de sa gloire a été répété par Grigory Leps grâce à l'interprétation de *Рюмка водки на столе* (« Un verre de vodka sur la table »).

d) Charlotte russe / Carlota rusa, charlotte rusa

Autre lexie simple : *charlota* (en espagnol)
La lexie transmet un stéréotype non typique que les Français et les Espagnols ont de la cuisine russe. Tout de même, les définitions de ce plat sont recensées dans les dictionnaires courants :

Un entremets fait de marmelade de pommes (et, par suite, d'autres fruits) entourée de tranches de pain grillé et frit, puis de biscuits[109] ;

Entremets fait de fruits ou de crème, et de biscuits ramollis dans un sirop[110] ;

(De Carlota, esposa de Jorge II de Inglaterra) Torta hecha con leche, huevos, azúcar, cola de pescado y vainilla (DRAE en ligne)[111].

À part les définitions des dictionnaires, dans le numéro « Chocolate » de la série de collection espagnole *Mi cocina*, la *carlota* est présentée sous forme de gâteau monté à l'aide de biscuits ramollis dans un sirop et de mousse de chocolat et de fruits.

Une autre publication *Tartas y pasteles de frutas* (2015) décrit une *carlota de frambuesa*. Le gâteau est prescrit comme une tarte structurée de pâte farcie de confiture, roulée et coupée en tranches à l'aide desquelles on le modèle.

La conclusion à laquelle nous mène l'étude des lemmes antérieurs est évidente : les représentations des deux langues sont très variées et elles ne coïncident pas entre elles (biscuits, tranches de pain, *torta*, pâte roulée).

Dans un guide touristique (Peña, 2004 : 81, 87), nous voyons dégager le concept franco-russe du plat : la nouvelle spécialité sucrée a été sollicitée par le tzar russe et créée par son cuisinier, Marie-Antoine Carême, avec des biscuits baignés dans de la crème accompagnée de gélatine.

Encadré culturel :
Dans le domaine de la pâtisserie russe il existe un gâteau connu sous le nom de Шарлотка /ʃaR ˈlot ka/. Par cette lexie simple les natifs dénomment un *sponge cake* de préparation facile, farci généralement de pommes coupées en tranches et préparé au four. Le lemme est recueilli dans un dictionnaire russe : « Un plat fait à base de pâte ou biscuits avec des pommes »[112].

Cependant, l'idée originelle du dessert appartient au chef cuisinier français M.-A. Carême (mentionné correctement dans le guide touristique espagnol *ut supra)*, ce qui a déterminé la première dénomination « charlotte à la parisienne ». Elle représentait un dessert formé à l'aide des biscuits à la cuillère et rempli dans son intérieur de crème bavaroise. Pour le fait que le cuisinier français était au service d'Alexandre Ier de Russie (1801–1825), le nom a changé en « charlotte

---

109 *Op. cit., Dictionnaire historique de la langue française Le Robert* (2004).
110 *Op. cit., Dictionnaire Hachette encyclopédique* (2002).
111 La même définition *in op. cit. Gran Enciclopedia del Mundo* (1964 : 266).
112 [Traduit par nos soins] *Dictionnaire de la langue russe*, (réd. S.I. Ozhegov), <http://bit.ly/2AUIjrX>.

russe ». Ce dernier, à son tour, est réduit de nos jours à la lexie simple transposée comme « charlotte ».

Une des versions rapporte l'étymologie de « charlotte » au prénom de Sophie-Charlotte de Mecklembourg-Strelitz, l'épouse du roi anglais Georges III, qui a participé indirectement à la conception de la recette, mise en pratique par M.-A. Carême. Notons que la version est reprise dans le *DRAE*.

e) --- / Filete ruso
Autre lexie complexe : boulette de viande (en français)
La lexie complexe n'est stéréotypée que dans la langue espagnole où elle est présente comme :

Trozo de carne picada, mezclada con harina, perejil y ajo, que, rebozado en huevo y pan rallado, se fríe (*DRAE* en ligne) ;

Carne picada, tocino, huevo, sal, pan rallado, orégano, ajo, aceite, harina, vino blanco (*El mundo de la cocina*, 1989 : 210-211).

En outre, la lexie *filete ruso* constitue le nom d'un restaurant espagnol situé à Barcelone. « El filete ruso » offre à ses clients des hamburgers gourmet et suit les objectifs du mouvement actuel « Slow Food ».

Néanmoins, nous avons aussi pu constater des cas où ce plat russe est conçu différemment et interprété en tant que *chuletas* (Peña, 2004 : 106 ; Richmond, 2006 : 120), *croquetas de carne picada* (Richmond, 2006 : 125) ou *carne asada de pollo, de buey o de ternera, [que] se reboza con pan rallado y se dora en la sartén* (Daubenton, 2001 : 54).

Encadré culturel :
Dans la gastronomie russe, les boulettes de viande hachée mélangée à d'autres ingrédients (pain, œuf, oignons, aromates) cuites à la poêle portent le nom *котлета* /ka 'tle ta/. Le mot est emprunté au français « côtelette » et s'employait pour désigner auparavant en Russie un morceau de viande ayant un os de côte. Dès la fin du XIXe siècle et jusqu'à nos jours, les natifs appliquent la lexie à tout morceau de viande hachée à la forme plate, frit à l'huile.

La simplicité du mode de la préparation, l'aspect et le goût appétissant du plat ont contribué à la bifurcation de la lexie. Actuellement, la cuisine russe les définit non seulement des boulettes de viande, mais aussi comme celles de pommes de terre et de poisson. Cela permet de constater la dérivation sémantique de la lexie simple aux lexies complexes, aussi que de parler de *котлета* comme hyperonyme ou noyau lexical dans la langue russe.

f) Caviar (russe) / Caviar (ruso)

D'autres lexies simples, calques : *ikrá, ikra* (en espagnol)

Le *Dictionnaire historique de la langue française Le Robert* (2004) recense le mot « caviar » comme une préparation culinaire à base d'œufs d'esturgeon (beluga, saumon, sévruga, etc.) et par extension d'autres poissons. Le dictionnaire électronique de la RAE le définit comme « *manjar que consiste en huevas de esturión frescas y salpresas* ». Malgré l'omission de l'adjectif « russe », les Français et les Espagnols associent clairement la lexie à la gastronomie russe, comme « vodka ».

Nous trouvons très souvent la lexie « caviar » sur les pages de l'ouvrage de D. Lapierre (2006 : 19), dont un des cas est :

> *En un carrito colocado en el pasillo central del avión, hay un cuenco desbordante de caviar con un cucharón de plata, unas tazas de porcelana y una botella de vodka escarchado.*

Encadré culturel :

Le terme *ikrá* (ou *ikra*), « caviar », vu dans la langue espagnole et calqué du russe, provient en réalité du turc. Le stéréotype est non seulement typique à l'égard de la Russie, mais il est aussi vraisemblable. Pour les natifs, le caviar est un grand délice existant sous les variétés les plus consommées : « rouge » et « noir ». Comme nous l'avons traité dans le § 7.1.1.1, les croyances extérieures au sujet de sa consommation à la louche ou à tous les petits-déjeuners s'avèrent être erronées. Les Russes ne peuvent se le permettre qu'à des occasions spéciales.

g) Gâteau russe / Pastel ruso

Une autre lexie simple : un russe

La lexie n'est recensée par aucun dictionnaire, mais elle se trouve dans les recueils de recettes électroniques et des séries de livres consacrés à la gastronomie.

Les Français rattachent la lexie à un gâteau de trois couches de biscuit à une consistance très moelleuse, fourrées de crème au praliné, juste poudré de sucre glace en surface[113]. Le nom « russe » s'explique par deux raisons : pour avoir utilisé dans la première recette des amandes importées de Crimée et pour voir dans la forme et la couleur de la surface du gâteau, les plaines enneigées de Russie.

En France, la recette est perpétuée depuis 1925 à Oloron Sainte-Marie (Aquitaine), dans une pâtisserie locale gérée par la famille Artigarrède : « À Oloron, on a le "vrai" Russe »[114].

---

113 Le site « La cuisine de Mercotte », <http://bit.ly/2D5aKIZ>. [Consulté : 21/09/2015].
114 <http://bit.ly/2DoiByV>. [Consulté : 11/01/2018].

En Espagne, *el pastel ruso* est typique d'Huesca, et il évoque l'idée d'un gâteau d'une ou de plusieurs couches, à pâte fine à la meringue et aux amandes, fourré de crème au praliné de beurre et de noix[115].

Encadré culturel :
Non seulement dans le domaine de la pâtisserie russe, le gâteau aux mêmes caractéristiques existe, mais il jouit d'une grande popularité. La différence linguistique consiste à y appliquer un autre nom : « Napoléon ». Au niveau conceptuel, pour les Russes c'est un millefeuille richement fourré de crème.

L'étymologie du nom d'appellation russe n'est pas précisément définie : soit elle date de la campagne de Napoléon en Russie en 1812 et le gâteau lui rend hommage ; soit elle remonte à la visite d'Alexandre Ier en France où ce dernier a vivement apprécié le gâteau, baptisé postérieurement avec le nom « russe ».

Il nous reste à dire que, de même que dans les cas de « salade russe », « danse russe » ou « chapeau russe », la lexie complexe n'existe pas comme telle dans la langue russe. La lexie simple russe « gâteau » y est un vrai hyperonyme sous-entendant plusieurs hyponymes, comme par exemple Fourmilière, Prague, Dobos, de Kiev, de carotte, etc.

h) Autres

La liste des variables du type gastronomique accompagnés de l'adjectif « russe » pourrait s'élargir moyennant d'autres combinaisons. Ces dernières suivent un autre modèle, ayant plus de lexèmes : « NOM + à la + ADJECTIF russe ».

Hors-d'œuvre à la russe
Autre lexie simple, synonyme : *zakouski* (*Le Petit Robert de la langue française*, 2006)

Boire à la russe
« Vider d'un trait le verre d'alcool puis le jeter par-dessus son épaule » (*Le Petit Robert de la langue française*, 2006).

Arenque a la rusa[116]
La lexie complexe fait référence au plat nommé « Manteau de fourrure », décrit dans le § 6.4.2.2. Il représente des « harengs en fourrure », c'est-à-dire couverts de couches de légumes.

---

115 <http://bit.ly/2D5TLq1>. [Consulté : 11/01/2018].
116 *Cf.* Daubenton, 2001 : 54.

9.2.1.4. *Lexie complexe stéréotypée portant sur les événements historiques*

a) *Révolution russe* / Revolución rusa

La lexie complexe transmet un stéréotype événementiel étroitement lié à la réalité russe. Dans la langue française, la lexie est présentée comme expression pour le lemme « russe » dans *Le Petit Robert de la langue française* (2006).

Sur *Wikipédia* des deux langues, l'expression s'interprète en tant que l'ensemble des événements ayant conduit en février 1917 au renversement spontané du régime tsariste de Russie, puis par la Révolution d'octobre, à l'installation d'un régime léniniste (communiste) et à la création de la République socialiste fédérative soviétique de Russie.

Comme nous l'avons anticipé *ut supra*, le concept de révolution est présenté dans le cadre d'une campagne de publicité élaborée par la marque espagnole MIRO. Pour annoncer sa période de promotions, le groupe a choisi l'arrière-fond de couleur rouge avec des étoiles, des bombes, des drapeaux, des images de défilés militaires et des curiosités de la Place Rouge (les tours du Kremlin, les dômes de la Cathédrale de Saint-Basile). Parmi les éléments linguistiques figuraient les suivants : *Octubre rojo. ¡La revolución de los precios! La revolución no acaba aquí. ¡Continuará!*

9.2.1.5. *Lexies complexes stéréotypées portant sur les notions philosophiques et les qualités humaines*

a) *Préliminaires : Le caractère national russe*

Le caractère national est un phénomène social très complexe et une notion dans le domaine de la psychologie, de la philosophie, de la culturologie et de l'ethnologie, qui sert à distinguer une nation d'une autre. La définition donnée dans le *Dictionnaire ethnopsychologique russe* nous paraît complète : « ensemble de traits psychologiques stables d'une nation, défini par l'histoire et déterminant le comportement habituel, le mode typique de vie, le rapport des individus au travail, à sa culture et à d'autres nations »[117].

Nous nous rapportons également à la définition d'Otto Bauer qui généralise la notion comme ensemble de traits physiques et spirituels qui distinguent une nation d'une autre. Les indices de cette dernière doivent être communs : le territoire, l'origine, la langue, les mœurs, les rituels, les survivances, le passé historique,

---

117 [Traduit par nos soins] L'entrée « caractère national » dans le *Dictionnaire ethnopsychologique*. <www.вокабула.рф>. [Consulté : 15/01/2018].

les lois et la religion. Dans la constatation des différences interculturelles, il voit l'influence des facteurs purement empiriques (Bauer, 1909 : 148, 153).

Sous la globalisation actuelle, les mythes nationaux contournent toutes les nations du monde. Ce sont soit ceux que l'endogroupe crée sur elle-même, soit ceux qui se forment sur elle dans l'exogroupe. À titre d'exemple, les traits, généralement attribués aux Allemands se réduisent aux adjectifs « grands, blonds, propres et radins » ; aux Français, « petits, élégants, chauvins, carrés et corrects » ; aux Espagnols, « bronzés, aux cheveux noirs, machistes et fêtards » ; aux Russes, « grands, blonds, aux yeux bleus, buveurs et froids », etc.

Outre les traits physiques attribués aux Autres et appuyés sur les observations empiriques, une grande force interprétatrice réside, d'après nous, dans les objets qui entourent les Autres. De la sorte, les qualités des Russes pourraient être déduites à partir des éléments de la réalité déjà traités. En guise d'exemple, à travers les lexies « montagnes russes » et « roulette russe », les Russes sont vus ou peuvent forcément être vus comme des amateurs du risque et du divertissement ; à travers celles de « *balalaïka* » et de « danse russe », comme des personnes à un caractère vif et joyeux ; à travers celle de « billard russe », comme des gens capables de surmonter des difficultés et des obstacles ; à travers celle de « poupée russe », comme de vraies femmes appréciant les valeurs de la famille, etc.

Nous relions le traitement des anthropostéréotypes à l'aspect sociologique et psychologique de la compétence culturelle. Premièrement, il s'agit de décrire une société en la considérant essentiellement du point de vue de son homogénéité. D'habitude, cette démarche ne contribue pas à tenir en compte la diversité des comportements observables :

> On prend toujours de grands risques interprétatifs [...] quand on cherche à définir des entités globalisantes comme l'esprit ou l'âme ou la psychologie collective (Beacco, 2000 : 26).

Deuxièmement, l'attribution des traits à un groupe d'individus a des prémisses psychologiques. Ainsi, C. Marzal (2005) met en relation la notion du caractère national avec le trait humain qui est la paresse intellectuelle :

> *Sin embargo, hablamos de los caracteres nacionales, porque sería demasiado prolijo y fatigoso tener que referirse siempre a los seres en particular, en vez de cometer la grata imprudencia de emitir juicios genéricos. Es una de las recompensas de nuestra pereza intelectual.*

Les auteurs d'*Une autre mentalité* lient la notion « caractère national » à celle de typage conceptuel (Karasik, 2005 : 57). Sous cette dernière, ils sous-entendent les images des personnes, distinguées et reconnues à partir d'un ou de plusieurs indices. Ainsi, le typage conceptuel « la fiancée russe », parfois généralisé jusqu'à « la fiancée de l'Est », est constitué facilement des indices comme la beauté exotique, la féminité et la soumission dans le ménage. De même, tous les hommes russes qui correspondent au critère de pouvoir d'achat très élevé (voiture de haute gamme, villa au bord de la mer, business de pétrole dans son pays, etc.), se regroupent inévitablement dans le typage « mafia russe ».

Dans son étude sur le caractère collectif, B.M. Mazzara (1999 : 28) dégage un facteur nommé « préjugé ethnique des caractères nationaux ». Le concept de base, d'après lui, réside dans les attitudes, les règles de comportement et les orientations évaluatives d'un groupe national, dont les Autres forment un ensemble de croyances souvent négatives. Ce concept relève chez le linguiste de la théorie de la probabilité. Donc, en général, il est plus facile de rencontrer un Français carré et chauvin et un Russe froid et buveur, bien que moins fréquemment il soit toujours possible de voir un Russe qui soit plus nationaliste et moins incliné à l'alcool que le Français, et un Français plus maussade qu'un Russe.

Les hétéro-stéréotypes des Français et des Espagnols sur le caractère national russe peuvent être divisés en deux blocs : (i) ceux qui sont liés aux notions philosophiques et aux qualités personnelles ; et (ii) anthropostéréotypes, liés à un groupe social. Comme dans les cas précédents, les stéréotypes seront traités à partir des lexies complexes suivant le schéma « NOM + ADJECTIF russe ».

b) Âme russe / Alma rusa

Étant une catégorie philosophique, la lexie complexe indique les particularités du caractère russe et de la vision du monde des Russes. Il ne s'agit pas d'un terme de dictionnaire, mais d'une notion qui, en dépassant les contours de la philosophie, trouve son emploi dans la littérature et l'art et fait partie de la culture populaire endogène.

Il nous paraît difficile de constater d'autres lexies au noyau « âme » accompagné d'un adjectif de nationalité. Les groupes de mots comme « l'âme française », « l'âme espagnole » etc. ne sont pas figés. Bien que l'on parle du grand mystère des civilisations maya ou aztèque, acceptons également qu'il n'existe pas de collocation à ces termes ayant trait de leur âme. Cependant, la notion « âme russe » circule dans les discours ordinaires des natifs et des non natifs, et son contenu essentiel réfère toujours au mystère des Russes. De plus, pour des racines historiques communes, la lexie se voit parfois même amplifiée jusqu'à la représentation de « l'âme slave », qui, à son tour, justifie l'absence des lexies complexes « l'âme ukrainienne » ou « l'âme biélorusse ».

D'habitude, le terme est lié à l'idée de la difficulté de comprendre l'âme russe depuis l'extérieur, par les Autres, sans que cela suppose une supériorité ou une infériorité de la nation russe.

Les auteurs contemporains trouvent que l'âme russe se détermine par le contraste des deux réalités différentes :

> [...] *el ruso gusta de ostentar y, hoy por hoy, abundan los Lexus de alta gama, aceras dudosamente asfaltadas, bellos edificios prerrevolucionarios, bloques de pisos de los años cincuenta (las jrushovkas), placas que siguen evocando a los próceres del socialismo, pobres muy pobres y una boyante clase media-alta que llena los locales y comercios* (García Blanco, 2010).

Au XIXe siècle, l'essence russe se dégageait par sa force tempéramentale :

> *Si come, es banquete ; si bebe, cuba ; si baila, torbellino ; si monta, avalancha ; si goza, frenesí ; si manda, sátrapa ; si ama, puñal y alfombra [...] Es el hombre con pasión y color, con gruñidos y arrullos, con sinceridad y fuerza* (Martí, 1975 : 429, 438).

Certains, dont D. Lapierre (2006 : 19, 55), essayent de trouver l'expression de l'âme russe dans le trait culturel nommé l'hospitalité :

> *¡Maravillosa hospitalidad rusa!* [...] *De ahí también el caluroso recibimiento de Victor y Valentina a unos visitantes extranjeros* [...]. *La hospitalidad rusa no deja de maravillarnos.*

L'opinion de l'écrivain français trouve son écho dans les guides touristiques destinés aux futurs voyageurs espagnols :

> [...] *durante vuestro viaje tocaréis los dos aspectos del alma rusa : uno el negociante, marrullero, el del orgullo mancillado, el del negocio barato. Otro, el de la amabilidad, el del aguante y la ayuda, etc., y eso se reflejará de distinta forma en ambas ciudades.* [...] *Los rusos son gente muy hospitalaria, lo comprobaréis si alguno os invita a comer* (Peña, 2004 : 8, 60) ;

> *Acepte una invitación improvisada. Se la harán siempre de todo corazón y pasará sin duda una velada inolvidable* (Daubenton, 2001 : 35).

Le journaliste espagnol C. Marzal (2005) tend à comparer l'essentiel du caractère des Russes à celui des Espagnols, ce qui le mène à des observations peu scientifiques :

> [...] *uno tiende a creer, que los rusos son personajes efusivos y sentimentales. Es decir, como unos españoles de las tierras frías.* [...] *los españoles somos una suerte de rusos del sur. Rusos de tierra caliente.*
> *Es decir, unos y otros, españoles y rusos, pertenecemos entre los ciudadanos del mundo a la familia de los efusivos y sentimentales.*

Encadré culturel :
L'image de la Russie a surtout commencé à perturber la pensée européenne après les victoires militaires dans la Guerre russo-suédoise (1656–1658) suivie de la Campagne de Russie de 1812. Outre un gros volume des observations directes

faites par les voyageurs européens dans la moitié du XIXe siècle, toute l'attention s'est fixée sur la littérature russe dont les noms servaient d'exemples au niveau mondial : A. Pouchkine, I. Tourgueniev, L. Tolstoï, F. Dostoïevski, A. Tchekhov. Leurs créations littéraires, aussi bien que les œuvres des philosophes célèbres russes (V. Soloviov, N. Berdiaev, V. Klioutchevski, I. Iline, N. Lossky) et les études des slavophiles dévoilaient les particularités de l'âme russe le long des siècles. Les principales caractéristiques de l'âme russe renvoyaient notamment à la grandeur et au mystère.

Dans les derniers temps, l'intérêt envers la Russie s'est accru grâce à l'échange colossal entre l'Occident et l'Orient. Ce sont non seulement les Européens qui cherchent toujours à résoudre le secret du caractère russe, mais aussi les Russes eux-mêmes qui, après avoir traversé la frontière, se regardent et se comparent aux Autres.

Les chercheurs russes contemporains s'occupant du phénomène d'âme russe sont aussi nombreux. Ils basent leurs hypothèses sur l'idée des grands philosophes russes selon lesquels l'évolution de l'esprit national est conditionnée par une série de facteurs.

Alla Sergueeva (2012) considère le mystère de l'âme russe comme un vrai mythe et un stéréotype vieilli. Elle fait appel à dégager les manifestations concrètes du caractère particulier des Russes à partir des facteurs historiques, politiques, climatiques et géographiques.

Le grand historien russe V.O. Klioutchevski (1841–1911) met en relief le rôle de la nature et du climat dans la formation de l'âme russe. Notamment, les stychées naturelles comme le bois, la rivière et la steppe et leur rôle dans l'agriculture ont influencé la construction de la vision du monde des Russes et leur comportement national :

> Tout Russe sait bien que la nature lui procure très peu de temps commode pour l'agriculture, car les étés russes courts sont interrompus parfois par le mauvais temps inattendu. Cela faisait toujours travailler dur et à toute vitesse les paysans pour avoir le temps de tout faire en très peu de temps... Ainsi, le Russe s'habituait à travailler d'arrache-pied et à se reposer durant l'automne et l'hiver. Nul peuple en Europe n'est capable de travailler de manière si intense et brève ; nous ne trouverons jamais non plus en Europe un peuple déshabitué au travail régulier et modéré (Klioutchevski, 1987–1990 : 315).

Le politologue contemporain Serguey Khelemendik (2007) voit dans la formation de l'âme russe une vision éclectique du monde, construite le long des siècles :

> [...] le chaos de l'âme russe, énormément riche et *salado*-éclectique, originaire depuis les réformes de Pierre le Grand et dont la culmination a lieu de nos jours, est un état exceptionnellement imprévisible et, donc, dangereux. L'âme russe doit être plus entière,

compacte, concentrée et motivée. Si l'on veut, noire et blanche, avec des nuances différentes du gris. Mais en aucun cas, de toutes les couleurs de l'arc-en-ciel d'un coup.

L'actrice russe célèbre Tatiana Egorova (2003 : 528) place aussi l'âme russe dans le cadre historique et explique le phénomène par la force intérieure des villages plus profonds du pays :

> À l'époque reculée, dans les villages les plus profonds de la Russie aussi que dans les villes, l'église était non seulement un foyer de la foi, mais aussi celui d'un enseignement formidable. Depuis l'enfance, ceux qui visitaient les temples, s'initiaient à la culture du plus haut niveau, c'est-à-dire, à l'histoire, à l'ancien slave, à la philosophie, à la plus Haute Peinture, à la peinture des icônes, au plain-chant […] Durant des siècles, tout cela forgeait ce qu'on appelle de nos jours « l'âme mystérieuse russe ».

Le grand connaisseur du vieux russe et l'auteur des notes sur le caractère russe, D. Likhatchov (1906–1999), affirme que le caractère difficile de la culture russe exige de ne pas y relever de généralisations fausses et vite conçues, mais d'y chercher les défauts réels. Le principal malheur des Russes, selon l'auteur, est celui d'aller jusqu'aux extrêmes, jusqu'aux limites du possible ce qui fait qu'en Russie il n'y ait jamais eu de bon présent ; ce dernier s'est toujours vu remplacé par le rêve sur un bon futur (Likhatchov, 1990 : 3–5).

L'élément de l'image extrême de l'âme russe s'observait déjà dans le roman *Les âmes mortes* (1842) de N. Gogol (fin du Chant XI) :

> Au fait, quel Russe n'aime pas la vitesse en voyage ? lui qui se plaît à tourbillonner, à franchir d'un bond l'espace, à toucher sans délai le bout et le fond des choses, lui qui, pour un désir même extravagant, est prompt à envoyer tout au diable, le moyen qu'il n'aime pas la vitesse, la vitesse qui, pour lui, a quelque chose de magique, d'enchanté, de fascinateur et de triomphant ! (Gogol, 1912).

La nature contradictoire de l'âme russe est mise en relief par le célèbre philosophe de langue russe et française N. Berdiaev qui appelait à comprendre sa substance antinomique :

> Le peuple russe est polarisé par excellence, il est le cumul des oppositions. On peut être charmé et déçu de lui, il peut offrir des surprises, il est capable de se faire aimer à la folie et détester cordialement. […] Il y a une correspondance entre l'immensité, l'illimité et l'infinité de la terre et de l'âme russe, entre la géographie physique et spirituelle. L'âme russe a aussi cette immensité, cette illimité et cette visée à l'infinité, caractéristique de la plaine russe. […] C'est pourquoi, le peuple russe possède des traits tout opposés : despotisme, hypertrophie de l'État et anarchie, liberté, froideur et bonté, humanité, douceur, conscience personnelle aiguë et collectivisme impersonnel, nationalisme et inhumanité, recherche de Dieu et athéisme agressif, docilité et insolence, servilisme et émeute (Berdyaev, 1946 : Chap. I).

Alexandr Duguin, leader du Mouvement eurasien international, considère que l'explication de l'âme russe réside dans une interprétation différente de toutes les questions fondamentales. Son opinion ne coïncide pas avec celle de C. Marzal (2009) : selon lui, entre les Russes et les Européens il y a moins de similitudes qu'entre les personnes et les chats.

Ainsi donc, les opinions des auteurs nationaux et étrangers sur l'âme russe sont très variées, ce qui mène aux strophes célèbres du poète russe F. Tiouttchev (1803-1873) :

> Nul mètre usuel ne la mesure,
> Nulle raison ne la conçoit.
> La Russie a une stature
> Qui ne se livre qu'à la foi[118].

c) Ours russe / Oso ruso

La lexie complexe n'est pas recensée par les dictionnaires, mais s'applique à la Russie et atteste la personnification du pays aux yeux des Européens. De même, elle s'emploie pour désigner son leader politique actuel, V. Poutine.

La lexie persiste dans les discours des non natifs pour associer depuis toujours l'ours à la Russie. Un des mythes liés à cette espèce d'animaux est qu'ils déambulent dans les rues en Russie.

Partiellement, cette image remonte aux enquêtes culturelles et ethnographiques menées par Sigmund von Herberstein (1486-1566) dans le cadre de *Rerum Moscoviticarum Commentarii*. L'œuvre traduite en cinq langues est devenue un point de référence sérieux pour les explorateurs ultérieurs. Ces derniers copiaient ses impressions sans mettre en doute l'information du vrai connaisseur de la puissance de l'Est.

De même, l'image de l'ours s'est ancrée dans les représentations étrangères depuis les Jeux Olympiques à Moscou en 1980, quand le pays était symbolisé par l'ours Misha. Le petit ourson Misha était une opposition absolue à un grand ours féroce, en partant du prénom qui est une forme diminutive russe de Mikhail. En France et en Espagne, on peut même entendre nommer Misha les mascottes.

Dans la faune géopolitique, l'image de l'ours renvoyant à la Russie ne possède pas parfois une valeur positive. La métaphore laisse voir le pays comme une puissance grande, agressive et maladroite. Sur une caricature de 1893 au sujet de l'Alliance franco-russe, Marianne (France) demande à l'ours (Russie) :

---

118 La traduction prise sur la page du groupe de recherche de l'œuvre de F. Tiouttchev, <http://bit.ly/2mwkbHV>, [Consulté : 13/01/2018].

« Dis-moi, mon gros cher, je te donne mon cœur, mais je retiens ta peau pour l'hiver » (Willette, 1893).

La prescription de l'image de l'ours à la Russie s'est renforcée en 2008-2012, à l'époque du président en fonction Dimitri Medvedev. Les non natifs, connaisseurs de la langue russe, n'avaient pas de mal à se rendre compte de l'origine de son nom de famille : *Медведев* /mid 've dif/ ← *медведь* /mid vet'/, « ours ».

Le recours à la lexie « l'ours russe » augmentait chaque fois que la Russie était un des principaux participants sur l'arène politique et économique extérieure (le conflit entre la Russie et la Géorgie en été 2008, la crise en Ukraine, le krach du rouble, les sanctions, etc.) :

La danse avec l'ours (*Le Point*, France)[119] ;

Des ours volants russes s'ébrouent près des côtes françaises (*Libération*, France)[120] ;

L'ours russe inquiète ses voisins (*Le Figaro*, France)[121] ;

La trampa del oso ruso » (*ABC*, Espagne)[122] ;

El oso ruso ya no pide permiso a Washington en la escena internacional (RTVE, Espagne)[123] ;

[…] Sur fond de krach du rouble et de fonte de la rente du pétrole et du gaz, l'ours russe blessé va connaître la récession […] (*La Tribune*, France)[124] ;

Crise du rouble : cinq raisons de ne pas vendre la peau de l'ours russe (France TV)[125] ;

El oso ruso, ¿una especia en riesgo de extinción? (*La Región*, Espagne)[126] ;

[…] La vision à courte vue de Berlin a réveillé l'ours russe. Le faire rentrer dans sa grotte ne sera pas aisé […] (*La Tribune*, France)[127].

Encadré culturel :
Le mythe sur les ours marchant dans les rues demeure dans les représentations européennes par le fait que l'ours est un animal que les Russes réussissent à apprivoiser. Selon A. Perevoznikova (2006 : 150), à l'époque, les Russes les plus puissants et les plus riches se permettaient d'adopter un ours et ils se promenaient avec l'animal dans les rues soit pour leur plaisir, soit comme si c'était leur gardien

---

119 <http://bit.ly/2FvZwf2>. [Consulté : 13/01/2018].
120 <http://bit.ly/2Fx5VGW>. [Consulté : 13/01/2018].
121 <http://bit.ly/2mvZDiJ>. [Consulté : 13/08/2015].
122 <http://bit.ly/2EyE4EX>. [Consulté : 13/01/2018].
123 <http://bit.ly/2EAPF6o>. [Consulté : 13/01/2018].
124 <http://bit.ly/2FrqvIC>. [Consulté : 13/08/2015].
125 <http://bit.ly/2AUeWWL>. [Consulté : 13/01/2018].
126 <http://bit.ly/2qYoJLP>. [Consulté : 13/08/2015].
127 <http://bit.ly/2mw67OF>. [Consulté : 13/01/2018].

particulier. D'où provient la grande quantité d'images de l'ours à vélo, avec une *balalaika*, ainsi que la place importante de l'animal dans le cirque russe.

Dès l'Antiquité, les Russes considéraient l'ours comme un animal sacré, un totem, le propriétaire des bois et le roi des animaux. La figure de l'ours se trouvait dans les armoiries de plusieurs peuples russes. L'ours est mentionné dans une multitude de proverbes et de dictons, et par le nom de l'animal les natifs appellent dans leur langue une personne qui est, quoique maladroite, très grande, forte et brave. Enfin, les Russes le conçoivent comme le frère de l'homme et dans les contes, ils lui attribuent le prénom, le patronyme et le nom de famille figés : Mikhaylo (dérivé de Mikhail) Ivanovitch (parfois, Potapovitch) Toptyguin.

L'auto-stéréotype « l'ours russe » n'est apparu chez les Russes que les derniers temps. En 2001, le parti politique russe considéré de centre droite *Единая Россия* (« Russie Unie ») a choisi la figure de l'ours pour son logotype.

De même, l'ours a été choisi par les Russes en tant que talisman du Championnat de Football prévu en Russie pour l'année 2018[128]. En octobre 2014 lors d'une conférence, V. Poutine, en faisant référence à la situation du rattachement de la Crimée à la Russie, a déclaré : « L'ours ne demandera pardon à personne et ne rendra pas sa *taïga* non plus. » Les *T-shirts* avec cette phrase se vendent déjà largement dans le pays.

Le recours à l'image de l'ours par les Russes n'est pas forcément lié à leur fierté de se comparer flatteusement à la puissance de l'animal. Depuis toujours l'opinion populaire soutenait que celui qui combattrait ou apprivoiserait l'ours, s'approprierait de sa force. Donc, les Russes expriment au monde la fierté de pouvoir conquérir cet univers biologique. Plusieurs caricatures qui dépeignent V. Poutine galopant à ours en sont une bonne preuve.

9.2.1.6. *Lexies complexes stéréotypées portant sur un groupe social*

> Les Sénateurs font de braves gens, mais le Sénat eft une méchante bête. *(Lettres intéressantes du pape Clément XIV, (Ganganelli), 1776 : 111).*

a) Fille russe / Chica rusa

Autre lexie complexe : fille de l'Est / *chica del Este*

---

128 Selon les données de l'enquête de l'agence Р-Спорт, <http://bit.ly/2mwcEZG>. [Consulté : 6/01/2018].

En France et en Espagne, cette lexie complexe reflète un stéréotype sexospécifique et elle est devenue le marqueur des filles qui viennent de Russie. Leur typage conceptuel consiste en une taille haute, la sveltesse, les cheveux blonds et les yeux bleus, comme les apparences de la fameuse joueuse de tennis Maria Sharapova. En outre, la lexie s'applique, par extension, à toute ressortissante de l'ex-URSS (Ukraine, Biélorussie, Estonie, Lettonie, Lituanie, Moldavie), indépendamment du fait qu'elle soit Russe ou non.

En particulier, la lexie complexe « la fille de l'Est » constitue le titre d'une chanson de la chanteuse française Patricia Kaas. Dans sa *Une fille de l'Est* (1999), certains voient soit une forme de remerciement ou, du moins, de manifestation d'attachement de la chanteuse à tous ces fans d'Europe de l'Est et de Russie qui ont acheté énormément ses disques ; soit, en effet, au sens strict du terme, Kaas rend son hommage à sa ville natale Forbach en Moselle (région Lorraine), près de Metz. Quoi qu'il en soit, Patricia y affirme l'identité d'une fille particulière, « travailleuse » et « sensible » à la fois :

> [...] Je suis d'un pays, d'un horizon, d'une frontière
> Qui sonne guerre, qui sonne éternel hiver.
> Et si tu veux m'apprendre,
> Si tu veux vraiment bien me connaître,
> Je suis dans chaque mot, dans chacun de mes gestes,
> Une fille de l'Est [...]

Avant tout, l'anthropostéréotype « la fille russe » se base sur des faits purement empiriques :

> [...] Y lo sorprendente es que casi todas ellas parecen modelos, del estilo "rompecuellos" [...] No sé si "será el agua" [...] o si el frío moldea las formas, el caso es que, según nos dicen, es el paraíso para la visión del visitante masculino y para el traumatólogo de guardia...[129]

À part la beauté extérieure, « les filles russes » passent en Europe pour être intelligentes, instruites, douées, cultivées et féminines. En revanche, si positives que soient les qualités typiques que les Européens leur attribuent, ces derniers les considèrent beaucoup plus dociles par rapport aux femmes occidentales.

Encadré culturel :
Il est vrai que la féminité, le bon goût et le désir de prendre soin de soi et d'être belle et élégante sont propres de la nature de toute fille ou femme russe. De plus, nous sommes devant un auto-stéréotype : les filles russes croient qu'elles sont

---

129 *Op. cit.*, Blog de Belén Rodríguez "Españoles en el mundo".

« nées pour décorer ce monde ». Les auteurs de la brochure culturelle russe citée plusieurs fois dans notre livre affirment que les filles et les femmes russes savent se servir de la cosmétique et des parfums aussi bien qu'assortir les vêtements. Elles s'habillent en vêtements élégants, superbes, voire chics où qu'elles aillent : au travail, aux études ou en promenade (Volskaya, 2001). Ajoutons que l'élément indispensable du *look* quotidien des filles et des femmes en Russie sont des chaussures à talon.

Dans les discours ordinaires, les Russes ne partagent pas la lexie complexe « la fille russe », mais celle de « la femme de Nekrasov » (*Некрасовская женщина*). L'origine de cette dernière est due au célèbre poète russe N. Nekrasov (1821-1878) qui, dans son poème *Le Gel au nez rouge*, dédié à sa sœur Anna, a chanté l'idéal féminin. La femme parfaite, pour lui, était une femme forte et héroïque. Ces traits, il les contemplait dans la paysanne russe nommée par lui l'apothéose d'une grande et vraie slave en voie de disparition : « Elle arrêtera un cheval à plein galop et elle entrera dans une maison envahie par un incendie »[130].

Dans la situation linguistique actuelle, la lexie « la femme de Nekrasov » est utilisée par les natifs pour désigner une femme russe au caractère résistant et, parfois, à la constitution robuste qui n'a pas besoin de l'aide d'un homme.

La figure de la femme dans le ménage russe a été toujours liée au statut de chef de famille : pour des raisons sociales, elle se voit obligée de résoudre tous les problèmes ayant trait aux tâches ménagères et de s'occuper de l'éducation des enfants. Si nous observons l'image de la famille dans le du folklore russe, la blague courante est la suivante : le mari, lisant un journal ou regardant la télé sur un canapé ou dans un fauteuil, et la femme, cuisinant et, en même temps, pouponnant l'enfant, après être rentrée du travail et avoir fait les courses.

En traitant le concept « la fille russe », nous avons considéré également intéressant de changer de vecteur dans l'analyse effectuée et de comparer son interprétation dans la culture tartare, si proche de la russe par une accumulation de raisons historiques et sociales. Dans l'anthropostéréotype « la fille russe », les Tartares, de

---

130 À propos de cette célèbre citation de N. Nekrasov [traduite par nos soins], le philologue contemporain Roman Chmarakov (2006 : 139-148) indique que sa première mention se trouve dans l'extrait d'*Achilléide* de Stace (c. 40-96), où le centaure Chiron apprend à Achille « *ardentesque intrare casas peditemque volantis sistere quadriiugos* » (II, 142 sq.). Cependant, il ne se montre pas si convaincu au sujet d'une inspiration possible du poète russe au poème épique latin en assurant que le dernier ne connaissait pas le latin et son expression n'est qu'une coïncidence.

même que les Français et les Espagnols, dégagent la beauté, le charme, l'élégance et la féminité. Mais le trait qui complète la représentation des Tartares sur les femmes russes serait forcément la paresse. Dans l'entourage russe-tartare, auquel j'appartiens d'ailleurs, on peut même fixer le terme tartare *маржа* /maR ˈʒa/ qui fait allusion à toute Russe qui ne s'occupe pas de la maison, ni des enfants et ne fait que prêter une attention à ses apparences physiques et se préoccuper de son repos. Ainsi donc, le stéréotype « fille russe » est plus positif dans les discours des Européens que dans ceux des Tartares.

b) *Mafia russe* / Mafia rusa
Autre lexie complexe : mafia rouge / *mafia roja*
Sous ces lexies complexes, les Français et les Espagnols entendent des bandes criminelles qui existent de nos jours et, plus spécifiquement, provoquées par la dislocation de l'URSS. Bien que ces organisations ne soient pas composées uniquement de membres de nationalité russe, mais aussi de gens issus des Républiques de l'ex-URSS, la lexie s'emploie, par extension, à tous venus de l'Est et menant leur activité dans leur pays aussi bien qu'à l'étranger.

Souvent, dans les discours des Français et des Espagnols, nous remarquons la tentative de comparer la mafia russe à la sicilienne : « *Esta mafia rusa, que a modo de la siciliana, tiene muy clara la distancia entre los jefes y los "empleados", no oculta sus nuevas riquezas* » (Peña, 2004 : 29–30).

Encadré culturel :
N'étant pas une vraie connaisseuse de la question, nous voudrions suivre les principes de l'étude de Vladimir Ovtchinski (2007), qui est un chercheur réputé du crime organisé en Russie. Selon lui, l'expression « mafia russe » est apparue dans la langue russe pour dénommer les organisations criminelles fondées de 1970 à 1990 par les Juifs émigrés aussi bien que ceux issus de l'ex-URSS.

En ce qui concerne la composition nationale, V. Ovtchinski éclaircit que « "la mafia russe", telle qu'elle est vue par un Européen, a très peu à voir avec les Russes et la nation russe ». Il le justifie par le fait qu'à l'époque, précédant la chute du rideau de fer, elle n'a pu être fondée que par les Juifs émigrés de l'URSS. Quant à la composition ethnique, le spécialiste souligne que « la mafia russe » n'est pas non plus rattachée à la Russie. Il demande de prendre en considération le facteur géographique et politique : les organisations ont été formées par les ressortissants des ex-républiques soviétiques qui, désormais, sont indépendantes. L'opinion sur l'habitude de considérer comme des synonymes les dénominations du pays « Russie » et « URSS » est ailleurs transmise dans le *Dictionnaire culturel en langue française* : « Pendant la période soviétique, on employait parfois "russe", abusivement, à propos d'autres Républiques de l'Union »[131].

Actuellement, la lexie « mafia russe » trouve beaucoup moins d'emploi dans la langue russe par rapport à l'autre qui est « crime organisé ». À ce propos, il est intéressant de partager un « poutinisme », *i.e.* aphorisme émis par V. Poutine : « "Mafia", ce n'est pas un mot russe »[132].

Récapitulons

Le classement des résultats de l'analyse des lexies complexes à partir des stéréotypes ethnoculturels liés à la Russie s'organise en trois colonnes : confirmation (entière, partielle), démenti et indétermination.

Par l'indice « confirmation entière » nous voulons inclure les hétéro-stéréotypes des Français et des Espagnols qui coïncident avec les représentations des Russes, eux-mêmes, sur les mêmes réalités.

Par l'indice « confirmation partielle » nous réunissons les hétéro-stéréotypes qui, d'après les encadrés culturels, sont vraisemblables mais, tout de même, manquent de précision. Nommons-les mi-vrais mi-faux.

La colonne « Démenti » comprend des lexies à partir des hétéro-stéréotypes qui ne trouvent aucune place dans les croyances endogènes.

Enfin, la colonne « Indétermination » se compose de lexies non correspondantes à des critères précédents, vu que leur fréquence est minimale ou qu'elles sont généralisées sans tenir compte de la diversité des réalités transmises.

Les hétéro-stréréotypes des Français et des Espagnols sur les réalités russes				
Type de lexie complexe	Confirmation		Démenti	Indétermination
	entière	partielle		
Lexies complexes portant sur les objets matériaux	Poupée russe / *Muñeca rusa* ; *Balalaïka* (rusa) / *Balalaica* ; *Samovar* (ruso) / *Samovar ruso* ; Chaussettes, russes ; Cigarettes russes (au sens propre) / *Papirosa*	Lapin russe ; Chapeau russe, *chapka* (russe) / *Gorro ruso* ; Costume russe	Cigarettes russes (au sens figuré)	*Un ruso*

---

131 *Cf.* le lemme « russe » *in Dictionnaire culturel en langue française*, 2005.
132 [Traduit par nos soins] <http://bit.ly/2D3Wnoi>. [Consulté : 4/01/2018].

Les stéréotypes ethnoculturels sur la Russie issus du schéma 247

Les hétéro-stréréotypes des Français et des Espagnols sur les réalités russes				
Type de lexie complexe	Confirmation		Démenti	Indétermination
	entière	partielle		
Lexies complexes portant sur les réalités culturelles	Bain russe / *Baño ruso* ; Roulette russe / *Ruleta rusa* ; Billard russe / *Carambola rusa*	Danse russe / *Danza rusa*	Montagnes russes / *Montaña rusa*	
Lexies complexes Portant sur les manifestations gastronomiques	*Filete ruso* ; Caviar (russe) / *Caviar (ruso)* Hors-d'œuvre à la russe ; Boire à la russe ; *Arenque a la rusa*	Salade russe / *ensalada (dilla) rusa* ; Vodka (russe) / *Vodka (ruso)* ; Charlotte russe / *Carlota, charlotte rusa* ; Gâteau russe / *Pastel ruso*		
Lexies portant sur les événementiels historiques	Révolution russe / *Revolución rusa* ;			
Lexies portant sur les notions philosophiques	Âme russe / *Alma rusa* ; Ours russe / *Oso ruso*			
Lexies complexes portant sur un groupe social				Fille russe / *Chica rusa* ; Mafia russe / *Mafia rusa*

Selon la répartition des hétéro-stéréotypes en colonnes, les représentations des Français et des Espagnols sont plus vraies que fausses à propos des réalités russes. Leur dispositif le plus nombreux est lié aux objets matériaux de la vie relativement quotidienne. Ceux-ci constituent l'image spécifique que la Russie a à l'extérieur, de même qu'ils définissent le bagage des connaissances à l'aide desquelles l'Autre s'auto-identifie au sein de sa propre culture.

Or, le grand inventaire d'hétéro-stéréotypes confirmés partiellement révèle que les réalités qu'ils transmettent sont des indicateurs culturels plus profonds au sein de la langue russe. Leur connaissance, à notre avis, nécessite de plus d'éclaircissement et de précision afin de remplir le créneau que les non natifs ont entre l'apparent et le réel.

La particularité des hétéro-stéréotypes étudiés consiste davantage à renvoyer à des hyperonymes accompagnés de l'adjectif « russe ». Il s'agit donc d'une manifestation russe minimale constatée par les Étrangers qui se généralise dans leur représentation en ignorant, de fait, une possible présence des hyponymes. Par conséquent, « le chapeau russe » (en réalité, *ushanka*) est un des types de couvre-chefs portés en Russie, « la danse russe » (en réalité, *Kazatchok*) est l'une des diverses danses nationales ; « la salade russe » (en réalité, *Olivier*) est une des multiples salades de la gastronomie russe ; « le gâteau russe » (en réalité, *Napoléon*) est un des gâteaux typiques, etc.

Une des raisons qui pourrait expliquer le manque de précision des représentations des Européens sur les réalités russes, selon nous, est l'éloignement géographique réciproque des pays. L'alimentation informationnelle dans les mass-médias et les jugements spontanés individuels favorisent l'immobilité des hétéro-stéréotypes et les rendent plus stables. La seule possibilité de vérifier l'authenticité de l'hétéro-stéréotype serait un contact direct et durable avec les éléments de la dimension russe ou l'interaction avec des natifs compétents.

CHAPITRE 10 EN REPRÉSENTANT LA RUSSIE : RECHERCHES AU SEIN DE LA CULTURE VISUELLE

10.1. Préliminaires

Avant de procéder à l'analyse pratique des messages visuels depuis la perspective pluriculturelle, revisitons sa notion fondamentale. Ainsi, en adhérant aux études théoriques des sémiologues (*Cf.* chapitre IV), nous traiterons de la culture visuelle en tant que partie de la notion « culture », qui englobe les objets comme images publicitaires, photos, *design* de l'espace, architecture, etc.

La sémiotique pénètre tous les domaines de l'activité de l'homme et permet d'analyser les systèmes de signes, de les décrire et de les interpréter. Ces derniers, de même que les phénomènes linguistiques, possèdent un grand poids culturel. Ainsi, dans le cadre de la démarche pluriculturelle, nous pouvons parler du décalage entre les codes sémantiques (traités chez U. Eco) propres aux différentes cultures. En guise d'exemple, nous partageons un cas de malentendu concernant un symbole visuel de la publicité. Il s'agit de la marque commerciale *Información* : son enseigne, située dans l'aéroport d'Alicante, a été interprétée par les touristes russes comme point d'information. Dans leur cas, le signe linguistique s'est soumis à la reconnaissance grâce à la présence de l'homologue phonétique dans la langue russe ; cependant, le décodage de l'enseigne comme message n'a pas été correct. Pour que la lecture du message soit adéquate, elle requiert donc du savoir culturel, qui renvoie dans ce cas à un journal espagnol.

Dans notre analyse, nous porterons également notre attention sur les objets architecturaux dont le décodage permettrait de mieux s'approcher de la culture russe. De même, nous considérons curieux de toucher ses sources visuelles comme l'espace urbain et la photographie.

Enfin, parmi tous les signes, nous dégageons celui de la publicité, vu sa nature dynamique et sa capacité de transmettre les valeurs collectives.

10.2. La sémiotique des images publicitaires liées à la Russie

Depuis l'étude de R. Barthes (1964) sur la rhétorique de l'image, l'observation de la sémiotique de la publicité a pris une place considérable. Dans le cadre de notre livre, elle présente des perspectives encore plus intéressantes, étant donné que les annonces inondent l'espace visuel des individus tous les jours. Concises et laconiques, elles sont susceptibles de transmettre un poids social ou culturel bien intentionné de la part de l'annonciateur.

La publicité est une verbalisation et, à la fois, une visualisation. De la sorte, outre l'interprétation des signes verbaux / linguistiques, elle nécessite le décodage des signes visuels. Ces derniers décryptent les éléments iconiques (éléments connotés et figuratifs qui captivent la toute première attention) et plastiques (dimension, cadrage, couleur, éclairage, angle de vue, etc.). Les thèmes iconiques illustrent les signes linguistiques et facilitent la perception de l'information du message entier. D'autre part, leur choix reflète le système de valeurs et de représentations qu'une société possède à l'égard d'une autre.

Le corpus de productions publicitaires dont nous traiterons à la suite est sélectionné dans l'entourage commercial espagnol. La première production est une image fixe parue dans le dépliant de la banque espagnole CAM, daté de juin 2009. Elle consistait à avoir choisi, comme l'élément iconique principal, la poupée russe. L'intention de l'entité bancaire était donc de promotionner l'étape finale de la course à la voile « Volvo Ocean Race » qui se tenait à Saint-Pétersbourg.

Les images suivantes qui ont évoqué notre intérêt scientifique sont des productions publicitaires en mouvement, parues il y a quelques années en Espagne.

Le premier *spot*, fabriqué par l'agence de publicité « BETC Euro Rscg, Paris » (France), est connu sous le nom « Sibérie »[133] et s'est vu lancer en septembre 2011. Son but était de promotionner le produit « Mikado Sticks » (biscuits fins en forme de barre recouverts d'un glaçage au chocolat), qui fait partie de la marque du biscuit « Mikado ». Le protagoniste du *spot* est Tom, un employé qui se fait envoyer par son chef à un nouveau poste en Sibérie, faute d'un malentendu. Tout part de la question prononcée par le chef lors d'une réunion : « Un volontaire pour aller au nouveau poste en Sibérie ? » Tandis que les employés baissent leurs têtes, Tom lève un biscuit, et son geste s'interprète tout de suite en tant que disposition immédiate. Durant 25 secondes de la durée du *spot*, nous y trouvons les éléments visuels suivants :

- Vêtements : chapeau aux oreillettes rabattues, bottes de feutre, un gros manteau ;
- Apparences et comportements : un grand Russe, qui fait trois bises au protagoniste ;
- Environnement : un logement traditionnel russe.

---

133 <http://bit.ly/2AT4i2L>. [Consulté : 17/01/2018].

Les éléments non codés, employés dans la publicité, transpirent la Russie ou la « russicité ». Le message codé principal contient l'idée de la méfiance d'aller en Sibérie, qui se déduit comme une région peu hospitalière et extrêmement froide. Le poids de la connotation se renforce moyennant le message au linguistique : « *La pequeña debilidad que te perderá* ». L'autre, qui est de nature vocale, se transmet comme « *Dale algo peludo* », en référant aux vêtements de fourrure. Enfin, nous pouvons y interpréter ce que J. Durand (1972 : 105) nomme métalepse : une figure rhétorique consistant dans le remplacement de l'effet à la cause. L'image du logement en Sibérie est la conséquence de l'image où Tom se distrait avec les biscuits.

Le stéréotype géographique « Sibérie » est dénotatif dans le *spot* à partir de l'image de l'appartement traditionnel russe et du portrait national d'un natif. Certes, la Sibérie est conçue hors de la Russie comme une région abandonnée et habitée uniquement par des animaux sauvages pour le règne des gelées sévères. Pour démentir ce stéréotype tenace, remarquons que la Sibérie est une zone très étendue, glaciale en hiver, mais chaleureuse en été, habitée par près de 20 millions de représentants de plus de 50 nationalités[134], et importante du point de vue académique, écologique, économique, industrielle et naturelle. Déjà dans les années soixante, l'écrivain français Pierre Rondière (1962) témoignait que rien n'y était immobile, tout bougeait, bouillait et roulait à toute ruée à un tel point que c'était l'avenir de la planète.

Un autre exemple du message publicitaire lié à la Russie est un *spot* du groupe constructeur automobile français Renault, lancé en Espagne en 2011. Dans le but de promotionner le « Plan Vive Renault »[135], le producteur a opté pour un tueur en série qui initie un conducteur, dont la voiture est en panne, à la renouveler. Le spot laisse extraire un message linguistique vocal suivant : « *Pero no me sigas con esto, criaturilla. Que te pilla otro que no sea yo y te deja hecho un filete ruso* ». Ainsi, le recours au concept « *filete ruso* » véhicule la connaissance de sa charge culturelle partagée et prouve une circulation active du stéréotype dans la culture courante des Espagnols.

Hormis les objets iconiques, la sémiotique de la publicité laisse repérer des éléments visuels constitués par des codes typographiques. L'alphabet cyrillique, étant exotique pour la vue des Européens, devient un des attraits pour les producteurs des images fixes. L'impact de ces signes, selon J. Durand (1972 : 121), s'appuie sur la rupture graphique du syntagme visuel, *i.e.* de la structure perçue.

---

134 Les données prises sur *Wikipédia*. [Consulté : 12/01/2018].
135 <http://bit.ly/2mwM6r4>. [Consulté : 17/01/2018].

Nous reprendrons *ut infra* la tendance suivie dans le § 9.2.1.2 (g) et nous nous limiterons aux productions publicitaires suivantes :

- En octobre 2008, la boîte de nuit « Strong Center » (Madrid) a promu une *party* au caractère russe. Les images fixes des dépliants en question présentaient : (i) signes plastiques : couleurs rouge et noire ; (ii) signes iconiques : étoiles, faucille et marteau et (iii) acteurs : ouvriers.
Sans aucun doute, les signes convergent à l'idée plus « soviétique » que « russe ». D'autre part, le stylisme de l'image visuelle se complétait par les signes linguistiques dont la moitié sont en caractère cyrillique. Nous y reconnaissons les lettres russes Д, Ц, Г, И, et nous reconstituons à peine les mots espagnols :
SДВДО, 25 ОКТЦВГЕ '08
[SÁBADO, 25 OCTUBRE 08]
DOKTOГ ДLFГED + BИИOMIO
[DOCTOR ALFRED + BINOMIO]
28 CEГO CEГO
[28 CERO CERO]

- La promotion du film *La Daga de Rasputín* (2011), dirigé par Jesús Bonilla, suppose un photo-collage des signes (i) iconiques : des poupées russes, une faucille et un marteau, et (ii) indicial qui est une carte géographique de Russie. De plus, la présentation du *trailer*[136] abonde en signes typographiques au caractère cyrillique :

LД DДGД DE RДSPUTИИ [*LA DAGA DE RASPUTÍN*]
SIИOPSIS [*SINOPSIS*]
PЭЯSOИAJƏS [*PERSONAJES*]
EQЦIPO TЭCИICO [*EQUIPO TÉCNICO*]
DƏSCAЯGAS [*DESCARGAS*]
GALƏЯIAS [*GALERÍAS*]
ИITЭИSДMЭИTЭ BOИILLД [*INTENSAMENTE BONILLA*]
UИД COMEDIД DE JESÚS BOИILLД [*UNA COMEDIA DE JESÚS BONILLA*]
ДИTOИIO MOLERO [*ANTONIO MOLERO*]
ДИTOИIO RESIИES [*ANTONIO RESINES*]
PROЖIMДMEИTE [*PRÓXIMAMENTE*]

---

136 *Trailer* du film *La Daga de Rasputín*, <http://bit.ly/2EAkpEo>. [Consulté : 17/07/2015].

Bien que l'alternance des caractères cyrilliques et latines présentent des difficultés pour reconnaître les mots espagnols, les créateurs du *trailer* réussissent à créer un effet visuel attirant en suivant les corrélations graphiques :

N → И   E → Э   A → Д
R → Я   U → Ц   Ж → X

- En 2012, le chanteur espagnol Fran Perea opte pour l'insertion des caractères cyrilliques sur l'affiche de la promotion de son concert, aussi que dans la fiche de son disque : ФЯАИ РЕЯЕА[137].
- Un cas plus ponctuel est observé sur un panneau publicitaire à un rond-point à Murcia au printemps 2015. L'équipe des avocats locaux a recouru à la lettre cyrillique Я dans la création de son logotype ЯP. Celui-ci signifie les premières lettres des fondateurs du bureau, Rodríguez et Piñero[138].

L'utilisation des éléments visuels et stéréotypés de la culture russe dans les créations européennes au caractère publicitaire est très fréquente. Si nous revisitons nos considérations théoriques, nous nous rendrons compte de la claire conviction des expéditeurs de ce type d'images. Pour leurs productions, ils puisent donc dans les représentations sociales partagées et collectives et, en même temps, proposent au public un produit bien intentionné et motivé.

10.3. La sémiotique des codes architecturaux

La sémiologie visuelle a contribué à aborder de grands thèmes de la sémiotique de l'architecture renvoyant aux objets de la vie sociale dont la classification a été décrite dans le § 4.6. En reconnaissant le rôle privilégié des codes sémantiques, défendu par U. Eco, nous nous concentrons à la suite sur leur articulation en éléments architecturaux. Ces derniers seront présentés depuis la perspective pluriculturelle (russe, français, espagnol) afin de relever certains contrastes.

10.3.1. Éléments dénotant les fonctions premières

Dans les trois cultures, les éléments architecturaux dénotant les fonctions premières, c'est-à-dire, leur prédestination nette, peuvent être communs et posséder donc la même fonction, dont, par exemple, « fenêtre » qui sert de source de la lumière naturelle.

---

137 <http://bit.ly/2Fwng2E>. [Consulté : 02/10/2015].
138 À titre strictement informatif : <www.rpletrados.com>. [Consulté : 02/09/2015].

Un exemple à valeur propre serait l'élément *форточка* /'foR tatʃ ka/, transposé en français comme « vasistas » et « *ventanilla* », en espagnol. C'est un vrai signe-fonction dans la culture russe, où il signifie une petite fenêtre (30 cm x 40 cm) faisant partie de la grande et qui sert à aérer légèrement l'intérieur ; elle est réservée aux froids et empêche donc de refroidir trop l'ambiance comme cela pourrait arriver avec une fenêtre ouverte. Il est évident que, pour les raisons du climat beaucoup plus doux, dans la réalité française et espagnole, cet élément n'est pas doté de la même fonction. Ainsi, *Larousse* en ligne ne recense que sa fonction première : « (Altération de l'allemand *was ist das*?, qu'est-ce que c'est ?) Petit vantail vitré s'ouvrant dans un tympan ou un vantail de baie ». Par ailleurs, le *DRAE* en ligne le décrit comme une petite fenêtre prévue dans les transports, et fixe davantage son utilité sociale en tant que guichet qui permet de communiquer avec le public. Il reste à remarquer que, dans l'architecture russe, l'élément perd de sa fréquence, vu le rôle accru des fenêtres oscillo-battantes en PVC qu'on peut laisser entrebâillées sur la partie haute.

Nous pouvons également dégager un autre élément architectural qui est *ставни* /'sta vni/ ayant son équivalent « contrevent / couvre-fenêtre » en français et « *contraventana / postigo* », en espagnol. Le code de perception de l'objet chez les porteurs des trois cultures serait similaire : ce sont des volets extérieurs, davantage en bois, installés devant une fenêtre. Néanmoins, sa fonction est à sa manière significative pour chaque culture : en Russie, le dispositif sert à protéger la maison du froid, pour cela il est de construction monolithe, sans fentes ; en France et en Espagne, il protège des rayons de soleil, du vent et de la pluie, c'est la raison pour laquelle il peut avoir des fentes. La nuance culturelle complémentaire concerne l'emploi de ce type de couvre-fenêtre uniquement dans les maisons traditionnelles russes à un étage. Actuellement, dans les cas de maison individuelle, ils sont relégués au second plan à cause de la mode de l'installation des persiennes roulantes, battantes, etc.

10.3.2. Éléments architecturaux dénotant l'idéologie de l'habitat

Dans le domaine architectural des cultures russe, française et espagnole, nous pouvons observer non seulement des éléments communs, mais aussi leur coïncidence dans les fonctions. Par exemple, « *столовая* /sta 'lo va ja/ – salle à manger – salle à manger », faisant partie des habitats modernes, sert à manger.

L'élément « *зал* /'zal/, *гостиная* /gas 'ti na ja/ – salle de séjour, salon – *sala de estar, salón* », est destiné à recevoir des invités et à mener une vie sociale. Ses traits sont non codés et se reconnaissent facilement : canapés, fauteuils, petite table, cheminée, instrument musical (piano, par exemple), téléviseur, etc.

Les éléments dénotant l'idéologie de la pièce peuvent changer de fonctions au cours des années et en vue de tendances. Ainsi, en Russie, dans les habitats construits en vieux style, la fonction de l'espace pour cuisiner et manger tous les jours en famille est remplie par la cuisine. En cas de réception des invités autour d'une table, elle est remplie par la salle de séjour, en dépassant de ce mode la fonction première de cette dernière qui concerne le repos. Les cuisines des habitats russes modernes tendent à être prévues uniquement pour cuisiner, tandis qu'on mange dans la salle à manger.

Passons à présent à un exemple plus représentatif qui est le concept « balcon ». Dans l'architecture russe, on conçoit deux types de balcon : (i) *балкон* /bal 'kon/, « balcon » qui représente une plate-forme à garde-corps en saillie sur une façade, sans murs sur les côtés, communiquée avec l'intérieur par des portes-fenêtres ; (ii) *лоджия* /'lod ʒi ja/, « balcon-loggia » qui est un balcon modifié communiqué avec l'intérieur par des portes-fenêtres, en saillie sur une façade, mais dont les traits différentiels sont un espace vaste et le renfermement entre deux murs. De cette sorte, en Russie, le balcon-loggia sert d'une pièce de séjour de plus pendant les saisons douces de l'année. Pour en tirer du profit en hiver, il est aussi de mise de le vitrer. En espagnol, le premier sémème équivaudrait à « *balcón, galería* », et le second, à « *terraza* ».

Or, l'idéologie des éléments du champ lexical « balcon » peut supposer certaines différences parmi les trois cultures. L'utilisation du balcon dans les habitats européens correspond à des fins décoratives, cérémonielles ou pour profiter de l'extérieur et faire du jardinage. En revanche, le balcon du foyer russe a la fonction seconde du débarras où on sort d'habitude des objets peu nécessaires pour le moment : inventaire sportif et ménager, des pots avec des légumes et des fruits conservés, etc. Il est aussi possible qu'en Espagne, la même fonction est remplie par « *galería* ».

À son tour, la fonction seconde de « balcon-loggia » russe est sociale : elle décode la projection moderne de l'habitat, de son prestige et de son coût élevé. À cet égard, le terme espagnol « *terraza* », qui couvre le sémème russe, acquiert également sa fonction seconde au sein de sa propre culture. Chez les Espagnols, il peut désigner, entre autres, une plate-forme ouverte située, pour règle, au dernier étage d'un habitat ; il est alors un indice d'un certain luxe dans le secteur immobilier du pays.

10.3.3. Codes sémantiques articulés en genres typologiques

Dans ce bloc, nous nous concentrons sur l'analyse des objets du type social d'après leur idéologie.

10.3.3.1. Habitats résidentiels

Le premier dispositif se détermine par les variétés de logement et complète donc les types d'appartement mentionnés dans le § 6.3.

Dans la ligne des maisons individuelles populaires, en Russie on peut dégager les genres suivants : (i) *частный дом* /'tʃa sni 'dom/, une maison traditionnelle à un étage (bien aménagée ou sans le confort) ; (ii) *коттедж* /ka 'tedʒ/, une maison à deux étages ou plus, placée hors de la ville ; (iii) *вилла* /'vi la/, une villa située à proximité de la mer. La fonction seconde des deux derniers serait l'indication de la condition sociale du propriétaire.

Par ailleurs, la sphère de l'architecture russe se renouvèle moyennant des éléments européens, tels que *duplex* (habitat de deux niveaux réunis par un escalier intérieur), *townhouse* ou *linehouse* (maisons construites par blocs), *penthouse* ou *loft* (habitat au dernier étage ou sur le toit). Comme ces sémèmes ont récemment surgi dans la réalité russe, ils ne se sont pas encore consolidés dans l'usage commun des natifs, d'où leur possible méconnaissance.

Nous pourrions compléter la liste de nouveaux genres typologiques par des codifications récentes dérivées de la stylistique de l'architecture moderne. Ainsi, lors de la projection des habitats de nos jours, les Russes empruntent volontiers les éléments occidentaux comme « vestiaire », « blanchisserie », « home cinema », etc.

Un genre typologique à la connotation propre dans l'architecture et la culture russe est, sans doute, la *datcha*. La langue française y applique son équivalent « maison de campagne » et l'éclaircit comme « située aux abords d'une grande ville » (*Larousse* en ligne). La représentation de l'habitat russe chez les Espagnols peut être prouvée par l'information extraite des guides touristiques : une cabane vide ou bien assez luxueuse, entourée d'un potager qui permet de cultiver des légumes, des fruits ou des fleurs, de vivre et d'épargner ou de se réfugier du style de vie urbain, ce qui met du baume à l'âme (Richmond, 2006 : 77, 784 ; Peña, 2004 : 23, 37). En transposant le concept à l'aide du calque *dacha*, ou des lexies *chalet* et *casa de verano*, les auteurs initient les lecteurs à une visite indispensable : « [...] *ir de fin de semana a una dacha, aprovechando cualquier invitación a uno de estos refugios rurales rusos* » (Richmond, 2006 : 21).

En tant qu'encadré culturel, remarquons que ce type d'habitat a toujours signifié dans la langue russe une petite maison hors de la ville ; mais la charge culturelle du mot n'était pas toujours la même. Son origine remonte à l'époque de Pierre le Grand, où les hommes politiques recevaient une *datcha* comme cadeau, ce qui a déterminé l'étymologie du nom (*дача* /'da tʃa/, « ce qui est donné », du verbe *давать* /da 'vat'/, « donner »). C'étaient de vraies propriétés qui servaient de seconde résidence aux plus prestigieux pendant leurs vacances, surtout, d'été. Dans les années soviétiques, la destination des *datchas* s'est considérablement modifiée : ce n'était qu'un lot de terre destiné à y cultiver des légumes et des fruits dès le printemps tardif jusqu'à l'automne et à y construire une petite maison. Le fait d'avoir une telle *datcha* en Russie est désormais assez ambigu : d'une part, les Russes épargnent de l'argent dans l'achat des légumes et des fruits ; d'autre part, le temps pour s'y déplacer, les efforts de cultiver et de maintenir la maison imposent des sacrifices.

Le concept actuel de *datcha* peut être complété par l'idée d'une grande maison, marquée *ut supra* comme (ii). Quoiqu'entourée d'un lot de terre pour cultiver, sa fonction principale est de relaxer son propriétaire (sa famille et ses amis) en plein air et de l'éloigner du bruit et de la pollution urbaine. La fonction seconde serait purement sociale et témoignerait d'un haut statut social ainsi que d'un pouvoir acquisitif élevé. De même que, naguère, les natifs étaient au courant de la *datcha* de Staline, ils parlent, de nos jours, de celles des hommes politiques, des chanteurs, des metteurs en scène célèbres, etc.

10.3.3.2. *Établissements académiques*

L'analyse contrastive des codes architecturaux du type académique existant dans la dimension russe, française et espagnole s'avère non moins intéressante. Notre toute première attention se fixe sur la présence des faux amis[139] parmi les trois langues. Cependant, leur connotation est distincte dans chacune des cultures, ainsi que l'idéologie principale de l'objet.

Pour réaliser l'étude du présent bloc, nous optons plus pour la démarche comparative qu'isolée, étant donné qu'un sémème étudié entre en contact avec ses homologues phonétiques et manifeste donc le mieux ses traits pertinents.

---

139 Nous suivons ici la définition de B. Koessler et J. Derocquigny : « mots qui se correspondent d'une langue à l'autre par l'étymologie et par la forme, mais qui, ayant évolué au sein de deux langues et, partant, de deux civilisations différentes, ont pris des sens différents », citée *in Dictionnaire de didactique des langues* (1976 : 217).

Genre typologique	Russe	Français	Espagnol
Établissement académique	Колледж /'ko lidʒ/ Type d'établissement d'enseignement professionnel secondaire	Collège Établissement d'enseignement du premier cycle du second degré (*Larousse* en ligne).	Colegio Establecimiento de enseñanza para niños y jóvenes de uno u otro sexo [...] (*DRAE* en ligne).
	Лицей /li 'tsej/ Type d'établissement d'enseignement secondaire public et professionnel avec un haut niveau de préparation du personnel enseignant et son cursus afin de préparer et d'approfondir les apprenants dans un domaine concret	Lycée Établissement d'enseignement du second degré (*Larousse* en ligne).	Liceo Institución cultural o recreativa [...] (*DRAE* en ligne).
	Институт /ins ti 'tut/ 1. Type d'établissement d'enseignement supérieur. 2. Organisation de recherche scientifique, d'enseignement, etc.	Institut 1. Établissement de recherche scientifique, d'enseignement, etc. 2. Dénomination adoptée par des établissements divers (*Larousse* en ligne).	Instituto 1. Centro estatal de enseñanza secundaria. 2. Institución científica, cultural, etc. 3. Organismo oficial que se ocupa de un servicio concreto. [...] (*DRAE* en ligne).
	Гимназия /gim 'na zi ja/ Type d'établissement d'enseignement secondaire public et professionnel avec un haut niveau de préparation du personnel enseignant. Son cursus académique permet de préparer et d'approfondir les apprenants dans le domaine des matières générales.	Gymnase[140] Établissement ou local aménagés pour la pratique des exercices du corps et de certains sports en salle (*Larousse* en ligne).	Gimnasio 1. Lugar destinado a ejercicios gimnásticos. 2. desus. Lugar destinado a la enseñanza pública (*DRAE* en ligne).

---

140 Le sémème ne fait partie du corpus qu'en tant qu'homologue phonétique, à des fins comparatives.

La sémiotique des codes architecturaux 259

Nous sommes témoins de l'application pratique de la dichotomie de F. Saussure « signifiant / signifié ». Les signifiants (l'aspect phonétique) des objets en regard sont identiques, tandis que les signifiés sont déterminés par le concept mental qui est différent dans chacune des trois cultures. D'où la codification sémantique de ces objets architecturaux change d'une culture à autre : « lycée » ne dénote pas la même idéologie que « *liceo* » ; « *гимназия* » n'a pas le même signifié que son homologue sonore « gymnase » ; les fonctions des objets « *институт* », « institut » et « *instituto* » ne sont pas les mêmes non plus.

10.3.3.3. *Établissements médicaux*

Nous décrirons les codes sémantiques articulés dans le genre typologique « établissement médical » en suivant le principe de grille sémique pratiqué chez B. Pottier (1963 : 11–17). À notre avis, l'analyse componentielle (à laquelle nous avons déjà recouru dans ce livre) contribue à l'étude la plus complète et la plus précise des sémèmes.

La tâche se complique à cause des emprunts des trois langues au latin et au grec, aussi que de la présence des homologues phonétiques. Par exemple, constatons-y la ligne « policlinique – polyclinique – *policlínica* – *поликлиника* /pa li 'kli ni ka/ ». Il est fort possible que l'étude de chaque terme à part ne permette pas de retrouver tous ses traits pertinents ; tandis que sa comparaison aux autres indiquera les indices différentiels complémentaires qui peuvent être les plus importants.

Ainsi, dans la matrice *ut infra*, nous contrasterons, à l'aide de sept sèmes spécifiques, les sémèmes trilingues se rapportant au champ lexical « établissement médical ». Chaque bloc de sémèmes présente les équivalents de signifiants (en russe, en français et en espagnol) ; les significations de ces derniers sont interprétées en accord avec les dictionnaires généraux électroniques des langues en question (*Larousse, DRAE, Dictionnaire de la langue russe*, (réd. S.I. Ozhegov)).

Sème / Sémème	S1 Consultations médicales des spécialistes différents, traitement des malades	S2 Hospitalisation	S3 Institution d'État	S4 Institution privée	S5 Centre spécialisé, d'une discipline	S6 Uniquement pour les militaires	S7 Prévoit aussi l'enseignement médical en présence des malades, et la recherche scientifique
Поликлиника /pa li 'kli ni ka/	+		+		+		
Polyclinique	+	+		+			
Policlinique	+		+	+			
Centro de salud	+		+				
Policlínica	+	+		+			
Больница /bal 'ni tsa/		+	+		+		
Hôpital	+	+	+	+			+
Hospital	+	+	+	+			+
Клиника /'kli ni ka/		+	+	+	+		+
Clinique	+	+			+	+		+
Clínica	+	+			+	+		+
Госпиталь /'gos pi tal/						+	

En étudiant isolément le mot français « polyclinique », on peut trouver, sans doute, qu'il s'agit d'un centre médical proposant des services de consultations de spécialités diverses, ainsi que ceux d'hospitalisation. Ce dernier sème, à son tour, est mis en relief au contact avec l'homologue « policlinique », qui ne prévoit pas le séjour des malades. Un autre trait ressortant de cette opposition serait le fonctionnement de « policlinique » auprès d'un hôpital, vu son statut en tant qu'institution d'État. De même, par opposition de « *clínica* » à « *policlínica* », on peut correctement associer cette dernière au lieu, où il est impossible de pratiquer l'enseignement et la recherche scientifique. Enfin, remarquons le dernier sémème russe « *госпиталь* » qui génère l'interférence entre les langues : malgré sa similitude sonore avec « hôpital », il ne s'occupe que du traitement et de l'hospitalisation des militaires.

Ainsi donc, le parcours des éléments architecturaux et des genres typologiques (notions reprises à U. Eco) au sein de la culture russe, française et espagnole nous ramène à la nécessité de prendre en considération la dimension sociale, géographique et climatique. Il est difficile de comprendre la culture en question sans décrire ses traits sémiotiques aussi bien non codés (littérales) que codés (connotés).

10.3.4. Ouistiti !

En revisitant les principes théoriques de la sémiotique de la photographie, soulignons que bien que la photo soit un produit au caractère extrêmement individuel, elle constitue un miroir de la vie des individus. À travers ce type d'images visuelles se reflète la culture de la communauté : son mode de vie, ses valeurs ainsi que sa vision par les Autres. Donc, ces derniers, en se servant d'un corpus de photos des individus d'une société donnée peuvent connaître leur identité nationale.

Au sein de la culture russe, le concept de la photographie reste intouchable depuis des siècles, quelle que soit la technique de la prise de l'image et la qualité de cette dernière. Les Russes constituent une nation qui a toujours aimé photographier. Dans la deuxième moitié du XXe siècle, grâce au progrès de la photographie, les images sortaient plus blanches et noires qu'en couleur et se gardaient dans des albums de photos, dans les pochettes spéciales, ou s'y fixaient moyennant la colle. Les images en couleur ont connu leur succès grâce à l'avènement postérieur des appareils numériques. La culmination de la photographie ressort aujourd'hui de la technologie des images digitales qu'offrent en particulier les téléphones portables. L'hommage à ce genre d'art se rend en Russie le 19 août, jour connu comme Journée de la photographie.

Or, il est impossible de nier l'engouement des réseaux sociaux et des applications mobiles chez les Russes (Facebook, Instagram, Vkontakte, Odnoklassniki, WhatsApp, Telegram). Les usagers russes y étalent une quantité énorme de photos. Étant d'accès public libre, elles s'obtiennent des profils, des albums électroniques et constituent un corpus riche pour une analyse sémiotique. Au cours du chapitre, nous maintiendrons le caractère anonyme des *Spectrums* et des *Operators*. Nous nous abstiendrons de même de publier les photos postées, étant donné que révéler la personnalité ne constitue pas notre objectif.

L'objet du chapitre s'avère être la photographie, privée de tout caractère commercial, faite par les Russes et concernant deux types principaux : amateur et touristique. Ces derniers, plus que tous autres, remplissent la vie quotidienne des individus et reflètent les particularités culturelles de la nation. De plus, elles risquent de concurrencer celles des professionnels.

10.3.4.1. La photo amateur

L'observation de la photo amateur où posent les *Spectrums* russes prouve les réflexions de R. Barthes, selon lesquelles devant un objectif on est celui qu'on se croit et celui qu'on voudrait que le *Spectator* le croie.

La pose prise par les *Spectrums* russes s'avère être un indice important des valeurs sociales contemporaines. Le *Spectator* des photos russes peut constater que les filles, en général, y prennent des poses de modèles professionnelles. Leur obsession pour bien sortir sur la photo est si marquée qu'il existe sur Internet une avalanche de pages spéciales qui donnent des conseils pratiques. En ce qui concerne la pose des hommes, elle est traditionnelle : ils croisent les mains devant l'entrejambe comme le font les joueurs de football « placés en mur » lors d'un coup-franc. Particulièrement, Allan et Barbara Pease nomment ce geste masculin « *posición de la cremallera rota* » (2006 : 115) et l'interprètent comme la nécessité de se sentir protégé (en cas de menace et de coup frontal). Ajoutons qu'en Russie cette position des bras chez les hommes s'appelle couramment « comme dans le *bania* » et manifeste une certaine honte.

La plupart des photos d'amateur russes sont « privatisées » (le terme repris d'A. Zhelnina). Cela veut dire que les *Spectrums* russes s'approprient de l'espace en s'insérant eux-mêmes dans le cadre ou en y mettant certains objets. Ce sont de vrais indices du prestige en fonction desquels le *Spectator* peut se rendre compte de la motivation personnelle du *Spectrum*. D'après le parcours des photos, il paraît que les indices du prestige pour les Russes sont (i) des apparences : le maquillage professionnel, les jambes, les faux ongles, la coiffure, etc. ; (ii) des accessoires : les lunettes de soleil, le portable ; (iii) des vêtements, surtout de marque ; (iv) d'autres *Spectrums*-objets : la bagnole, les meubles, une mascotte (surtout le chat), un bouquet de fleurs offert, etc. La preuve de la privatisation ressort de la particularité de titrer les photos où prédomine le pronom et l'adjectif possessif de la première personne : « Moi, en robe de Dior », « Moi, dans ma bagnole », « Le cadeau de mon mari ».

Les photos d'amateur où le *Spectrum* présume de sa compagnie (amis, famille, etc.) laissent voir différents thèmes iconiques dont le plus répandu est la table. Soit chez soi, soit dans un restaurant, c'est une scène favorite pour se photographier en Russie. Dans le premier cas, l'explication renvoie à une habitude purement culturelle : en Russie, toute occasion festive se déroule chez soi à une table bien servie. D'où ressort une grande série de photos captées au moment de trinquer les verres. Cependant, si le *Spectrum* ou l'*Operator* se trouvent dans un restaurant, par exemple, lors d'une rencontre informelle, la table se décode comme un objet stratégique doté d'une valeur déictique. La motivation personnelle du *Spectrum* ou de l'*Operator* est ainsi de marquer l'espace et la situation : « je suis / j'ai été ici ». De même, le caractère déictique est propre des photos-objets, où le *Spectrum*-objet est un plat de nourriture qui veut dire « j'ai mangé ça ». D'autre part, A. Zhelnina (2006) y entrevoit l'indice intentionnel du *Spectrum* sur l'objet qui l'attire et qui lui est important.

L'étude des photos d'amateur russes peut se compléter par l'analyse des commentaires des *Spectators* et de toute sorte de notes accompagnantes. À première vue, les opinions émises par les *Spectators* russes à propos des images contemplées sont différentes des commentaires donnés par les usagers européens. Ces derniers, par exemple, apprécient avant tout la beauté de l'arrière-plan d'une photo (monument, ciel, nature, perspective réussie) que les apparences du *Spectrum*. Sans prétendre être catégorique dans nos jugements, remarquons que les usagers russes fixent leur attention plus sur l'aspect physique du *Spectrum* et sur les détails des accessoires que sur d'autres thèmes iconiques.

La lecture de la photographie amateur relève toujours un certain choix des *Spectrums*-objets. Particulièrement, dans le chapitre « *Pequeña historia de la fotografía* », Walter Benjamin, leur prescrit un statut purement ethnologique. De la sorte, les photos de naguère incluaient les accessoires artistiques suivants : « *poste, pedestal, balaustrada, mesita oval, columna (de mármol, de piedra), cortina, alfombra, tapiz* » (Benjamin, 1973 : 71). L'auteur se montre non seulement ironique à l'égard de l'utilisation de ces objets, mais la trouve aussi absurde. Tout de même, il nous est impossible de ne pas reconnaître le poids culturel qu'ils portent.

Les *Spectrums*-objets qui prédominent sur les photos russes prises chez soi sont un tapis, des meubles, des radiateurs et des rideaux. Ces derniers sont devenus de vrais stratèges dont le décodage dépend du niveau de connaissance du *Spectator*. Exposons-en quelques points importants *ut infra*.

Un tapis est un thème iconique des photos russes, puisqu'il est tout un attribut de la culture endogène. D'origine persane, turque, caucasienne ou chinoise, le tapis était considéré en Russie comme symbole de l'aisance et du prestige. La particularité y consistait à en revêtir non seulement le sol, mais aussi les murs. Hormis les fins décoratifs, le tapis remplissait la fonction de protéger l'intérieur du froid. Actuellement, le tapis est toujours présent dans le logement russe conventionnel, bien que la mode commence à changer : les Russes suivent les tendances du *design* européen et laissent les murs sans tapis. Enfin, le tapis pour les Russes, eux-mêmes, est un vrai auto-stéréotype : un élément numéro un de l'arrière-plan, datant des temps de la Révolution[141], et une technique déconseillée de nos jours :

> Un portrait sur fond d'un tapis bigarré papillote et produit l'impression d'un espace sali, le tapis distrait le regard… (Danilova, 2005 : 163) ;

> Dans l'intérieur, il n'est pas recommandé de photographier les gens sur fond d'un tapis bigarré, des papiers peints criards ou des tableaux sur le mur ; leur motif ne fera que distraire l'attention et apporter à la photo trop d'incongruité sémantique (Maliarevski, Olevskaya, 2005 : 35).

Le fait de voir les radiateurs sur les photos russes s'explique pour les mêmes raisons ethnologiques. La construction d'un intérieur en Russie est impensable sans l'équipement du chauffage central moyennant un réseau de radiateurs fixés aux murs.

Tandis que l'emploi des tapis et des radiateurs sur une photo amateur russe porte la raison ethnologique, nous ne pouvons pas l'appliquer aux stratèges comme les meubles et les rideaux. Leur emplacement sur les photos, probablement, atteste la motivation personnelle de l'*Operator* ou du *Spectrum* qui indiquent : « j'ai les meubles / les rideaux comme ça », « je vis comme ça », « c'est ma chambre ».

Dans le cadre de l'analyse pratique, nous nous sommes heurtée à une publication « Les dix types d'avatars absurdes pour Vkontakte ». L'auteure de l'article recueille avec ironie dix types de photos principales sélectionnées par les usagers pour leurs profils sur les réseaux sociaux célèbres. Or, dans son classement, elle touche les particularités principales concernant la pose, le choix des *Spectrums-objets*, la motivation personnelle du *Spectrum-ego* et l'autocaptage :

---

141 *Wikipédia* renvoie à la revue russe Славяне, n°7. Москва : Самиздат, 1956. – C. 40 [*Les Slaves*, n°7, Moscou, Samizdat, 1956, p. 40], <http://bit.ly/2ECT1pg>. [Consulté : 3/01/2018].

1. Prends-toi en photo dans le miroir. [...] N'oublie pas de bien ouvrir les yeux et de faire la bouche en bec de canard. S'il n'y a pas de miroir à côté de toi, fais-toi une photo avec ton appareil porté à bout de bras. Le bras doit forcément entrer dans la photo. Il vaut mieux se prendre en photo d'en haut et avoir un regard mystérieux de dessous les franges.
2. La photo sur fond de tapis de mur est déjà devenue classique. Les déesses « tapissées » ont comblé le réseau social. Un sofa élimé n'en est qu'un avantage de plus. Il existe également, comme option, un radiateur, une table à repasser ou une armoire. Autre chose : si dans l'armoire il y a une collection complète de Marx et Engels, tu deviendras, sans doute, *star*. On peut même le concilier avec le point 1, si à côté du tapis (sofa, armoire, radiateur) il y a un miroir. [...] Donc, l'imagination n'a pas de limites.
3. Une photo prise à côté d'une Limousine ou n'importe quelle bagnole de luxe, au moment où tu allais à un supermarché à acheter du *kéfir* ou tu te promenais avec des amis au centre ville, te donnera de l'autorité aux yeux des autres usagers. Eh oui, tout le monde va penser que c'est ta bagnole !
4. Au gros de l'été et d'une canicule inouïe, les photos prises sur la plage sont d'une actualité brûlante. Mille possibilités pour se déchaîner. En parlant surtout des filles. [...] Pour les plus discrètes, il existe toujours une option de photo d'été comme « J'ai le soleil dans ma paume ».
5. Qu'est-ce qui peut être plus brutal qu'un homme avec une arme dans les mains ? Si on t'a demandé de garder pour un moment un pistolet, une automate ou un fusil de *paint-ball*, et quelqu'un a eu l'idée d'appuyer sur le bouton de l'appareil de photo, installe cette photo pour ton avatar et tu auras du succès auprès des toutes les filles !

[...] 9. Les photos de l'enfance pour l'avatar sont aussi très chouettes et tendres. C'est comme dire « Regardez que j'étais mignon dans mon enfance ! ».
10. Enfin, la dernière méthode de faire un avatar de succès est de se faire une photo pendant la visite d'une boîte de nuit BCBG. Tu convaincras donc tout le monde que tu es un vrai fêtard de glamour[142].

10.3.4.2. La photo touristique

Les Russes, en tant que flâneurs-touristes et *Operators*, savent apprécier visuellement l'espace et sa valeur, ainsi que le matérialiser en images photographiques. Le touriste russe tend à capter, en général, tout ce qui est *a priori* attractif pour lui et digne d'être reproduit. De la sorte, toutes leurs séances de photos touristiques se ressemblent entre elles et ne laissent entrevoir aucun contraste, à moins qu'on ne puisse parler des intérêts et des variations individuelles.

---

142 [Traduit par nos soins] Ольга, «Десять нелепых видов аватарок для Вконтакте», (22/07/2010) [Olga, « Les dix types d'avatars absurdes pour Vkontakte », (22/07/2010)], <http://bit.ly/2Do8nPh>. [Consulté : 9/01/2018].

Sur les photos touristiques observés sur les réseaux sociaux, les trajectoires fixés par les Russes sont non seulement des curiosités de la ville, reconnues au niveau officiel, ou des endroits qui ont attiré leur curiosité. Ce sont aussi des réalités atypiques pour la dimension endogène de l'*Operator* : la mer, la plage, les palmiers ou des plantes exotiques. Il est plus fréquent que les touristes russes s'approprient de l'espace visuel et le privatisent, c'est-à-dire, s'introduisent eux-mêmes dans le cadre. Les reproductions des paysages urbains seuls (photos-paysages) sont moins pratiquées. Une des hypothèses de cette tecnhique pourrait concerner, une fois de plus, la motivation personnelle du *Spectrum* : « j'ai été ici ».

Indépendamment du type de photo, le trait différentiel des apparences physiques des *Spectrums* russes est l'absence du sourire. Cela n'échappe pas au regard des Étrangers et renforce leur stéréotype sur le caractère sérieux et enfermé des Russes. À cet égard, R. Barthes (1999 : 76–79) parle du masque de la société qui est le statut de sens, de son visage et de son histoire, mais difficile de constituer une critique sociale efficace.

L'absence du sourire est surtout caractéristique pour les photos russes faites à des fins administratives. Il s'agit de la photographie formelle qui figure dans le passeport, le permis de conduire et d'autres documents identifiants. Il est curieux de constater à ce propos la formation de l'auto-stéréotype qui, entre autres, se fait sentir dans les blagues suivantes, assez connues en Russie : « Si tu ressembles à ta photo du passeport, il est temps de prendre les vacances »[143] ou « En jetant un coup d'œil sur nos photos des passeports, on dirait que tout le pays est recherché »[144]. Le fait de l'absence du sourire sur les photos formelles des Russes est lié aux exigences officielles du Service fédéral de migration de la Fédération de Russie, selon lesquelles l'expression du visage de la personne photographiée doit être neutre, les lèvres fermées.

Cependant, sur les photos informelles, dont le fameux *selfie*, les Russes ne sont pas souriants non plus. Le chercheur de l'étude visuelle « Selfiecity », Lev Manovich, suppose que les auteurs des *selfies* suivent le culte du *cool*, qui, à son tour, se manifeste chez les mannequins qui posent sans sourire et deviennent objet d'imitation, surtout chez les femmes[145].

---

143 Une des blagues qui se répétaient parmi les chansons diffusées sur *Russkoie Radio* [Radio Russe], station musicale populaire en Russie.
144 Phrase tirée du monologue d'un comédien du programme *Comedy Club* émis sur la chaîne de télévision russe TNT.
145 Interview avec Lev Manovich, <http://bit.ly/2qZPrUj>. [Consulté : 10/10/2015].

Or, dans la tecnique photographique de chaque culture, il existe un mot provoquant le sourire. Il met alors en action les muscles latérales du visage qui se connectent avec les commissures de la bouche et les *orbicularis oculti*, et qui étirent les yeux en arrière. D'habitude, ce mot, soit de nature mono ou polysyllabique, comporte le son /i/ : ouistiti (français), *cheese* (anglais), *сыр* /'siR/ (russe) ; l'exception y serait *patata* (espagnol), bien qu'il y existe aussi le mot *Luis*. Le résultat de l'émission du mot similaire est, d'après A. et B. Pease (2006 : 83), est « *una falsa sonrisa y una fotografía de aspecto poco sincero* ». Quoi qu'il en soit, l'impression de contempler un visage souriant au lieu de maussade est plus agréable.

Récapitulons

La photographie amateur et touristique occupe une place considérable dans la vie des Russes. Le progrès de la technique photographique a fait inonder Internet et pulluler les réseaux sociaux de ce type de photos. Moyennant ces images visuelles, les individus non seulement s'autoidentifient, mais ils montrent aussi le visage de leur nation. De même, les photos sont des signes des valeurs régnant dans la société contemporaine. Ces valeurs s'expriment à travers les captages privatisés avec la participation du *Spectrum* ou l'insertion des *Spectrums*-objets s'avérant être des indices du prestige.

Dans la culture russe il existe un proverbe connu « Il vaut mieux voir une fois qu'entendre cent fois ». Il reflète le fait que 80% d'individus perçoivent, forment leur mentalité et organisent leur expérience à partir des images visuelles. Le niveau inférieur de la perception de la réalité est constitué des objets qui entourent, d'où notre intérêt fixé sur les éléments architecturaux de la dimension russe. Le niveau supérieur est le comportement des individus qui se manifeste dans la production des signes : dans notre cas, publicitaires (liés à la Russie), photographiques et architecturaux. Le savoir « iconique » (terme emprunté à C. Metz (1972 : 211) et renvoyé à un savoir culturel) aboutit, à notre avis, au rapprochement correct de la culture russe.

CHAPITRE 11 VARIATIONS CULTURELLES DANS LE FONCTIONNEMENT DES SIGNES NON VERBAUX

11.1. Préliminaires

À la lumière des observations entreprises dans le cadre théorique du livre, il nous est tentant de réaliser une étude comparative des unités non verbales entre la culture russe, française et espagnole. Dans ce but, premièrement, nous ferons une présentation formelle et sémantique des mouvements faciaux et corporels, propres aux cultures données, et nous définirons le rôle des gestes au sein des règles sociales endogènes en vigueur. Deuxièmement, nous décrirons les gestes-emblèmes les plus représentatifs comme le sourire et l'embrassade, et nous analyserons leur sens dans les cultures en question. Enfin, nous ferons un survol des éléments les plus représentatifs de la systémologie et de la gaptique.

11.2. Le fonctionnement des gestes français, russes et espagnols

Une première tentative de contraster les gestes circulant dans la culture russe, française et espagnole a été entreprise par moi en 2011 dans un des articles publiés en Russie (Sandakova, 2011, 41–45). Son but est d'outiller les Russes de connaissances du langage gestuel des cultures européennes données et d'éviter des malentendus interculturels.

Afin de continuer à relever le fonctionnement des gestes dans la culture russe, française et espagnole, nous avons opté pour une représentation sous forme de tableau contrastif. L'information y est constituée à base d'images empruntées aux sources électroniques[146] et complétées par le *Diccionario de gestos con sus giros más usuales* (Coll *et al.*, 1998). Indépendamment de l'image, chaque item contient des informations sur la composition du geste.

---

146 Les gestes français, <http://bit.ly/2251UxZ>. [Consulté : 7/01/2018] ; Les gestes français, <http://www.imagiers.net/gestes/>. [Consulté : 17/10/2015] ; Spécificité des gestes russes, <http://bit.ly/2ATLQad>. [Consulté : 7/01/2018].

La plupart des gestes traités peuvent s'accompagner vocalement : d'un mot ou d'un énoncé. L'accompagnement idiomatique du geste constitue la colonne « Énoncé correspondant ou valeur illocutoire », où le terme « illocutoire » est compris par nous comme message convoyé par un énoncé au-delà de son sens immédiat.

Les gestes sont marqués selon la variation diaphasique : Populaire (P) – le geste est universel au sein de la culture et est utilisé par tous indépendamment des circonstances ; Familier (F) – le geste s'emploie dans les situations informelles : Vulgaire (V) – le geste est impoli et c'est un marqueur de la politesse négative.

Le cadre de l'étude du langage corporel entre la culture française, russe et espagnole permet de relever une série de particularités du fonctionnement des gestes :

– Gestes à valeur illocutoire commune. Il s'agit des gestes universels entre les trois cultures qui se caractérisent par la même forme et le même contenu. Par exemple, les gestes aux signifiés « Tape-m'en cinq », « Ras le bol », « C'est délicieux ! », « Ne pas y être pour rien », « Ne pas savoir de réponse », « À peu près », aussi que les gestes liés à la superstition.
– Gestes à des valeurs illocutoires différentes. Ce sont des gestes dont la forme est la même, mais elle évoque une interprétation particulière dans chaque langue en permettant ainsi de parler d'une polysémie. Nous pourrions nommer ce groupe comme « gestes-équivalents » et, en guise d'exemple, en citer « Figue », « Deux » (russe), le pouce levé.
– Gestes différents à la même valeur illocutoire. Ils englobent les gestes qu'on pourrait nommer « équivalents » comme par exemple, « Il est ivre », « Deux » (européen), « Signe de croix », compter avec les doigts.
– Gestes sans équivalents dans d'autres cultures. Ce sont des gestes qui ne sont l'apanage que d'une nation en question. Par exemple, le geste espagnol « Peu intelligent », les signes français « Avoir du nez », « Avoir un poil dans la main », ou le russe « Ne pas y croire » (en touchant le lobe de l'oreille).

La prise en compte des trois derniers groupes de gestes permettrait d'éviter les malentendus culturels. À part la composition du geste, sa signification et son registre dans la culture d'origine, le non natif devrait savoir le rapporter au type de la politesse (positive ou négative). À titre d'exemple, remarquons la différence des fonctions du regard au sein des cultures traitées. Ainsi, les normes russes admettent de regarder fixement, voire du haut en bas lors de l'appréciation des apparences de l'allocutaire ; ce qui n'est pas conventionnel en Europe. Or, en Russie et en Espagne, il n'est pas de mise de regarder dans les yeux au moment de trinquer les verres, à l'inverse de la norme française où ce geste est un marqueur de la politesse positive.

LE FONCTIONNEMENT DES GESTES DANS LA CULTURE FRANÇAISE, RUSSE ET ESPAGNOLE

Geste et description du geste			Énoncé correspondant ou valeur illocutoire			Registre	Remarques
français	russe	espagnol	en français	en russe	en espagnol		
Unir les mains et les appuyer contre la joue			Dormir			F	
Faire la moue			Dédain, dégoût, mécontentement			F	
Frapper la tempe par l'index ou tourner l'index à côté de la tempe			« Il est fou »			F	

	Téléphoner	F
Mettre la main à côté de l'oreille en étendant le pouce et l'auriculaire		
	Échec	F
Baisser le pouce		
	1. Félicitation 2. Encouragement 3. Salutation	F
Lever la main, les doigts séparés ou écartés, et la taper contre la main du locuteur		
	« C'est exquis ! »	F
Approcher la main, tous les doigts accolés, vers les lèvres en forme de bise		

Le fonctionnement des gestes français, russes et espagnols

	Garder le silence	F	
	À peu près	P	
Étendre la main, les doigts séparés, et la mouvoir			
Cligner de l'œil	Coquetterie	F	
Montrer la langue	Taquinerie et moquerie	F	
Hausser les épaules (et, parfois, serrer les lèvres en les avançant)	1. Ne pas savoir de réponse 2. S'en ficher	P	
Menacer de l'index	Prévenir	F	
Menacer du poing	Prévenir avec une intention agressive	F	Le poing fermé peut aussi désigner en Russie un homme de fer.

	En avoir ras le bol	F
Passer la lame de la main à la hauteur du cou, du nez, du front ou au-dessus de la tête		
Toucher du bois	Éviter la malchance	P
		En Russie on bat trois fois du bois. Un autre geste équivalent est de cracher légèrement trois fois par-dessus l'épaule gauche.
Croiser les doigts	S'attendre au mieux, attirer la bonne chance	P
		En Espagne, ce geste peut être dirigé vers le bas et avoir alors le signifié d'éviter la malchance.
	N'y être pour rien	P
Écarter les bras, les paumes ouvertes		

Le fonctionnement des gestes français, russes et espagnols 275

	1. De l'argent 2. « C'est pas donné ! »	De l'argent		F
Toucher avec un pouce l'index et le majeur d'une main « en glissant » l'un contre l'autre	Paresser	Être impatient ou nerveux	1. Être en train d'attendre quelque chose 2. (Rarement) Être impatient	F
Croiser les doigts des deux mains, et rouler les pouces l'un autour de l'autre	Intentions liées au sexe	Le geste est plus poli que le « doigt d'honneur »	« J'ai attrapé ton nez », utilisé surtout avec les enfants	F
Montrer une figue				Réaliser la figue dans une poche veut dire protéger du mauvais œil en Russie.

Geste	Signification 1		Signification 2	
Placer une paume au-dessous de l'autre en forme de croix	Se barrer, se tirer		Se barrer, se tirer	F
Toucher en vitesse plusieurs fois avec la lame d'une main la paume de l'autre				
Faire un mouvement de manger avec une cuillère imaginaire	Manger			F
Accoler les doigts d'une main et les approcher	Accoler les doigts d'une main et les approcher plusieurs fois			
Former un poing, le pouce étendu et l'approcher vers la bouche	Former un verre imaginaire avec les doigts et les approcher vers la bouche	Boire un coup		F	Dans un bar espagnol, on peut aussi réaliser un mouvement de baisser le manche imaginaire du baril pour demander de la bière pression.

	Claquer de l'index la gorge	Avoir un verre dans le nez, être ivre	F	En Russie, le geste espagnol peut signifier « fumer de l'herbe ».
Mouvoir le poignet devant son nez	En étendant le pouce et l'auriculaire, mettre la main vers la bouche			
Accoler ensemble l'index et le majeur de la main droite	Accoler ensemble l'index et le majeur de la main droite	Se signer	P	À la différence des catholiques, les orthodoxes touchent successivement : le front, le ventre, l'épaule droite, l'épaule gauche.
	Accoler ensemble le pouce, l'index et le majeur de la main droite			
	Frapper légèrement une joue du dos d'une main	1. « La barbe ! », « C'est rasoir ! » 2. En avoir marre		
		Avoir du culot	F	
Frôler la joue avec le dos d'une main				

Plier le bras et agiter la main en haut et en bas comme si on la secouait	Plier le bras et agiter la main en haut et en bas comme si on la secouait	« Oh là là ! »	« ¡Hay que ver! »	F
Accoler les doigts d'une main et les claquer contre le pouce	Accoler les doigts d'une main et les claquer contre le pouce	Avoir peur	« Une grande quantité »	F
	Accoler les cinq doigts d'une main (ou tout simplement, lever le pouce	« Parfait ! », « Super ! »		P Le geste russe pourrait aussi s'interpréter en France comme « zéro » ou « rien ».
Accoler le pouce et l'index	Faire un rond avec l'index et le pouce			

Geste		Signification		Notes
Moquerie	F			
Mettre le pouce d'une main au bout du nez et la tourner (le geste est aussi possible avec les deux mains)		1. Rock-and-Roll 2. « Très *cool* »	1. « Diable ! » pour éviter le mauvais œil 2. Infidélité	F	En Espagne, le même geste, mais baissé ou posé horizontalement, signifie d'éviter la malchance.
Lever l'index et l'auriculaire		« Je te vois », « Je te contrôle »	1. « Attention ! » 2. « Je te contrôle »	F	En Espagne, le geste au signifié « Je te contrôle » peut aussi être exprimé à l'aide de l'index et du majeur pointés sous les yeux et dirigés ensuite au locuteur.
		« Mon œil ! », ne pas y croire			
Tirer la paupière inférieure avec l'index vers le bas					

Geste	Signification 1		Signification 2	Note
Approcher le pouce et l'index en laissant de la distance entre eux	« Un peu »		F	Dans le cas de boire, par exemple, du vin, en Espagne on pose horizontalement l'index contre le verre.
Lever le pouce	1. « Un », « Premièrement » 2. Voyager en autostop 3. « Ok ! », « Bravo ! »	1. « Ok ! », « Super ! » 2. Voyager en autostop	1. Voyager en autostop 2. « Ok ! », « Bravo ! » P	
Lever l'index et le majeur	« Deux »	Lever le pouce et l'index		P	Le « deux » russe peut être interprété en Europe comme « paix » ou « victoire ».
Lever le pouce et l'index				

	En comptant fermer les doigts, en commençant par le pouce ou l'auriculaire	En comptant, lever les doigts en commençant par l'index	Compter sur les doigts	P
En comptant lever les doigts en commençant par le pouce				
Lever le doigt majeur	Lever le doigt majeur / Faire un bras d'honneur	Dérision, réprobation		V
		Prévoir, être clairvoyant	« Ça sent un peu mauvais » (Compte tenu du geste universel « fermer le nez » avec le pouce et l'index)	F — En espagnol, le verbe « prévoir » est généralement exprimé par le mouvement circulaire des index sur les tempes.
Toucher d'un index le bout du nez				
		Paresser		F
Tendre une main et tirer un cheveu imaginaire du milieu de la paume				

	Plier une main et passer avec le revers des doigts le long de la gorge	1. Se vanter 2. « Bisque ! » (pour faire rager quelqu'un)	F	
	Plier un bras et toucher par le bout des doigts un épaule plusieurs fois	S'en foutre	F	
	Frapper légèrement du doigt le bout de l'oreille	Ne pas y croire	F	Le même signifié peut être expliqué par le geste d'enlever des spaghettis imaginaires de l'oreille.

Poser ou frapper légèrement l'index et le majeur contre la partie du front	Être peu intelligent	F
Poser l'index au-dessous d'un œil et le majeur au-dessous de l'autre et faire le mouvement vers le bas	Ne pas avoir quelque chose (argent, produits, etc.)	F
Rebondir le ballon imaginaire	Être un lèche-bottes	F

Un des marqueurs de la politesse négative dans la culture russe est le geste déictique concernant l'indication des objets. Dans les situations formelles, il n'est pas poli de pointer du doigt. Voilà pourquoi, un présentateur de la météo est toujours équipé d'un stylo ou d'un autre objet équivalent. Il s'agit d'une coutume imposée dans la culture russe dès l'école primaire. Le même implicite du geste s'observe dans la culture européenne.

La connaissance des gestes faciaux et corporels acquiert de plus en plus d'importance dans les conditions de la société multiculturelle dont nous sommes représentants. Le panorama gestuel de chaque culture serait incomplet sans l'observation des fonctions des gestes non moins représentatifs comme le sourire et l'embrassade.

11.3. Le sourire

Selon l'origine, le geste de sourire porte le caractère universel en évoquant la soumission du locuteur. Dans la typologie des gestes, le sourire constitue un geste synchronisateur de l'action. Sa fonction peut consister à donner du confort à l'individu lors de l'interaction ou bien à renvoyer à un rite, comme le font, par exemple, les salutations.

Face à la manifestation du sourire dans le premier cas, qui est fortement individuel, nous attachons une plus grande importance au second qui permet d'interpréter ce geste d'après les normes sociales en vigueur. Plus particulièrement, les normes concernant le sourire dans la société française et espagnole ont été abordées par moi dans l'article cité *ut supra* (*Cf.* Sandakova, 2011 : 44), afin de « préparer » les Russes à une interaction plus symétrique.

Il est aisé de dire que la société française et la société espagnole privilégient le sourire. De plus, le sourire s'y intègre dans la politesse positive et sert donc à renforcer les FFA. De la sorte, l'absence normale du sourire est apolie ou non polie aux yeux des autochtones. Par ailleurs, sa présence excessive risque d'apporter trop d'amadouement à l'interaction et de s'avérer alors hyperpolie.

Il est naturel que les Espagnols et les Français prennent pour sérieux et antipathiques les visages russes à travers le prisme de leurs règles de la politesse positive : « *Ni una sonrisa, ni un gesto ; sólo un inefable asombro* » (Lapierre, 2006 : 50).

En matière du sourire, la communauté russe ne peut pas s'appeler « société à politesse positive », parce que le marqueur « le sourire poli » n'y existe pas. Dans la société russe on peut constater la tendance à la prédominance de la politesse négative, où le sourire porte un caractère abstentionniste et il s'avère être un marqueur visé à adoucir les FTA ou à les éviter. De la sorte, la présence du sourire dans les situations quotidiennes qui ne l'exigent pas marque l'a-politesse.

Nous supposons que cette norme sociale peut être déterminée par le facteur historique : le peuple russe a subi de grands avatars. On pourrait y ajouter le facteur climatique : le froid en Russie est long et assez sévère. Par ailleurs, selon le facteur étymologique, « sourire », улыбка /u 'lyp ka/, provient du лоб /'lop/, « front » qui, à son tour, désignait également « crâne » en vieux russe. Au bout du compte, dans la vieille culture russe, l'idée de sourire s'associait à l'action de montrer ses dents dans un rictus tel que le crâne.

Le sourire pour un Russe a d'autres fonctions que pour un Espagnol ou un Français. Il doit avoir du sens et des prémisses émotionnelles, ainsi que transmettre des sentiments, dont les plus partagés sont la cordialité, la confiance et l'amabilité. Parmi ces dernières, la reconnaissance et la politesse trouvent peu de place. Donc, être poli avec l'allocutaire ne signifie pas pour un Russe lui sourire ; et au contraire, la mentalité russe n'associe pas le sourire à la politesse et aux bonnes manières. Par exemple, une vendeuse ou une secrétaire non souriante n'y serait jamais être prise comme impolie ou incompétente dans son travail. De plus, chez les chercheurs russes, le caractère peu souriant des Russes est relié au « complexe de concierge » (Volskaya, 2001 : 11 ; Berkova, 2003 : 13). Ce dernier, d'ordinaire propre aux grands fonctionnaires, s'étend aux représentants des professions comme secrétaire, gardien et concierge, qui se font prendre pour de petits chefs de leurs propres domaines.

De même, un sourire sans aucun sens peut s'interpréter par un Russe comme indice de moquerie, de stupidité, de défi, voire comme allusion du caractère sexuel. Néanmoins, si le Russe sourit durant l'interaction, il montre qu'il est vraiment enchanté, ravi, content ou de bonne humeur.

En Russie, toute amabilité, disposition, cordialité, confiance et bienveillance se transmettent, selon la politesse positive, par le biais d'autres moyens : paraverbaux (expressions des yeux), prosodiques (intonation) et, surtout, verbaux.

Les derniers temps, la tenue sérieuse des Russes constitue un vrai autostéréotype à leurs yeux. Pour emprunter les normes comportementales européennes, ils modifient, quoiqu'indirectement, le vecteur de la politesse et ils imposent émotionnellement « le sourire poli », particulièrement, dans la sphère du commerce (rapports « employé – client », « employé – chef »).

11.4. L'embrassade

Sous le concept non verbal d'« embrassade » nous tendons à entendre l'action de poser les lèvres sur quelqu'un, en signe d'affection, d'amour et de respect, en la différenciant ainsi de l'accolade, l'action de serrer dans les bras.

Le geste d'embrassade peut être caractérisé comme universel, bien que sa valeur dépende du procédé de politesse propre à une société donnée.

L'embrassade, de même que le sourire, constitue un marqueur de la politesse positive dans la culture française et espagnole, où elle sert à consolider les FFA. L'absence normale de l'embrassade s'y voit donc a-polie ou non polie, tandis que sa présence excessive peut miner la politesse conventionnelle et aboutir à l'hyperpolitesse.

Contrairement à « l'embrassade polie » européenne, dans la société russe prédomine « l'embrassade a-polie » dont la fonction est d'adoucir les FTA ou à les éviter. Les individus russes ne privilégient pas ce geste et s'en abstiennent en suivant les règles sociales endogènes en vigueur. Elles sont mentionnées dans mon article (*Cf.* Sandakova, 2011 : 44) non seulement dans le but de les faire contraster avec la norme française et espagnole, mais aussi pour faire réfléchir les Russes sur leur propre culture interactive.

À l'opposé du fonctionnement généralisé et banalisé de ce rite gestuel chez les Européens, il n'est pas conventionnel en Russie : les Russes ne font pas forcément la bise pendant l'ouverture et la clôture de l'interaction. Par conséquent, le stéréotype selon lequel les Russes aiment s'embrasser, à partir du geste de trois bises réalisé par L. Brejnev, ne s'avère pas typique. Selon les normes sociales, l'embrassade est considérée « positivement polie » lors de l'interaction entre parents, amis, proches ou couples. Dans d'autres cas, ce rite est rempli par la poignée de main, étant un geste dont l'origine désigne la virilité et le respect. Remarquons également la fréquence de ce geste en France par rapport à l'Espagne.

Or, le geste d'embrassade en Russie est soumis au critère de sexe. Le geste n'est pas partagé parmi les hommes, à moins qu'ils ne soient parents ; la même norme est répandue en Espagne. De même, en Russie, c'est un marqueur de l'impolitesse entre les femmes et les hommes qui ne soient pas des couples. Alors, la formule d'adieu écrite « bisous/ bises » à la fin de la lettre d'un Européen à une copine russe risque d'être mésinterprétée. Tout de même, en ce qui concerne les embrassades en couples, remarquons qu'en Russie le pôle de la politesse a changé de négatif à positif : naguère, il n'était point de mise de s'embrasser en public.

Le fonctionnement actuel de l'embrassade dans la culture russe évolue suite à l'intégration des normes de l'interaction européenne. La distance entre les individus russes se raccourcit, de sorte que la bise amicale entre les femmes, aussi bien qu'entre les femmes et les hommes qui ne soient pas des couples, passe au fur et à mesure d'« a-polie » à « polie ».

11.5. Éléments systémologiques et gaptiques

En revisitant l'essence théorique des sciences composantes de la sémiotique non verbale, il nous paraît important d'y relever les champs systémologique et gaptique. L'objet d'étude du premier, défini comme le code vestimentaire et semivestimentaire, et celui du second, l'attouchement et le langage des contacts, constituent des éléments représentatifs pour compléter le panorama de la communication non verbale de la culture russe. Les deux sous-sciences ne sont pas suffisamment étudiées de nos jours et ne font que tracer de nombreuses perspectives de l'analyse des liens entre la langue, la culture et le système d'objets en question.

L'importance de l'analyse des vêtements et des accessoires en tant que canal non verbal est liée au phénomène de visualisation de la société moderne, où il y a une forte tendance de transformer toute information sous forme visuelle. Nul doute que le code vestimentaire (les vêtements, le maquillage, les bijoux, les lunettes, les tatouages), et le code semi-vestimentaire (les accessoires ou les objets dont les gens s'entourent (les stylos, les *smartphones*, les baladeurs mp3)) forment un système sémiotique au caractère universel. Cependant, le fonctionnement de ces artefacts et leur fonction varient d'une société à l'autre.

La communauté russe, étant une subculture au sein de la culture mondiale, possède sa propre pratique vestimentaire. À première vue, les éléments de l'appartenance collective y sont des vêtements plus élégants que pratiques (contrairement aux Européens). Dans l'observation pluriculturelle, le plus grand contraste serait causé par la tenue quotidienne des femmes russes qui équivaudrait au *look* élégant des Espagnoles ou des Françaises. (*Cf.* le stéréotype « fille russe », § 9.2.1.6 (a)).

En matière des éléments complémentaires de la tenue russe, soulignons les lunettes de soleil. Il en est ainsi qu'à part sa fonction première (protéger les yeux des rayons de soleil), les Russes les portent sur la tête, et les femmes les utilisent pour fixer les cheveux comme si c'était un diadème. De même, il est très fréquent que les Russes n'enlèvent pas les lunettes dans un lieu fermé (par exemple, dans les supermarchés).

Le fonctionnement des attouchements, qui constituent l'objet de recherche de la gaptique, découle des aspects proxémiques traités dans les § 1.3 et 6.3 du présent livre. La zone d'autonomie, déambulant entre personnelle et sociale, *i.e.* de 15 cm à 2,7 m, peut être utilisée chez l'individu russe de différentes manières. Lors de l'interaction verbale, il se peut que l'accès au territoire intime soit minimal et le locuteur ne laissera pas entrer l'allocutaire dans sa « bulle ». Les dimensions de cette bulle peuvent être quasi inexistantes dans les situations qui n'exigent pas d'échange verbal, par exemple, dans les lieux publics (la queue) ou les transports en commun. Dans ce cas, les Russes manifestent une tolérance aux attouchements à tel degré qu'ils ne considèrent même pas qu'il faille demander pardon. À l'inverse, les excuses des Européens y fonctionnent comme banalisées et généralisées et s'étendent à n'importe quel cas de perturbation du territoire privé.

> *Récapitulons*
>
> Les contours de la sémiotique non verbale renferment des signes de nature différente qui complètent la dimension linguistique. Ces systèmes sémiotiques ne sont pas moins éloquents que la parole et se rapportent aux cinq sens corporels : le toucher (attouchement, geste de contact), la vue (vêtement, mouvements faciaux et corporels), l'ouïe (prosodie), l'odorat et le goût. De la sorte, ils ne font que faciliter l'interaction entre les individus des différentes cultures et aident ces derniers à éviter de s'induire en erreur et à découvrir une facette inconnue de la culture cible.

CONCLUSION GÉNÉRALE

L'objectif principal de ce projet était de montrer que tout n'a pas encore été décrit et exploité concernant la réception de la culture russe par les Français et les Espagnols. Au moins, partiellement, ce projet, peut-être, a-t-il pu parvenir, à ses fins. Synthétisons donc les résultats principaux qui font écho à notre hypothèse de départ et qui sont à décliner dans les points suivants :

- « Tous les chemins mènent à Moscou ». Tel est le palimpseste que nous nous sommes permise de former pour montrer que l'accès à la culture russe n'est pas seulement lié à la langue russe. Dans le cadre de notre projet, nous avons opté, par excellence, pour une voie linguistique et à la fois culturelle. La description du corpus d'une soixantaine d'unités de la lexiculture russe a laissé entrevoir les particularités importantes qui ne sont pas explicites dans les dictionnaires conventionnels, français-russes ou espagnols-russes.
Néanmoins, notre propos n'est évidemment pas de faire croire qu'il est plus facile ou plus efficace d'entrer dans la culture russe par sa langue. La culture russe dans la langue et la culture russe hors de la langue forment un tout, où le non natif peut toujours trouver sa voie de l'accès : en allant des faits aux idées, ou des idées aux faits, à condition que les idées correspondent vraiment aux réalités endogènes. Ainsi, outre les formes linguistiques culturellement connotées, nous avons cédé la place aux manifestations rituelles des Russes. Nous tenons à croire que l'observation de leur comportement communicatif peut ouvrir aux non natifs un petit chemin vers la compréhension des évidences invisibles de la nation russe. Sur l'exemple du concept « fête », d'une vingtaine d'occasions festives typiques et de leurs concepts sous-jacents (célébration, invitation, toast, fleurs), en tant que puits de mémoire collective de la nation russe, nous avons voulu illustrer que le savoir des modes de comportement, langagier et non langagier, peut construire progressivement la compétence culturelle du non natif. Notre objectif est également qu'une réflexion sur les prémisses chronémiques et proxémiques, les normes de l'interaction des Russes et de leur politesse (positive et négative) permette de réduire une méconnaissance possible des Étrangers à propos des réalités russes.
- La culture russe peut être abordée depuis différents vecteurs qui sont représentés par l'ouïe (la parole), la vue (images visuelles, langage des gestes) et le goût (les fonctions communicatives de la nourriture et le rôle culturel des sensations gastronomiques). Dans cette perspective, nous ne nous sommes pas bornée à ne traiter que de la face matérielle, concrète et visible du langage

(lexique), mais nous avons voulu mettre également en relief le caractère non matériel des significations (kinésique, sémiotique).
- En raison d'une série de facteurs tels que la distance géographique, le manque de compétence culturelle, l'appréhension indirecte et l'influence des massmédias, le caractère des représentations sur la Russie qui circulent dans les discours ordinaires des Français et des Espagnols s'avère mi-vrai, mi-faux. À la suite de l'observation des reflets de la lexiculture russe dans l'usage courant français et espagnol, nous avons osé secouer tout un système, qui est le champ d'information constitué de stéréotypes sur la Russie. De la sorte, nous avons essayé de rééquilibrer les représentations des Français et des Espagnols par le biais d'un dispositif d'une trentaine des hétéro-stéréotypes les plus persistants, accompagnés de gloses explicatives et d'encadrés culturels pertinents. Tout de même, nous voudrions remarquer que dans le choix du dispositif, ainsi que dans l'interprétation de ses éléments, nous ne prétendons pas être catégorique : nous tenons compte de la relativité de l'information étudiée et proposée, ainsi que des particularités individuelles des sujets interprétants, des nôtres y compris. Simultanément, nous reconnaissons le caractère instable des éléments du corpus, puisque la culture s'avère être un ensemble divers et complexe en constante évolution.
- Dans le cas de non natifs, le puisement dans les signes linguistiques, visuels, non verbaux, aussi bien que dans les réalités de la dimension sociale russe, est plus efficace que « l'alimentation communicative » à base de stéréotypes. La principale cause réside dans la nature psychologique et émotionnelle des stéréotypes qui semble faible par rapport à la production collective des formes linguistiques et des normes communicatives et interactives. Tout de même et malgré l'effet des stéréotypes, nous avons à reconnaître que l'inventaire dont le non natif dispose est la meilleure façon de prétendre connaître la culture russe et de s'autoidentifier à l'égard de cette dernière. Les stéréotypes sont alors une réalité authentique et indiscutable.

Le contexte des points exposés ci-dessus suppose également que nous n'avons prétendu en aucun moment être exhaustive dans notre contribution. Les résultats obtenus ne concernent cependant qu'un corpus restreint qu'il faudrait étoffer pour pouvoir disposer de plus de données représentatives. Cependant, nous voudrions attirer l'attention sur la reprise fréquente du mot « différence » et de ses synonymes employés tout au long du livre.

Il est possible que le présent projet soit une des tentatives, encore peu nombreuses, entreprises par les chercheurs russes séjournant en Espagne qui narrent en français comment leur culture est reçue en France et en Espagne. Par conséquent, le terrain du livre laisse une large perspective passionnante pour les pistes d'une recherche postérieure : (i) concentration sur un champ de recherche spécifique (lexique culturel, mots-valises, photo, lexicodidactologie, etc.) vu que le livre fait un appel, ne serait-ce que synthétique, à la sociolinguistique ; (ii) élaboration d'un dictionnaire culturel russe-français ou russe-espagnol ; (iii) détermination d'autres voies livrant l'accès à une culture cible. Cette ouverture finale pourrait également aller du côté de l'approfondissement de la recherche (d'autres lectures, relectures, observations continues et plus étoffées, etc.).

Mon appartenance directe aux cultures d'origine (russe et tartare) et mon immersion dans la culture française et espagnole me permettent de juger qu'il est plus facile de parler une langue étrangère sans accent que de parler une culture étrangère sans accent. Il y a des cas où l'accent culturel met en évidence non seulement l'appartenance à une culture externe, mais aussi le contraste entre les cultures différentes.

En faisant écho au paragraphe antérieur, je suis consciente d'avoir commis des erreurs et des interférences du russe et de l'espagnol en français. J'en demande sincèrement des excuses en espérant qu'elles n'altèreront pas l'évolution substantielle du contenu.

Pour conclure, ce projet m'a aidée à ne plus me laisser vulnérabiliser par les préjugés qui circulent dans l'entourage où je vis actuellement. Confrontée aux jugements répétitifs, au terme de cette analyse, je me sens à présent mieux outillée, mieux préparée et mieux formée pour faire le lien entre l'idée préconçue du non natif et la source de son origine, et je dispose ainsi de plus de compétence pour le lui éclaircir.

Ainsi donc, nous voudrions espérer que le présent livre enrichira la compétence culturelle des Français et des Espagnols à l'égard des réalités russes y rendra l'interaction pluriculturelle plus symétrique.

RÉFÉRENCES

AA.VV., *El mundo de la cocina*, Madrid, Club Internacional del Libro, 1989.

AA.VV., *Tartas y pasteles de frutas*, Verden, Vemag, 2015, (Comer y disfrutar).

ABRIC, J.-C., *Pratiques sociales et représentations*, Paris, PUF, 1994.

AMOSSY, R., « Du cliché et du stéréotype. Bilan provisoire ou anatomie d'un parcours », *Le Cliché*, (éd. G. Mathis), Toulouse, PU du Mirail, 1998, p. 21-28.

AMOSSY, R., « La notion de stéréotype dans la réflexion contemporaine », *Littérature*, n°73, Paris, Larousse, 1989, p. 29-46.

AMOSSY, R., *Les idées reçues. Sémiologie du stéréotype*, Paris, Nathan, 1991.

AMOSSY, R., HERSCHBERG-PIERROT, A., *Stéréotypes et clichés*, Paris, Armand Colin, 2005.

ARAGÓN COBO, M., « Le sketch, foyer de la vie culturelle. Analyse pragmatique de "La lettre" (sketch vidéo de Muriel Robin) », *VII Coloquio APFFUE. Relaciones culturales entre España, Francia y otros países de la lengua francesa*, Volumen II, Cádiz, Universidad, Servicio de Publicaciones, 1999, p. 261-276.

ARAGÓN COBO, M., « L'interculturalité au cœur d'un dictionnaire des termes du tourisme », *Pluralité des cultures : chances ou menaces ? Analyses linguistiques et didactiques*, (éd. A. Kacprzak, A. Konowska, M. Gajos), Łódź – Łask, Oficyna Wydawnicza LEKSEM, 2012, p. 11-21.

ARAGÓN COBO, M. et al., *Diccionario de términos de turismo*, Barcelona, Editorial Ariel, S.A., 2009.

ARGYLE, M., *Social Interaction*, London, Methuen's and co. Ltd., 1969.

BACHMANN, C., LINDENFELD, J., SIMONIN, J., *Langage et communications sociales*, Hatier, CREDIF, 1981.

BARBÉRIS, J.-M., « Analyser les discours. Le cas de l'interview sociolinguistique », *L'enquête sociologique*, (sous la direction de L.J. Calvet et P. Dumont), Paris, L'Harmattan, 1999, p. 125-148.

BARDOSI, V., « Entre fil d'Ariane et tonneau des Danaïdes. Problèmes de classification des phrasèmes français », *Revue d'Études Françaises*, n°4, (dir. I. Szabics), Budapest, Université Eötvös Loránd, 1999, p. 23-33.

BARTHES, R., *Leçon*, Paris, Seuil, 1978.

BARTHES, R., *La cámara lúcida. Nota sobre la fotografía*, (trad. J. SalaSanahuja), Barcelona, Paidós Comunicación, 1999.

BARTHES, R., *Les saveurs du savoir* [émission], Entretiens, France Culture, 2000.

BARTHES, R., « Éléments de sémiologie », *Communications*, n°4, Paris, Éd. du Seuil, 1964a, p. 91-135.

BARTHES, R., « Présentation », *Communications*, n°4, Paris, Éd. du Seuil, 1964b, p. 1-3.

BARTHES, R., « Rhétorique de l'image », *Communications*, n°4, Paris, Éd. du Seuil, 1964c, p. 40-51.

BATICLE, Y., « Le verbal, l'iconique et les signes », *Communication et langages*, n°33, Paris, Retz, 1977, p. 20-35.

BEACCO, J.-C., *Les dimensions culturelles des enseignements de langue*, Paris, Hachette Livre, 2000.

BENADAVA, S., « La civilisation dans la communication », *Le Français dans le monde*, n°184, Paris, CLÉ International, 1984, p. 78-86.

BENADAVA, S. « La composante culturelle dans la compétence de communication », *Topiques 6*, Buenos Aires, Topiques, 1983, p. 51-62, (Civilisation et Communication).

BENJAMIN, W., *Charles Baudelaire. A Lyric Poet in the Era of High Capitalism*, (transl. Harry Zohn), London, Verso, 1983.

BENJAMIN, W., *Discursos interrumpidos I*, (trad. J. Aguirre), Madrid, Taurus, 1973.

BERCHOUD, M.-J., « Éthique et éducation à l'étranger. Transmettre une propédeutiqu », *Le Français dans le monde*, numéro spécial, juillet, Paris, CLÉ International, 1999, p. 108-109, (Éthique, communication et éducation).

BERLIN, B., KAY, P., *Basic Colour Terms : Their Universality and Evolution*, Berkeley, University of California Press, 1969.

BERTOCCHINI, P., COSTANZO, E., *Manuel de formation pratique pour le professeur de français langue étrangère*, Paris, CLÉ International, 2008.

BIRDWHISTELL, R.L., *Kinesics and Context. Essays on Body Motion Communication*, Philadelphia, University of Pennsylvania Press, 1970.

BONICEL, L., « Lexiculture et dictionnaires pour enfants », *Mots et lexiculture. Hommage à Robert Galisson*, (sous la direction de M.T. Lino et de J. Pruvost, avec la collaboration de L. Bonicel), Paris, Honoré Champion, 2003, p. 315-331.

BOURDIEU, P., CASTEL R. (dir.), *Un art moyen. Essai sur les usages sociaux de la photographie*, Paris, Minuit, 1965.

BOYER, H., « L'incontournable paradigme des *représentations partagées* dans le traitement de la compétence culturelle en français langue étrangère », *Études de Linguistique Appliquée*, n°123, juillet-septembre, Paris, Klincksieck, 2001, p. 333-340.

BRAUDEL, F., *Grammaires des civilisations*, Paris, Flammarion, 1993.

BROWN, P., LEVINSON, S.C, *Politeness : Some universals in language usage*, Cambridge, Cambridge University Press, [1978] 1987.

BUCHANAN, W., CANTRIL, H., *How Nations See Each Other*, Urbana, University of Illinois Press, 1953.

CALBRIS, G., MONTREDON, J., *Oh la là ! Expression intonative et mimique*, Paris, CLÉ International, 1980.

CALLEBAUT, B., *La négation en français contemporain. Une approche pragmativo-discursive*, Thèse de Doctorat, Rijkuniversiteit, Gand, 1989.

CALVET, L.-J., DUMONT P. (dir.), *L'enquête sociologique*, Paris, L'Harmattan, 1999.

CANALE, M., SWAIN, M., "Theoretical bases of communicative approaches to second language teaching and testing", *Applied Linguistics*, vol. 1, n°1, Toronto, Ontario Ministry of Education, Mimeo, 1980, p. 1-47.

CARLO, M. de, « Lexique, culture et motivation à l'école », *Études de Linguistique Appliquée*, n°97, janvier-mars, Paris, Klincksieck, 1995, p. 75-83.

CARLO, M. de, *L'interculturel*, Paris, CLE International, 1998.

CAVANNA, F., *Les Russkoffs*, Paris, Éditions Belfond, 1979.

CHARAUDEAU, P. *Langage et discours. Éléments de sémiolinguistique (Théorie et pratique)*, Paris, Classiques Hachette, 1983, (Langue. Linguistique. Communication).

CHARAUDEAU, P. « Langue, discours et identité culturelle », *Études de Linguistique Appliquée*, n°123-124, juillet-décembre, 2001, p. 341-348.

CHARAUDEAU, P., MAINGUENEAU, D., *Dictionnaire d'analyse du discours*, Paris, Seuil, 2002.

CHOMSKY, N., *Aspects de la théorie syntaxique*, Paris, Le Seuil, 1971.

COHEN, M., *Profane Illumination. Walter Benjamin and the Paris of Surrealist Revolution*, Berkeley/ Los Angeles, University of California Press, 1993.

COLL, J., GELABERT, Mª.J., MARTNELL, E., *Diccionario de gestos con sus giros más usuales*, Madrid, Edelsa, 1998.

CUCHE, D., *La notion de culture dans les sciences sociales*, Paris, Repères, La Découverte, 1996.

DAILLE, B., FOUROUR, N., MORIN, E., « Catégorisation des noms propres : une étude en corpus », *Cahiers de grammaire*, n°25, Université Toulouse-Le Mirail, 2000, p. 115-129, (Sémantique et corpus).

DAUBENTON, A. et al., *Moscú y San Petersburgo*, Barcelona, Salvat, 2001, (Gran Turismo).

DELEDALLE, G., *Charles S. Peirce : phénoménologue et sémioticien*, Amsterdam, John Benjamins Publishing Company, 1987, (Foundations of Semiotics).

Dictionnaire culturel en langue française, (sous la dir. d'A. Rey), volumes 1-4, Paris, Dictionnaires Le Robert, 2005.

Dictionnaire de didactique des langues, (dir. par R. Galisson et D. Coste), Paris, Hachette, 1976.

Dictionnaire Hachette encyclopédique, Paris, Hachette Éducation, 2002, (Dictionnaire français).

Dictionnaire historique de la langue française Le Robert, (sous la dir. d'A. Rey), tomes 1-3, Paris, Dictionnaires Le Robert, 2004.

DOISE, W., « Attitudes et représentations sociales », *Les représentations sociales*, (sous la dir. de D. Jodelet), Paris, PUF, 1989, (Sociologie d'aujourd'hui), p. 220-238.

DOSTOÏEVSKI, F., *Les frères Karamazov*, (trad. fr.), Paris, Gallimard, 1952, (Bibliothèque de la Pléiade).

DUBOIS, J., *Dictionnaire du français langue étrangère*, niveau 1, Paris, Larousse, 1978.

DURAND, J., "Retórica e imagen publicitaria", *Análisis de las imágenes*, Buenos Aires, Tiempo Contemporáneo, S.A., 1972, p. 81-135.

ECO, U., *La structure absente. Introduction à la recherche sémiotique*, (trad. fr.), Paris, Mercure de France, [1968] 1972.

ECO, U., *Le signe*, Bruxelles, Labor, [1971] 1988.

ECO, U., « Sémiologie des messages visuels », *Communications*, n°15, Paris, Éd. du Seuil, 1970, p. 11-51.

FORNEL, M. de., « Sémantique et pragmatique du geste métaphorique », *Cahiers de linguistique française*, n°14, Genève, Unité de linguistique française, 1993, p. 247-253.

FOUCAULT, M., *Les mots et les choses*, Paris, Gallimard, 1966, (Bibliothèque des sciences humaines).

FRADIN, B., *Nouvelles approches en morphologie*, Paris, Presses Universitaires de France, 2003.

GALISSON, R., « Accéder à la culture partagée par l'entremise des mots à CCP », *Études de Linguistique Appliquée*, n°67, Paris, Klincksieck, 1987, p. 119-140.

GALISSON, R., « Culture et lexiculture partagées : les mots comme lieux d'observation des faits culturels », *Études de Linguistique Appliquée*, n°69, Paris, Klincksieck, 1988a, p. 74-90.

GALISSON, R., « Cultures et lexicultures. Pour une approche dictionnairique de la culture partagée », *Annexes de Cahiers de linguistique hispanique médiévale*, Vol. 7, n°7, Paris, Klincksieck, 1988b, p. 325-341.

GALISSON, R., *Des mots pour communiquer*, Paris, CLÉ International, 1983.

GALISSON, R., « D'hier à demain, l'interculturel à l'école », *Études de Linguistique Appliquée. D/DLC*, Paris, Klincksieck, 1994, p. 15-26.

GALISSON, R., « Éloge de la Didactologie / Didactique des langues et des cultures (Maternelles et étrangères) – D/DLC- », *Études de Linguistique Appliquée*, n°64, Paris, Klincksieck, 1986, p. 38-54.

GALISSON, R., *Inventaire thématique et syntagmatique du français fondamental*, Paris, Hachette et Larousse, [1965] 1971, (*Le Français dans le monde/ B.E.L.C.*).

GALISSON, R., « La culture partagée : une monnaie d'échange interculturelle », *Lexiques*, Numéro spécial du *Français dans le monde*, 1989, p. 113-117.

GALISSON, R., *L'apprentissage systématique du vocabulaire*, Tome 2 (exercices), Librairies Hachette et Larousse, 1970, (Le Français dans le monde B.E.L.C.).

GALISSON, R., « La pragmatique lexiculturelle pour accéder autrement, à une autre culture, par un autre lexique », *Études de Linguistique Appliquée*, n°116, octobre-décembre, Paris, Klincksieck, 1999, p. 477-496.

GALISSON, R., « Les palimpsestes verbaux : des actualiseurs et révélateurs culturels remarquables pour publics étrangers », *Études de Linguistique Appliquée*, n°97, 1995a, p. 104-128.

GALISSON, R., « Où il est la question de lexiculture, de Cheval de Troie, et d'impressionnisme… », *Études de Linguistique Appliquée*, n°97, mars-juin, Paris, Klincksieck, 1995b, p. 5-14.

GALISSON, R., « Une dictionnairique à géométrie variable au service de la lexiculture », *Cahiers de lexicologie*, n°1, Paris, Éd. Classiques Garnier, 1997, p. 57-77.

GALISSON, R., ANDRÉ, J.C., *Dictionnaire de noms de marques courants*, Essai de lexiculture ordinaire, Paris, Didier Érudition, 1998.

GARCÍA BLANCO, P., "Moscú, ¡qué noche!", *El País*, (18/09/2010).

GARCÍA PEINADO, M.A. et al. (coord.), *El español. Lengua de cultura. Lengua de traducción. Aspectos teóricos, metodológicos y profesionales : IV Simposio Internacional Traducción, Texto e Interferencias*, Cuenca, Universidad de Castilla-La Mancha, 2005.

GARCÍA-PELAYO, R., TESTAS, J., *Larousse moderno francés-español / español-francés*, Ed. Larousse, París, 1989.

GENOUVRIER, E., PEYTARD, J., *Linguistique et enseignement du français*, Paris, Librairie Larousse, 1970.

GOFFMAN, E., *Interaction Ritual. Essays to Face-to-Face Behavior*, Harmondsworth, Penguin, 1972.

GOODENOUGH, W. H., « Cultural Anthropology and Linguistics », *Report of the Seventh Round Table Meeting on Linguistics and Language Study*, n°9, (ed. P. Garvin), Washington, Georgetown University Presse, 1957, p. 167-173.

Gran Enciclopedia del Mundo. Tomo 20 (Léxico), (bajo los auspicios de D. R. Menéndez Pidal), Bilbao, Durvan, S.A., 1964.

GRICE, H. P., *Studies in the Way of Words*, Cambridge, Harvard University Presse, 1989.

HALL, E.T., *Beyond Culture*, New York, Anchor Books, [1976] 1981.

HALL, E.T., *El lenguaje silencioso*, (trad. C. Córdoba), Madrid, Alianza Editorial, [1959] 1989.

HALL, E.T., *La dimensión oculta. Enfoque antropológico del uso del espacio*, (trad. J. Hernández Orozco), [*The Hidden Dimension*], Madrid, Instituto de Estudios de Administración Local, [1966] 1973, (Nuevo Urbanismo).

HÉNAULT, A., *Les enjeux de la sémiotique*, Paris, PUF, 1979.

HERSCHBERG-PIERROT, A., *Le dictionnaire des idées reçues de Flaubert*, Lille, Presses Universitaires, 1988.

HJELMSLEV, L., *El lenguaje*, Madrid, Editorial Gredos, 1976.

HUMBOLDT, W. von, *Escritos sobre el lenguaje*, (ed. y trad. A. Sánchez Pascual ; prólogo de J.M. Valverde), Barcelona, Ediciones Península, 1991.

HYMES, D., "On Communicative Competence", *Sociolinguistics*, New York, Harmondsworth, Penguin, 1972, p. 269-293.

HYMES, D., "Two types of linguistic relativity", *Sociolinguistics*, Hague, Mouton, 1966, p. 114-158.

HYMES, D., *Vers la compétence de communication*, Paris, Hatier-Crédif (LAL), 1984.

JODELET, D., « Représentations sociales : un domaine en expansion », *Les représentations sociales*, (sous la dir. de D. Jodelet), Paris, PUF, 1989, p. 31-61, (Sociologie d'aujourd'hui).

JOHNSON, H. G., EKMAN, P., FRIESEN, W. V., "Communicative Body Movements – American Emblems", *Semiotica*, (ed. M. Danesi), 15(4), Berlin, De Gruyter, 1975, p. 335–353.

KACPRZAK, A., « Peut-on parler de stéréotypie dans le cas d'un code spécialisé ? De l'autre dans le discours médical », *Pluralité des cultures : chances ou menaces ? Analyses linguistiques et didactiques*, (éd. A. Kacprzak, A. Konowska, M. Gajos), Łódź – Łask, Oficyna Wydawnicza LEKSEM, 2012, p. 165–172.

KEEN, K., "Competence : What is it and how can it be developed?", *Design : Implementation Issues*, Brussels, IBM Education Center, 1992, p. 111–122.

KERBRAT-ORECCHIONI, C., *La conversation*, Paris, Seuil, 1996.

KERBRAT-ORECCHIONI, C., *La enunciación. De la subjetividad en el lenguaje*, Buenos Aires, Hachette, 1986a.

KERBRAT-ORECCHIONI, C., *Le discours en interaction*, Paris, Armand Colin, 2005.

KERBRAT-ORECCHIONI, C., *Les actes de langage dans le discours. Théorie et fonctionnement*, Paris, Nathan, 2001.

KERBRAT-ORECCHIONI, C., *Les interactions verbales*, T. II, Paris, Armand Colin, 1992.

KERBRAT-ORECCIONI, C., *L'implicite*, Paris, Armand Colin, 1986b.

KERBRAT-ORECCHIONI, C., « Politesse, impolitesse, "non-politesse", "polirudesse" : aperçus théoriques et application aux débats politiques télévisuels », *Cortesia – Politesse – Cortesía. La cortesia verbal nella prospettiva romanistica. La politesse verbale dans une perspective romaniste. La cortesía verbal desde la perspectiva romanística*, Berne, Peter Lang, 2011, p. 93–116.

KRISTEVA, Yu., *Semiótica*, Madrid, Editorial Fundamentos, 1978.

LAPIERRE, D., *Érase una vez la URSS*, (trad. C. de Celis), Barcelona, Editorial Planeta, 2006.

Le Petit Robert 1 : dictionnaire alphabétique et analogique de la langue française, (nouv. éd. rev. corr. et mise à jour en 1991), Paris, Dictionnaires Le Robert, 1991.

Le Petit Robert de la langue française, (sous la dir. de P. Robert), Paris, Dictionnaires Le Robert, 2006.

LEYENS, J.-P., *Sommes-nous tous des psychologues ? Approche psychosociale des théories implicites de personnalité*, Bruxelles, Mardaga, 1986.

LEYENS, J.-P., YZERBYT V., SCHADRON G., *Stéréotypes et cognition sociale*, Paris, Madraga, 1996.

LINO M.T., PRUVOST, J. (dir.), BONICEL, L. (coll.), *Mots et lexiculture. Hommage à Robert Galisson*, Paris, Honoré Champion, 2003.

LIPPMANN, W., *Public Opinion*, New York, Free Press, [1922] 1966.

MAINGUENEAU, D., *Analyser les textes de communication*, Paris, Armand Colin, 2007.

Manual de estilo, (corr. de pruebas : Lola Espinosa Sales), Alicante, Publicaciones de la Universidad de Alicante, 2005.

MAÑUECO, R., "Con dos jorobas", *La Verdad*, (18.02.2010).

MARTÍ, J., *Obras Completas*, Tomo 15, La Habana, Editorial de Ciencias Sociales, 1975.

MARTÍNEZ DEL CASTILLO, J. G., *Benjamín Lee Whorf y el problema de la intelección*, Almería, Universidad de Almería, 2001.

MARZAL, C., "Vodka y caracteres nacionales", *ABC*, (15/10/2005).

MAUCORPS, P.H., MEMMI, A., HELD, J.-F., *Les Français et le Racisme*, Paris, Payot, 1965.

MAZZARA, B.M., *Estereotipos y prejuicios*, Madrid, Acento Editorial, 1999.

McNEILL, D., *Hand and Mind : What Gestures reveal about Thought*. Chicago, Chicago University Press, 1992.

MESCHONNIC, H., *Pour la poétique II*, Paris, Gallimard, 1973.

METZ, C., *Essais sur la signification au cinéma*, Paris, Klincksieck, 1968.

METZ, C., "Imágenes y pedagogía", *Análisis de las imágenes*, Buenos Aires, Tiempo Contemporáneo, S.A., 1972, p. 205-214.

MOIRAND, S., *Enseigner à communiquer en LE*, Paris, Hachette, Coll. F, 1980.

MORÁN, G., *El viaje ruso de un vendedor de helados*, Madrid, Espasa, 2001.

MORENO FERNÁNDEZ, F., *Principios de sociolingüística y sociología del lenguaje*, Barcelona, Editorial Ariel, S.A., 1998.

MOUNIN, G., *Clefs pour la linguistique*, Paris, Seghers, 1968.

MOUNIN, G., *Les problèmes théoriques de la traduction*, Paris, Gallimard, 1976.

MOUNIN, G., « Les systèmes de communication non linguistiques et leur place dans la vie du XX siècle », *Introduction à la sémiologie*, Paris, Les Éditions de Minuit, 1970, p. 17-39.

PEASE, A. et B., *El lenguaje del cuerpo*, (trad. I. Murillo), Barcelona, Amat, 2006.

PEIRCE, Ch.S., *Collected Papers*, Cambridge, Harvard University Press, 1934.

PEIRCE, Ch.S., *Écrits sur le signe*, (rassemblés, traduits et commentés par G. Deledalle), Paris, Seuil, 1978.

PEIRCE, Ch.S., *La ciencia de la semiótica*, Buenos Aires, Ediciones Nueva Visión, 1974.

PEÑA, A. de la, *et al.*, *Moscú y San Petersburgo*, Madrid, Gaesa, D.L., 2004, (Guía azul).

PICAZO GONZÁLEZ, M.D., "*La danse du fumiste* de Paul Emond o el movimiento irregular de una escritura", *Correspondance*, Revista hispano-belga, n°2, Badajoz, Universidad Extremadura, 1991, p. 125–131.

POTTIER, B., *Linguistique générale : théorie et description*, Paris, Klinksieck, 1974.

POTTIER, B., *Recherches sur l'analyse sémantique en linguistique et en traduction mécanique*, Nancy, Université de Nancy, 1963.

PRIETO, L.J., *Mensajes y señales*, Barcelona, Seix Barral, S.A., 1967.

PUREN, C., BERTOCCHINI, P., COSTANZO, E., *Se former en didactique des langues*, Paris, Ellipses, 1998.

RABADÁN, R., *Equivalencia y Traducción. Problemática de la Equivalencia. Translémica inglés-español*, León, Universidad de León, 1991.

REBOULLET, A., *L'enseignement de la civilisation française*, Paris, Hachette, 1973.

REQUENA, E., "Vodka es femenino", *La verdad*, (7.01.2010).

RICHMOND, S. *et al.*, *Rusia y Bielorrusia*, Barcelona, Geoplaneta, 2006, (Lonely planet. Guías).

RIFFATERRE, M., *La production du texte*, Paris, Seuil, 1979, (Poétiques).

RIFFATERRE, M., *Sémiotique de la poésie*, Paris, Seuil, 1983.

RONDIÈRE, P., *Démesurée et fabuleuse Sibérie*, Paris, Hachette, 1962.

RUIZ QUEMOUN, F., « La visée intentionnelle de l'énonciateur dans un article de presse », *Aspects interculturels de la communication*, (éd. A. Kacprzak), Varsovie, Institut Lingwistyki Stosowanj UW, 2009, p. 117–126.

SALINS, G.-D. de, *Une introduction à l'ethnographie de la communication. Pour la formation à l'enseignement du français langue étrangère*, Paris, Didier, 1992.

SÁNCHEZ PUIG, M., DROZDOV DÍEZ, T., «Дидактика культуроведения и вопросы национального языкового сознания» [La didactique de la culturologie et les questions de la mentalité linguistique nationale], *Mundo Eslavo*, n°3, Universidad de Granada, 2004, p. 123–130.

SAPIR, E., *El lenguaje : introducción al estudio del habla*, México, Madrid, Buenos Aires, Breviarios del Fondo de Cultura Económica, 1986.

SAPIR, E., *Le langage : introduction à l'étude de la parole*, Paris, Payot, 1953.

SARFATI, G.-E., « Aspects épistémologiques et conceptuels d'une théorie linguistique de la doxa », *Après Perelman : quelles politiques pour les nouvelles rhétoriques ?* (éd. R. Koren, R. Amossy), Paris, L'Harmattan, 2002, p. 57-90, (Sémantiques).

SAUCET, M., *La sémantique générale aujourd'hui*, Paris, Le Courrier du livre, 1987.

SAUSSURE, F. de, *Cours de linguistique générale*, Paris, Payot, [1916] 1995.

SIMEONIDOU-CHRISTIDOU, T., « Déguisement et homogénéisation des cultures. Une tendance de l'activité traduisante », *Mots et lexiculture. Hommage à Robert Galisson*, (sous la direction de M.T. Lino et de J. Pruvost, avec la collaboration de L. Bonicel), Paris, Honoré Champion, 2003, p. 293-313.

SPERBER, D., « L'étude anthropologique des représentations : problèmes et perspectives », *Les représentations sociales*, (sous la dir. de D. Jodelet), Paris, PUF, 1989, p. 115-130, (Sociologie d'aujourd'hui).

TAJFEL, H., *Human Groups and Social Categories in Studies in Social Psychology*, Cambridge, Cambridge University Press, 1981.

TELLIER, M., « Enseigner les gestes culturels », *Le Français dans le monde*, n°362, mars-avril, Paris, CLÉ International, 2009, p. 19-21.

VAN LIER, H., « Le non-acte photographique », *Les Cahiers de la Photographie*, n°8, Paris, ACCP, 1982, p. 27-36, (L'acte photographique. Colloque de la Sorbonne).

WALTER, H., *Le français dans tous les sens*, Paris, Robert Laffont, 1988.

WHITE, R.W., « Motivation reconsidered : The concept of competence », *Psychological review*, N°66, Harvard University, 1959, p. 297-333.

WIERZBICKA, A., *Semantics, Primes and Universals*, Oxford, Oxford University Press, 1996.

WINDMÜLLER, F., « Pour une réelle compétence culturelle », *Le Français dans le monde*, n°348, Paris, CLÉ International, 2006, p. 40-41.

ZARATE, G., « Objectiver le rapport culture maternelle/ culture étrangère », *Le Français dans le monde*, n°181, 1983, p. 34-39.

БАУЭР, О., *Национальный вопрос и социал-демократия*. Пер. с нем. М.С. Панина. Санкт-Петербург : Серп, 1909 [BAUER, O., *La question nationale et la démocratie sociale*, (trad. M.S. Panine), Saint-Pétersbourg, Serp, 1909].

БЕРКОВА А.В., БЕРКОВА О.В., БЕРКОВ В.П., *Как мы живем*. Пособие по страноведению для изучающих русский язык, Изд. 2-е. Санкт-Петербург : Златоуст, 2003 [BERKOVA, A.V., BERKOVA, O.V., BERKOV, V.P., *Comment nous vivons*. Recommandations pratiques pour les apprenants de langue russe, 2ᵉ édition, Saint-Pétersbourg, Zlatoust, 2003].

БОЙЦОВА, О.Ю., «Подписи под фотографиями в альбомах» // *Визуальные аспекты культуры* : Коллекция научных статей. Ижевск : Удмуртский ГУ, 2007. – С. 108–119 [BOYTSOVA, O.Yu., « Les signatures des photos dans les albums », *Les aspects visuels de la culture*, Collection des articles scientifiques, Izhevsk, Université d'État d'Oudmourtie, 2007, p. 108–119].

БОЙЦОВА, О.Ю., «Семиотика в исследовании любительской фотографии», // *Междисциплинарность в социологическом исследовании* : Материалы Методологического семинара памяти Г.С. Батыгина (2007-2009 гг.). Москва : РУДН, 2010. – С. 407–428 [BOYTSOVA, O.Yu., « La sémiotique dans la recherche de la photo d'amateur », *L'interdisciplinarité dans la recherche sociologique*. Matériaux du Séminaire méthodologique en commémoration de G.S. Batiguin (2007-2009), Moscou, RUDN, 2010, p. 407–428].

ВОЛЬСКАЯ, Н.П. и др., *Можно? Нельзя?* : Практический минимум по культурной адаптации в русской среде. Москва : Русский язык. Курсы, 2001 [VOLSKAYA, N.P. et al., *On peut ? On ne peut pas ?*, Le minimum pratique sur l'adaptation culturelle dans l'entourage russe, Moscou, Russki yazik, 2001].

ГУБИН, Д., «Они русские. Это многое объясняет», *Огонек*, n°44, (29/10-4/11/2007) [GUBIN, D., « Ils sont Russes. Cela explique beaucoup », *Ogonek*, n°44, (29/10-4/11/2007].

ДАНИЛОВА, Т., *Фотография. Популярный самоучитель*. Санкт-Петербург : Питер, 2005 [DANILOVA, T., *La photographie. Méthode autodidactique populaire*, Saint-Pétersbourg, Piter, 2005].

ЕГОРОВА, Т.Н., *Андрей Миронов и Я*. Москва : Захаров, 2003 [YEGOROVA, T.N., *Moi et Andreï Mironov*, Moscou, Zakharov, 2003].

ЖЕЛНИНА, А.А., «Визуализация городской культуры и любительская фотография» // *Визуальные аспекты культуры*. Ижевск : Удмуртский ГУ, 2006. – С. 173–180 [ZHELNINA, A.A., « La visualisation de la culture urbaine et la photo d'amateur », *Les aspects visuels de la culture*. Collection des articles scientifiques, Izhevsk, Université d'État d'Oudmourtie, 2006, p. 173–180].

КАРАСИК, В.И. и др., *Иная ментальность*. Москва : Гнозис, 2005 [KARASIK, V.I. et al., *Une autre mentalité*, Moscou, Gnozis, 2005].

КЛЮЧЕВСКИЙ, В.О., *История России*. Полный курс лекций в трех книгах. Москва : Мысль, 1995 [KLIOUTCHEVSKI, V.O., *Histoire de Russie*, Cours théorique complet en trois livres. Livre 1, Moscou, Mysl, 1995].

КЛЮЧЕВСКИЙ, В.О., *Сочинения*. В 9 томах, Т. I. Москва : Мысль, 1987-1990 [KLIOUTCHEVSKI, V.O., *Œuvres*, en 9 volumes, T. I, Moscou, Mysl, 1987-1990].

КОНСТАНТИНОВА, Н.С. (отв. ред.), *Культура современной Испании : превратности обновления*. Москва : Наука, 2005 [KONSTANTINOVA, N.S. (réd.), *La culture de l'Espagne moderne : péripéties du renouvèlement*, Moscou, Nauka, 2005].

ЛОНЕЙ, Д., *Эти странные испанцы* / Пер. с англ. А. Базина. – Москва : Эгмонт Россия Лтд., 1999, (Внимание : иностранцы!) [LAUNAY, D., *Ces bizarres espagnols [The Xenophobe's Guide to The Spanish]*, (trad. A. Bazine), Moscou, Egmont Rossiya Ltd., [1993] 1999, (Attention ! Étrangers !)].

ЛИППМАН, У., *Общественное мнение* / Пер. с англ. Т.В. Барчуновой. Москва : Институт Фонда «Общественное мнение», [1922] 2004 [LIPPMANN, W., *Opinion publique*, (trad. T.V. Bartchounova), Moscou, Institut de la Fondation « Opinion publique », [1922] 2004].

ЛИХАЧЕВ, Д.С., «О национальном характере русских» // *Вопросы философии*, n°4. Москва : РАН, 1990. – С. 3-5 [LIKHATCHOV, D.S., « Sur le caractère national des Russes », *Questions de philosophie*, n°4, Moscou, Académie des sciences de Russie, 1990, p. 3-5].

МАЛЯРЕВСКИЙ, А.С., ОЛЕВСКАЯ, Н.В., *Цифровая фотография. Легкий старт*. Санкт-Петербург : Питер, 2005 [MALIAREVSKI, A.S., OLEVSKAYA, N.V., *La photographie digitale. Départ facile*, Saint-Pétersbourg, Piter, 2005].

ОРЛОВА, О.Г., «Стереотипы о России и русских в американском публицистическом дискурсе XIX-XX веков. Материалы к составлению словаря» // *Вестник КемГУ*, n°3 (55), Т. 1, Кемерово : КемГУ, 2013. – С. 185-192 [ORLOVA, O.G., « Stéréotypes sur la Russie et les Russes dans le discours journalistique américain des XIXe-XXe siècles. Matériaux pour un dictionnaire », *Messager de l'Université d'État de Kemerovo*, Kemerovo, Université de Kemerovo, n°3 (55), T. 1, 2013, p. 185-192].

ПЕРЕВОЗНИКОВА, А.К., *Россия : страна и люди. Лингвострановедение : учебное пособие для изучающих русский язык как иностранный*. Москва : Русский язык. Курсы, 2006 [PEREVOZNIKOVA, A.K., *La Russie : le pays et les gens. Civilisation du pays : manuel didactique pour les étudiants de russe comme langue étrangère*, Moscou, Russki yazik, Kursi, 2006].

ПОПКОВ, В.Д., «Стереотипы и предрассудки : их влияние на процесс межкультурной коммуникации» // *Журнал социологии и социальной антропологии*, Т. V, n°3. Санкт-Петербург : Интерсоцис, 2002. – С. 178–191 [POPKOV, V.D., « Stéréotypes et préjugés : leur influence sur la communication interculturelle », *Revue de sociologie et d'anthropologie sociale*, T. V, n°3, Saint-Pétersbourg, Intersotsis, 2002, p. 178–191].

САНДАКОВА Е., «Особенности преподавания русской лексикультуры на среднем этапе обучения в высших образовательных учреждениях Франции и Испании» // *Иностранный язык как предмет, сопровождающий профессиональное образование. Опыт и перспективы обучения : материалы Всероссийской научно-практической конференции*. 5 июня 2010 г., Барнаул / отв. ред., сост. Т.В. Скубневская. – Барнаул : АлтГУ, 2010. – С. 108–114. ISBN 978-5-91556-032-0 [SANDAKOVA, E., « L'enseignement de la lexiculture russe au niveau intermédiaire dans les universités en France et en Espagne », *La langue étrangère comme matière qui accompagne l'enseignement professionnel. Expérience et perspectives de l'enseignement : matériaux de la conférence scientifique et pratique russe*, 5 juin 2010, Barnaoul, (réd. par T.V. Skubnevskaia), Barnaoul, Université d'État du Kraï de l'Altaï, 2010, p. 108–114, ISBN 978-5-91556-032-0].

САНДАКОВА Е., «Развитие коммуникативной компетенции у студентов на основе изучения культурных жестов (на примере русского, французского и испанского языков) // *Роль иностранного языка в модернизации современного образовательного процесса : материалы Международной научно-практической конференции*. 2 июня 2011 г., Барнаул / отв. ред., сост. Т.В. Скубневская. – Барнаул : Изд-во «Концепт», 2011. – С. 41–45. ISBN 978-5- 91556- 058-0 [SANDAKOVA, E., « Le développement de la compétence de communication chez les étudiants à l'aide de l'appréhension des gestes culturels (sur l'exemple du russe, du français et de l'espagnol), *Le rôle de la langue étrangère dans la modernisation du processus éducatif actuel : matériaux de la conférence scientifique et pratique internationale*, 2 juin 2011, Barnaoul, (réd. par T.V. Skubnevskaia), Barnaoul, Kontsept, 2011, p. 41–45, ISBN 978-5- 91556- 058-0].

СИМБИРЦЕВА, Н.А., «Интерпретация текста городского пространства : к вопросу о субъекте // *Человек в мире культуры*, n°3. Екатеринбург : Уральский ГПУ, 2012. – С. 28–32 [SIMBIRTSEVA, N.A., « L'interprétation du texte de l'espace urbain : le problème de sujet », *L'homme dans l'univers de la culture*, n°3, Iekaterinbourg, Université pédagogique d'État d'Oural, 2012, p. 28–32].

Современный словарь иностранных слов, Москва : Русский язык, 1992 [*Dictionnaire moderne des mots étrangers*, Moscou, Russki yazik, 1992].

СОЛОВЬЕВ, С.М., *История России с древнейших времен. В восемнадцати книгах. Книга 1, Т. 1-2*. Москва : Мысль, 1988 [SOLOVIOV, S.M., *Histoire de la Russie dès l'Antiquité. En 18 volumes. Livre 1. Vol. 1-2*, Moscou, Mysl, 1988].

СОЛОМОНИК, А., *Семиотика и лингвистика*, Москва : Молодая гвардия, 1995 [SOLOMONIK, A., *La sémiotique et la linguistique*, Moscou, Molodaya Gvardia, 1995].

СОРОКИНА, Н.В., «Методическая типология стереотипов как компонент содержания обучения иностранным языкам в ВУЗ» // *Язык и культура*, n°3 (23). Томск : Томский ГУ, 2013. – С. 120-139 [SOROKINA, N.V., 2013, « La typologie méthodologique des stéréotypes comme composante du contenu de l'enseignement des langues étrangères aux Universités », *Langue et culture*, n°3 (23), Tomsk, Université de Tomsk, p. 120-139].

СТЕПАНОВ, Ю.С., *Константы : словарь русской культуры : опыт исследования*, Москва, Языки русской культуры, 1997 [STEPANOV, Yu.S., *Les constantes : le dictionnaire de la culture russe : un expériment de la recherche*, Moscou, Yaziki russkoi kulturi, 1997].

ХАЙМС, Д., «Этнография речи», *Новое в лингвистике. Вып. 7. Социолингвистика*, Москва, Прогресс, 1975. – С. 42-95 [HYMES, D., « Ethnographie de communication », *Le nouveau dans la linguistique*, n°7, Moscou, Progress, 1975, p. 42-95].

ХОМСКИЙ, Н., *Язык и мышление*, Пер. с англ. Б.Ю. Городецкого, Москва, Изд. МГУ, 1972 [CHOMSKY, N., *Langue et mentalité*, (trad. B.Yu. Gorodetski), Université de Moscou, 1972].

ЦЕПЛЯЕВ, В., «Почему русский хуже немца» // *Аргументы и факты*, n°39, 2009 [TSEPLYAEV, V., « Pourquoi le Russe est pire que l'Allemand ? », *Argumenty i Fakty*, n°39, 2009].

ШМАРАКОВ, К.Л., «Смущенный чтец *Ахиллеиды*» // *Вопросы литературы*, n°4. Москва : РАН, 2006. – С. 139-148 [CHMARAKOV, R.L., « Un lecteur gêné de *Achilléide* », *Questions de littérature*, n°4, Moscou, Académie des sciences de Russie, 2006, p. 139-148].

ШМЕЛЕВ, А.Д., «Можно ли понять русскую культуру через ключевые слова русского языка?» // МИЛЛЕР, Л.В., ПОЛИТОВА, Л.В., *Жили-были… 12 уроков русского языка. Базовый уровень. Учебник*. СПб : Златоуст, 2003. – С. 67-68 [CHMELEV, A.D., « Peut-on comprendre la culture russe à travers les mots clés de la langue russe ? » *in* MILLER, L.V., POLITOVA, L.V., *Il était une fois… 12 leçons de russe, Niveau débutant, Manuel*, Saint-Pétersbourg, Zlatoust, 2003, p. 67-68].

Sitographie

Les pages sont (re)consultées entre 2015 et 2018.

BARAN, M., "Hacía una delimitación etológica de los perfiles comunicativos", *Nuevas teorías, modelos y su aplicación en lingüística, literatura, traductología y didáctica en los últimos 20 años. Actas de las II Jornadas de estudios románicos*, (eds. B. Ulašin, S. Vertanová), Bratislava, AnaPress, 2011, p. 7–23, [en ligne], <http://bit.ly/2ApSGYr>

BINON, J., « [Compte-rendu de :] Robert Galisson, Jean-Claude André, *Dictionnaire de noms de marques courants. Essai de lexiculture ordinaire*, Paris, Didier Érudition, 1998, 342 p.», *Cahiers de lexicologie*, n°76, 1, 2000, p. 61–64, [document en ligne], <http://bit.ly/2ng43x1>

Blog du programme *Callejeros viajeros*, <http://bit.ly/2mwb7mf>

Blog de Belén Rodríguez "Españoles en el mundo", <http://bit.ly/2EzNn7I>

(CECRL) Cadre Européen commun de référence pour les langues : Apprendre, Enseigner, Évaluer [en ligne], 2001, <http://bit.ly/2kcsMkI>

Catalogue électronique français « France-CEI », <http://www.francecei.com>

Diccionario de la Lengua Española de la Real Academia Española, <http://dle.rae.es/>

Dictionnaire bilingue russe-espagnol, <http://www.diccionario.ru>

Dictionnaire de français « Littré » [en ligne], <http://littre.reverso.net/dictionnaire-francais/definition/>

Dictionnaire de la langue russe, (réd. S.I. Ozhegov), <http://www.ozhegov.org/words/>

Dictionnaire étymologique russe, (réd. G.A. Krilov),<http://www.slovopedia.com/25/192-0.html>

Dictionnaire ethnopsychologique, <www.вокабула.рф>

Dictionnaire plurilingue, <http://www.multitran.ru>

Dictionnaire plurilingue, <http://www.wordreference.com>

Édition en ligne inoСМИ.Ru (Tout ce qui vaut la traduction), <http://www.inosmi.ru>

Encyclopédie libre Wikipédia, <https://www.wikipedia.org/>

Entretien avec Alla Sergueyeva, l'auteure du livre *Qui sont les Russes*, sur RFI, France, 2006, <http://bit.ly/2D5lsjz>

Épitre de Paul aux Romains, <http://bit.ly/2DlmNPY>
"Fran Perea, suspenso en cirílico", (12.05.2012), <http://bit.ly/2Fwng2E>
GOGOL, N.V., *Les âmes mortes* [e-book], (trad. E. Charrière), Paris, Hachette, 1912, <http://bit.ly/2qXwp0Z>
Grand dictionnaire de la langue russe, < https://www.vedu.ru/expdic/>
HERVÁS Y PANDURA, L., *Escuela Española de Sordomudos o Arte para enseñarles a hablar y escribir el idioma español*, [e-book], 2 tomos, Madrid, La Imprenta Real, 1795, <http://bit.ly/2DpZDZ6>
Interview avec Lev Manovich, <http://bit.ly/2qZPrUj>
JIMÉNEZ, E., "El pequeño Rasputín", <http://bit.ly/2CCRmiY>
KREJDLIN, G., « Le langage du corps et la gestuelle (kinésique) comme champs de la sémiotique non-verbale : idées et résultats », *Cahiers slaves*, n°9, UFR d'Études slaves, Université de Paris-Sorbonne, 2007, p. 1–23, (trad. F. Daucé), [Word en ligne].
Le conte espagnol pour enfants *El dragón y Rasputín*,<http://bit.ly/2m9PU1q>
Lettres intéressantes du pape Clément XIV, (Ganganelli) [e-book], (trad. de l'italien & du latin), Tome III, Première Partie, Paris, Lottin le Jeune, 1776, <http://bit.ly/2DpaKBp>
Les gestes français, <http://bit.ly/2251UxZ>
Les gestes français, <http://www.imagiers.net/gestes/>
Oxford English Dictionary, <http://www.oed.com>
Revue des amateurs des automobiles *Za rouliom*, <http://bit.ly/2m2aG25>
« Rusia. Democracia y autocracia », 2004, <http://bit.ly/2D9l1os>
Site de C. Puren : site de didactique des langues-cultures, <http://www.christianpuren.com/>
Site de J.-C. Boussat « Au fil des images », <http://jeanc.bouss1.free.fr/>
Site de la chapellerie Traclet, <http://bit.ly/2FufXbR>
Site de P. Charaudeau, <http://www.patrick-charaudeau.com/>
Site du groupe de recherche de l'œuvre de F. Tiouttchev, <http://bit.ly/2mwkbHV>
Site du Ministère de l'Éducation Nationale de France, <http://bit.ly/1lyAuPD>
Site « La cuisine de Mercotte », <http://bit.ly/2D5aKIZ>
Site « Préjugés et stéréotypes », <http://bit.ly/Q8hLMp>
Site « Tout sur les fêtes », <http://www.e-prazdnik.ru>
Spécificité des gestes russes, <http://bit.ly/2ATLQad>
Spot publicitaire « Sibérie », <http://bit.ly/2AT4i2L>

Sitographie

Spot publicitaire « Plan Vive Renault », <http://bit.ly/2mwM6r4>

Trailer du film *La Daga de Rasputín*, <http://bit.ly/2EAkpEo>

TRAVERT, P., « L'"ivrogne russe", une image qui a la peau dure », *Regard sur l'Est*, 1/07/2008), <http://bit.ly/2DpR28G>

USSÍA, A., "Amada Rusia", (14/12/2011), <http://bit.ly/2AVl696>

WILLETTE, A.L., « Marianne et l'ours du Nord », (dessin), *Soleil*, 18/12/1893), <http://bit.ly/2DpRpA6>

БЕРДЯЕВ, Н.А., *Русская идея* [e-book]. Париж : Marne, 1946. [BERDYAEV, N.A., *L'idée russe* [e-book], Paris, Marne, 1946], <http://bit.ly/2Dr9DRH>

КРЖЕЛИНОВА, Т., «А я русского узнаю по одежде…», (15/11/2007) [KRZHELINOVA, T., « Je reconnaîtrai le Russe d'après ses vêtements… », (15/11/2007),], <http://bit.ly/2CZSyx4>

ЛУКОВ, Вл.А., «Загадочная русская душа» // Информационный гуманитарный портал «Знание. Понимание. Умение» 2015, n°4, 2008, [LUKOV, V.A., « L'âme russe mystérieuse », Portal scientifique « Connaissance. Compréhension. Savoir », n°4, 2008, <http://bit.ly/2r2JrtZ>

ОВЧИНСКИЙ В., «"Русская мафия" : мифы и реальность» (28/05/2007), [OVTCHINSKI, V., « "La mafia russe" : mythes et réalité », (28/05/2007)], <http://bit.ly/2mz244h>

Ольга, «Десять нелепых видов аватарок для Вконтакте», (22/07/2010) [Olga, « Les dix types d'avatars absurdes pour Vkontakte », (22/07/2010)], <http://bit.ly/2Do8nPh>

СЕРГЕЕВА, А.В., *Русские : стереотипы поведения, традиции, ментальность* [e-book]. 8-е изд. Москва : Флинта, 2012 [SERGUEYEVA, A.V, *Les Russes : stéréotypes de comportement, traditions et mentalité* [e-book], VIII édition, Moscou, Flinta, 2012], <http://bit.ly/2CYMx3O>

ХЕЛЕМЕНДИК, С.В., «Демократический тупик или выборное самодержавие», (22/10/2007) [KHELEMENDIK, S.V., « Une impasse démocratique ou une autocratie élective », (22/10/2007)], <http://bit.ly/2D7VlI7>

ЧУБАХА, Е., «Танцующие человечки приносят успех», (8/11/2006) [CHUBAKHA, E., « Les personnes dansantes apportent de la chance », (8/11/2006)], <http://bit.ly/2D7DbH5>

ШИБАНОВА, О., «Депутат Госдумы Мединский опровергает мифы о пьянстве и лени русских», (18/12/2007) [SHIBANOVA, O., Le député de la Douma d'État, Medinski, dément les mythes sur l'alcoolisme et la paresse russe », (18/12/2007)], <http://bit.ly/2qY6BSl>

<http://bit.ly/2DoiByV>

<http://bit.ly/2D5TLq1>
<http://bit.ly/2AT5van>
<http://bit.ly/2m7o6Kv>
<http://bit.ly/2D3Wnoi>
<http://bit.ly/2FvZwf2>
<http://bit.ly/2Fx5VGW>
<http://bit.ly/2FrqvIC>
<http://bit.ly/2mvZDiJ>
<http://bit.ly/2EyE4EX>
<http://bit.ly/2EyB5fH/>
<http://bit.ly/2EAPF6o>
<http://bit.ly/2FrqvIC>
<http://bit.ly/2qYoJLP>
<http://bit.ly/2mw67OF>
<http://bit.ly/2mwcEZG>
<http://bit.ly/2CQMlDK>
<http://bit.ly/2CYUfyj>